国家社科基金青年项目"地方政府公共冲突治理的有效性研究" 最终成果
（项目批准号：17CZZ016）

河南省高等学校哲学社会科学创新团队项目"公共政策与社会治理"
（项目编号：2024-CXTD-14）

◆ 郑州大学公共治理丛书 ◆

GONGGONG CHONGTU ZHILI DE
YOUXIAOXING YANJIU

公共冲突治理的有效性研究

李忠汉◎著

南开大学出版社

天津

图书在版编目(CIP)数据

公共冲突治理的有效性研究 / 李忠汉著. —天津 ：
南开大学出版社，2024.6
（郑州大学公共治理丛书）
ISBN 978-7-310-06597-4

Ⅰ.①公… Ⅱ.①李… Ⅲ.①突发事件－公共管理－
研究－中国 Ⅳ.①D63

中国国家版本馆 CIP 数据核字(2024)第 052260 号

公共冲突治理的有效性研究
GONGGONG CHONGTU ZHILI DE YOUXIAOXING YANJIU

南开大学出版社出版发行
出版人：刘文华
地址：天津市南开区卫津路 94 号　　邮政编码：300071
营销部电话：(022)23508339　营销部传真：(022)23508542
https://nkup.nankai.edu.cn

天津创先河普业印刷有限公司印刷　全国各地新华书店经销
2024 年 6 月第 1 版　　2024 年 6 月第 1 次印刷
240×170 毫米　16 开本　16.5 印张　3 插页　246 千字
定价：89.00 元

如遇图书印装质量问题，请与本社营销部联系调换，电话：(022)23508339

前　言

　　现代化是近代以来人类的梦想，也是一个不断探索、演进和升级的过程。此过程需要较快的经济发展为现代化提供雄厚的物质基础。但是，经济发展往往会伴随着一些社会问题，需要有效的社会治理予以化解。因此，现代化面临着经济发展、社会稳定与社会治理等多重任务。既要推动经济快速发展，又要通过有效的社会治理化解矛盾、促进社会和谐稳定，这是每一个国家现代化进程中都希望实现的目标。尤其对后发国家而言，更是如此。

　　作为后发国家的中国，1978 年以来实行改革开放，进行市场化改革，建立和完善社会主义市场经济体制，经济发展进入快车道。快速的经济发展在积累日益增多的物质财富和赋予个人更多经济自由的同时，也带来利益格局的深刻变动和利益关系的多元复杂，不可避免地引发了一些社会矛盾和社会问题，并外显化为一定的社会冲突。如何有效化解社会矛盾和冲突，促进社会深层次的稳定与和谐，成为学界研究的热点，也是国家治理和社会治理的重要内容。

　　转型期频发的社会矛盾和冲突在给社会管理带来挑战的同时，也推动着社会治理的转型与变迁。公共冲突治理作为我国社会治理的重要组成部分，受社会治理转型逻辑的影响，也处于不断的调整和转型之中。党的十八届三中全会指出，"改进社会治理方式，坚持依法治理，加强法治保障，运用法治思维和法治方式化解社会矛盾"，就是社会矛盾和冲突治理转型的典型表现。

　　关于社会矛盾和冲突治理，学界并不缺乏观察和相关研究，缺乏的是一种相对简洁、统一的理论，以便组织、梳理各式各样的观察现象并揭示其背后的相关性和一致性。本书在这方面进行了尝试，在借鉴波兰尼"双向运动"理论的基础上，构建一个用于解释我国地方政府公共冲突治理演化逻辑的分析框架，对改革开放以来我国地方政府公共冲突治理的发轫、转型和均衡逻辑及其与冲突治理有效性的关系进行分析，从而对我国公共冲突治理演化逻辑与有效性提升作出一个总体性的解释。在此基础上，对新时代我国社会矛盾和冲突治理的演变趋势、举措经验进行总结、分析。随着社会治理的转型和国家对社会矛盾和冲突治理力度的加大，理论研究也要进行适应性的调整。在研究视角上，应从传统的聚焦于"底层社会与抗争性政治"的底层视角和社会话语中找回应有的"国家视角"和"国家话语"。

这些年来，我一直进行着这方面的研究，从理论分析到实地调研、从案例收集到比较分析，既怀有浓厚的学术兴趣，也经历着学术研究上的艰辛。本书就是对这一过程的忠实记录，希望可以为学界起到抛砖引玉的作用。

李忠汉

郑州大学政治与公共管理学院

2023 年 5 月

目　录

第 一 章

绪　论

以群体性事件为代表的公共冲突给政府治理带来巨大的压力和挑战。作为公权力代表的政府，尤其是承担实际治理职能的地方政府，不仅是公共冲突治理的核心主体，而且在社会生活中往往成为冲突的直接当事方。如何有效地应对和化解公共冲突成为地方政府治理的重要内容，亦是衡量政府治理能力的一项重要指标。

一、问题的提出

公共冲突治理是社会治理的重要组成部分，党的十八届三中全会《关于全面深化改革若干重大问题的决定》指出："创新有效预防和化解社会矛盾体制"，"坚持依法治理，加强法治保障，运用法治思维和法治方式化解社会矛盾"。[①]这表明中央政府已经注意到有效治理公共冲突的重要性。党的十九届四中全会提出，"完善正确处理新形势下人民内部矛盾有效机制"，并将之作为加强和创新社会治理和维护社会稳定的重要内容。[②]因此，公共冲突治理的有效性研究具有重要的理论价值与实践意义。

---

① 《中共中央关于全面深化改革若干重大问题的决定》，载于中共中央文献研究室编：《十八大以来重要文献选编》（上），北京：中央文献出版社2014年版，第539页。

② 《中共中央关于坚持和完善中国特色社会主义制度、推进国家治理体系和治理能力现代化若干重大问题的决定》，载于中共中央党史和文献研究院编：《十九大以来重要文献选编》（中），北京：中央文献出版社2021年版，第287页。

经济学家一致认为，改革开放四十多年来，中国奇迹般的经济增长及其带来物质财富的巨大提升得益于市场导向的经济改革。这一结论是中肯的，但只是问题的一个方面，或者说一个重要的方面。对于从计划经济向市场经济转型的中国来说，市场化导向的改革和市场经济体制的建立、发展和不断完善，更为重要的是对计划经济体制下形成的国家治理的改革，以及与市场经济相适应的国家治理的转型。改革之初，中国国家治理主要是在市场化运动这个单向运动的推动下进行的。为了建立现代市场经济，国家开始重构其治理体制：对政府的结构和职能做出周期性调整以有利于市场的引入和扩张，并促进中国的经济体制改革，①限制政府对经济的过度干预，使市场成为资源配置的主要机制。同时，对从市场领域培育出来的新兴利益群体采取政治吸纳的策略，以凝聚改革共识。从改革开放四十多年的历程来看，中国通过国家治理改革，成功地引入、促进了市场经济在我国的建立和良好运行。成功的国家治理改革为我国市场经济发展提供了相关的国家能力和制度基础，而市场经济体制的建立和持久的经济发展，增强了党的执政能力和国家能力，使政府拥有了治理社会矛盾和冲突的资源与能力，并且市场经济因其本身具有的社会矛盾分散化效应，也增强了中国社会结构的弹性。因此，中国成功地走出了一条以国家治理改革推动计划经济体制向市场经济体制转变，实现经济与政治、国家治理转型与市场转型的双向促动的道路。

然而 20 世纪 90 年代末期，随着市场经济的社会和政治后果日益彰显以及各种中国版本的社会保护运动逐步兴起，社会领域的各种利益诉求正在快速地凝聚，但国家治理未能及时有效地回应社会领域的利益诉求，以至于社会发展滞后于经济发展。进入 21 世纪后，国家治理面临的挑战是巨大的，甚至是前所未有的。国家治理要一如既往地适应、推动、引领市场经济的发展，同时又要兼顾和平衡市场领域与社会领域的利益诉求。因此，中国的国家治理必须在市场化运动与社会保护运动的"双向运动"及其利益的冲突之间进行艰难的抉择与平衡。正是在这种"双向运动"及其张力中凸显了公共冲突治理的价值所在。

---

① 汪庆华：《现代国家建设及中国政治——经济转型的逻辑》，《公共行政评论》2010 年第 1 期。

公共冲突治理是国家治理体系的重要组成部分，公共冲突治理能力是国家治理能力的重要体现。党的十八届三中全会提出，"全面深化改革的总目标是完善和发展中国特色社会主义制度，推进国家治理体系和治理能力现代化"①。国家治理体系和治理能力是一个国家制度和制度执行力的集中体现，两者相辅相成。简言之，国家治理能力从根本上说是制度的治理能力，体现为制度的更加成熟、更加定型、更加有效。循此思路，我们认为公共冲突治理体制作为国家治理体制的重要组成部分，其治理能力的提升有赖于两个方面：一是增强公共冲突治理体制容纳社会矛盾和冲突的能力；二是提高用制度化解社会矛盾和冲突的能力。这两者相辅相成，缺一不可。总体性、单一化、均质化的利益格局时代已经成为历史，当今的中国，进入了一个利益矛盾、利益博弈、利益冲突的常态化的时代，也是利益矛盾和冲突成为日常生活重要内容的时代。利益博弈也预示着一个将社会矛盾和冲突正常化、制度化时代的到来。良政和善治并非要消灭冲突，而是政府尤其是承担实际治理职能的地方政府，拥有以制度化和法治化方式有效化解矛盾和冲突的能力和水平。此乃公共冲突治理的宏旨要义，亦是本研究的价值所在。

二、文献及理论综述

国外学者一般将公共冲突的理论研究追溯至马克思的阶级斗争和冲突理论，理论和实践的研究起步早且比较活跃。国内研究始于 20 世纪 90 年代的群体性事件，并日益引起人们的重视，相关研究逐渐丰富。本研究在进行研究现状述评时，将具有相似研究主题的群体性事件、维稳、危机管理等文献有选择性地纳入，但国际冲突、民族冲突和有组织的犯罪则不在本研究之列。

（一）国外研究动态

公共冲突作为一种客观普遍的社会现象，不同时代的学者基于各自

①《中共中央关于全面深化改革若干重大问题的决定》，载于中共中央文献研究室编：《十八大以来重要文献选编》（上），北京：中央文献出版社 2014 年版，第 512 页。

的视角做出了阐释，形成了蔚为壮观的公共冲突理论。综合分析，公共冲突主要有社会学、政治学、管理学三种研究途径。

1. 公共冲突的社会学途径：社会冲突

社会冲突的研究最早可以追溯至马克思的阶级冲突理论。可以说，在风险社会之前，阶级分析是理解社会冲突的最基本的框架。马克思关于社会冲突理论的阐释，经齐美尔（Georg Simmel）、韦伯（Max Weber）、达伦多夫（Ralf G. Dahrendorf）、科塞（Lewis A.Coser）、柯林斯（Randall Collins）等思想家的不断完善，成为社会学中非常重要的理论流派，其基本观点如下。

马克思的阶级冲突理论：马克思从生产资料的占有出发，认为所谓的阶级冲突和斗争是由阶级归属出发，经觉悟化过程获得阶级意识而产生社会行动的过程；并且，生产资料所有者与劳动者之间形成的生产关系会导致不同的社会矛盾和阶级冲突，阶级和阶级冲突是社会发展的基本动力，并贯穿于马克思的理论当中。可见，马克思的阶级冲突理论从宏观社会变迁的角度，强调了经济对冲突的决定性影响，从而在社会经济结构与社会冲突之间建构了社会学理论的分析框架。

齐美尔的有机功能冲突理论："和马克思非常相似，齐美尔认为在社会中冲突是普遍存在和不可避免的。然而，和马克思不同的是，他不认为社会结构就是统治与被统治，而是不可分割的、既有联系又有区别的混合过程。"[①]冲突不仅是利益冲突的反映，也是社会行为主体本能的反映。冲突与合作都具有社会功能，不太激烈的、适度的冲突对社会整合具有积极作用；激烈的、过度的冲突则对社会整合发挥消极作用。

韦伯的多元分层冲突理论：与马克思倾向于过分强调不平等的经济基础并以此为标准将社会两极化为阶级（有产阶级与无产阶级）冲突的观点不同，韦伯认为不同的社会群体以及个人利益都能够形成人类社会中的冲突关系，而不仅仅局限于阶级冲突。韦伯强调社会分层的多维层面，除了以财富和收入的多寡来区分的阶级维度，还有依据社会声望、荣誉来划分的地位群体，以及根据权力差异来划分的政治群体。韦伯认

---

① [美] 乔纳森·H. 特纳：《社会学理论的结构》，杭州：浙江人民出版社 1987 年版，第 161 页。

为，财富、权力、声望三种资源分配之间的相关程度、差距以及个人向上流动的频率是形成社会冲突的根本原因。与马克思的阶级冲突理论相比，韦伯的多元分层冲突理论更具有理论上的张力和选择性。

马克思、齐美尔、韦伯的社会冲突思想激发了后辈学者对冲突理论研究的想象力，对现代冲突理论的发展产生了深远的影响。20 世纪 30 年代，资本主义社会动荡不安、矛盾突出、冲突不断的时代特征成就了以帕森斯为主要代表的结构功能主义社会学流派。该理论流派认为，社会冲突是一种反常的社会状态；一个运转正常的社会，应该是均衡、稳定、协调的社会，并强调社会成员共同持有的价值取向对维系社会稳定的作用。20 世纪 50 年代，西方社会普遍激增的社会矛盾和冲突，引起了以达伦多夫为代表的社会学家对结构功能主义所憧憬的"极度一致、整合和静态"的社会形态的质疑和批判。科塞进而"通过强调冲突对社会系统的整合性与适应性功能来修正达伦多夫的分析"，并建构了现代社会冲突理论，成为"最具影响力的理论"。①

在达伦多夫、科塞、特纳（Jonathan H. Turner）、李普塞特（Seymour Martin Lipset）等学者的努力下，社会冲突理论渐趋繁荣之势。在纵向的理论承继和发展脉络上，达伦多夫的冲突理论更多地受马克思和韦伯思想的影响，齐美尔和科塞的冲突思想则具有更大的亲缘性。从内容上看，这一时期的社会冲突理论主要集中在以下领域：（1）冲突的根源，侧重于从社会结构、制度变迁、社会分化等层面分析冲突发生的原因②；（2）冲突的功能，主要探讨冲突的作用和功能发挥的相关因素③；（3）对冲突升级过程以及关于冲突升级相关致因的研究④；（4）冲突的心理⑤。

①［美］杰弗里·亚历山大：《社会学二十讲：二战以来的理论发展》，北京：华夏出版社 2000 年版，第 93 页。
② 代表作有：《马克思恩格斯选集》；Ralf Dahrendorf. Class and Class Conflict in Industrial Society. Stanford University Press.1959.［英］英拉尔·达仁道夫：《现代社会冲突——自由政治随感》，林永远译，北京：中国社会科学出版社 2000 年版。
③［美］L.科塞：《社会冲突的功能》，孙立平译，北京：华夏出版社 1989 年版。
④［美］兰德尔·柯林斯：《互动仪式链》，林聚任等译，北京：商务印书馆 2009 年版；乔纳森·特纳：《社会学理论的结构》，邱泽奇译，北京：华夏出版社 2001 年版。
⑤［法］吉斯塔夫·勒庞：《乌合之众：大众心理研究》，冯克利译，北京：中央编译出版社 2004 年版。

2. 公共冲突的政治学途径：抗争政治

20 世纪 60 年代，民权运动、新左派运动、反战运动、女权运动等较大规模的社会冲突和运动成为世界性的频现景观。西方学者对这一时期体制外的、政治性的冲突行为的研究主要集中在集体行为、社会运动和革命三个领域。集体行动、社会运动和革命三者之间没有绝对的界限，既相互区别，又在一定条件下相互转化，相应地在理论解释上也有很大的共通性。因此，有学者提出"抗争政治"的概念，将集体行为、社会运动和革命纳入统一的分析框架，在学界产生了较大的影响。抗争政治的研究吸引了诸多学者的关注，既积累了丰硕的研究成果，也推动了公共冲突研究视角从社会学向政治学的转变。综合起来，主要有以下几个方面。（1）关于集体行为的理性选择、形成过程、组织规模及其影响[①]，社会运动的起因、动员及其在社会变迁中的作用等。（2）从参与者的情感或心理来解释抗争政治的起源：布鲁姆（H.Blumer）的循环反映理论[②]、斯梅尔塞（N.Smelser）的加值理论[③]、格尔（Gurr）的相对剥夺理论[④]等。（3）抗争政治的背景、社会性的结构变迁条件、抗争政治的模型、构成抗争政治行为的因素等。[⑤]（4）"底层研究学派"关于农民底层政治相对于精英政治的自主性[⑥]以及农民日常抗争的伦理解释[⑦]。

---

① ［美］查尔斯·蒂利：《集体暴力的政治》，谢岳译，上海：上海人民出版社 2006 年版；《身份、边界与社会联系》，谢岳译，上海：上海人民出版社 2008 年版；赵鼎新：《社会与政治运动讲义》，北京：社会科学文献出版社 2012 年版；［美］曼瑟尔·奥尔森：《集体行动的逻辑》，陈郁等译，上海：上海三联出版社、上海人民出版社 2005 年版。

② Blumer H. 1946. "Elementary Collective Behavior." in Alfred McCung Lee(ed) New outline of the Principles of Sociology. New York: Barnes ＆Noble, Inc.170-177.

③ Smelser N.1962. Theory of Collective Behaviour. New York; Free Press.

④ Gurr. 1970. Why Men Rebel. Princeton: Princeton University Press.

⑤ ［美］查尔斯·蒂利：《抗争政治》，李义中译，南京：译林出版社 2009 年版；《欧洲的抗争与民主（1650—2000）》，陈周旺等译，上海：格致出版社、上海人民出版社 2008 年版；McAdam D.,Tarrow S., Tilly C.2001.Dynamics of Contention. Cambridge University Press.

⑥ 刘建芝、徐兆麟选编：《庶民研究》，林德山译，北京：中央编译出版社 2005 年版；查特吉：《关注底层》，《读书》2001 年第 1 期。

⑦ ［美］詹姆斯·斯科特：《农民的道义经济学：东南亚的反叛与生存》，程立显译，南京：译林出版社 2001 年版；《弱者的武器：农民反抗的日常形式》，何江穗、张敏、郑广怀译，南京：译林出版社 2006 年版。

3. 公共冲突的管理学途径：冲突管理

作为一门理论性和应用性相结合的学科，公共管理学诞生于西方国家，经过一百多年的发展，形成了比较完善的研究方法和学科体系，并且随着社会发展和研究课题的更新，不断拓展新的研究领域。自 20 世纪 80 年代以来，随着社会冲突问题的突出，公共冲突治理成为公共管理学科中新兴的学术研究领域。管理学视角下的公共冲突研究聚焦于冲突的化解和治理，对公共冲突的发展趋势、原因分析、正负作用、发展过程、化解策略、机制和制度建设等问题进行了系统而具体的研究。综合分析，主要有以下三个方面。（1）探讨公共冲突的概念、层次、类型、起因、条件、功能等原理性的内容。① （2）侧重于对冲突过程、导致冲突升级的相关因素以及冲突的阶段和模型等进行研究。② （3）强调运用有效沟通、情绪管理、谈判、第三方干预等多元化手段对冲突进行有效的管理。

上述国外研究的三种学科视角，并不能严格区分。社会冲突理论主要用来解释公共冲突发生的宏观社会结构，政治抗争理论主要用来解释公共冲突的行为逻辑，冲突管理理论主要分析有效应对冲突的方式。

（二）国内研究动态

改革开放四十多年来，随着市场经济体制的逐步建立，社会矛盾和冲突也明显增加。围绕着"群体性事件"，学界形成了有关公共冲突的一系列研究成果，主要有以下几个方面。

1. 国外公共冲突治理及其有效性的研究译介

国内学者对有关公共冲突的主要著作进行翻译，系统介绍国外公共冲突的治理理念、范式、法规政策、政府责任、制度建构和实践经验。

---

① ［美］大卫·巴拉什、查尔斯·韦伯：《积极和平——和平与冲突研究》，刘成等译，南京：南京出版社 2007 年版；Allan Edward Barsky, Conflict Resolution for the Helping Profession, Brooks/Cole, Thomson Learning, 2000. Hedy Leonie Isaacs, Influence, Enforcement And Collaboration: Legitimating A Conflict Resolution Approach to Public Administration, The State University of New Jersey, for the Degree of Doctor of Philosophy,2001.

② Louis R.Pondy, Organizational Conflict: Conception and Models, Administrative Science Quarterly, 1967, 12（2）, pp.296-441. Dean G. Pruitt & Sung Hee Kim. Social Conflict: Escalation, Stalemate, and Settlement. New York: McGrraw-Hill Companies. 2004. 弗雷德·简特：《利害冲突》，马黎、李唐山译，北京：中国人民大学出版社 2006 年版。

代表性的研究成果有：孙立平教授翻译、王浦劬教授评述了西方当代政治冲突理论，包括政治冲突的意义、特性以及关于引发冲突的多因并列论、资源稀缺论、资源分布不均论、相对剥夺论等解释性理论。①常健教授从升级过程、有效沟通、情绪管理、谈判技巧、第三方干预和制度建设等方面对西方公共冲突理论进行了较为系统的全面的介绍。②赵鼎新教授在讨论学术研究中解释传统和解读传统的基础上，对美国及西方社会运动和革命理论的发展脉络进行了详细的、批判性的介绍。③

2. 中国群体参与性公共冲突的演变阶段、概念内涵和基本特征

于建嵘教授在对工农维权抗争为代表的社会冲突问题进行实证调研的基础上，对近三十年中国社会冲突状况进行了一个基本的描述：20 世纪 80 年代末以来，中国的社会冲突经历了以知识精英为主体的进取性争权运动向以工农为主体的反应性维权活动的重要转变；20 世纪末以来，中国又出现了一种特殊类型的社会冲突，即"社会泄愤事件"。④刘能教授通过大量的案例分析，认为中国社会过去三十年间出现了三次大规模的集体行动的浪潮：20 世纪 80 年代中后期，以传统知识分子为主要参与者；90 年代中后期以下岗工人和抗税农民等新的社会弱势群体为主要代表；21 世纪以来以保卫环境和土地房屋产权的地方性居民为主流参与者。⑤关于群体性事件的概念内涵上，代表性的观点如："因人民内部矛盾而引发，或因人民内部矛盾处理不当而积累、激发，由部分公众参与，有一定组织和目的，采取围堵党政机关、静坐请愿、阻碍交通、集会、聚众闹事、群体上访等行为，并对政府管理和社会秩序造成影响甚至使社会在一定范围内陷入一定强度对峙状态的突然发生的群体性事

---

① 王浦劬：《西方当代政治冲突理论述评》，《学术界》1991 年第 6 期。

② 常健：《公共冲突管理》，北京：中国人民大学出版社 2012 年版；常健、李志行：《韩国政府委员会在公共冲突治理中的作用及其启示》，《国家行政学院学报》2016 年第 1 期；常健、李志行：《韩国环境冲突的历史发展与冲突管理体制研究》，《南开学报（哲学社会科学版）》2016 年第 1 期；常健、原珂：《西方冲突化解研究的三种范式及其发展趋势》，《中国行政管理》2014 年第 11 期。

③ 赵鼎新：《社会与政治运动讲义》，北京：社会科学文献出版社 2012 年版。

④ 于建嵘：《抗争性政治：中国政治社会学基本问题》，北京：人民出版社 2010 年版，第 5 页。

⑤ 刘能：《当代中国转型社会中的集体行动：对过去三十年间三次集体行动浪潮的一个回顾》，《学海》2009 年第 4 期。

件。"①不同的学者对群体性事件的认定虽然存在一定的差异，但大都承认了群体性事件的人民内部矛盾属性、聚众性、违法性、具有深刻的社会根源等基本属性。

3. 关于中国公共冲突的社会结构性根源、发生逻辑、升级过程、抗争策略和社会后果

多数研究者认为，当代中国公共冲突的根源主要是由于社会转型过程中引发的阶层断裂和利益失衡，这种归因被称为"利益矛盾-公共冲突"范式，最具代表性的观点当数孙立平教授提出的"断裂论"②。还有一部分学者在对农民群体的政治抗争研究中，发现这些冲突的动因并非利益或理性而是伦理，这种归因被称为"伦理情感-公共冲突"范式，最具代表性的观点是应星教授提出的"气"的理论③。关于抗争策略的研究以李连江和欧博文的"依法抗争"理论最为著名，"依法抗争"作为对转型期中国农民抗争策略的一种理论概括，导引了一系列对话性和模仿性的概念："以法抗争"④"以势抗争"⑤"以理抗争"⑥"依情抗争"⑦等。在公共冲突的发生逻辑和升级过程的研究上，学者主要聚焦于群体冲突行为的动力机制、组织化程度等方面。有学者提出"草根动员"的研究范式，已超越西方的社会运动研究范式和来自东方的底层研究范式。"该理论认为草根行动者是一个既不完全认同于精英，也不完全代表底层，而是有着自身独特行动目标和逻辑的行动者。草根动员在表达方式的选择上具有权宜性，在组织上具有双重性，在政治上具有模糊性。草根动员既是一个动员参与的过程，同时也是一个进行理性控制并适时结束群体行动

① 中国行政管理学会课题组：《中国群体性突发事件成因及对策》，北京：国家行政学院出版社2009年版，第2页。

② 孙立平：《断裂：20世纪90年代以来的中国社会》，北京：社会科学文献出版社2003年版；《失衡：断裂社会的运作逻辑》，北京：社会科学文献出版社2004年版。

③ 应星：《"气"与中国乡村集体行动的再生产》，《开放时代》2007年第6期。

④ 于建嵘：《抗争性政治：中国政治社会学基本问题》，北京：人民出版社2010年版，第57-58页。

⑤ 董海军：《依势博弈基层社会维权行为的新解释框架》，《社会》2010年第5期。

⑥ 朱健刚：《以理抗争：都市集体行动的策略——以广州南园的业主维权为例》，《社会》2011年第3期。

⑦ 罗亚娟：《依情理抗争：农民抗争行为的乡土性——基于苏北若干村庄农民环境抗争的经验研究》，《南京农业大学学报（社会科学版）》2013年第2期。

的过程。"①还有学者提出"压迫性反应"机制来修正和弥补奥尔森的选择性激励理论对冲突行为动力机制解释性的不足。该理论认为,"在一个只有共同的利益诉求而没有明确组织形态的社会群体中,集体行动的参与者的真正动力是集团外部的压力。农民所进行的维权行动主要不是根据集团内部区别对待所进行的选择,而是对集团外部压迫的反应"②。无论是"草根动员"解释范式,还是"压迫性反应"的解释范式,都是从中国社会经典的公共冲突案例出发,探索更具中国本土化的解释,而不是生搬硬套西方的社会运动研究范式和集体行动的逻辑。

4. 对改革开放以来中国群体参与性的公共冲突有效治理的实证研究

实证研究主要内容如下。其一,有学者认为公共冲突研究大多基于公民或社会的立场,而较少关注公共冲突中另一个重要行动者——公共冲突的治理者,即国家或政府,尤其是承担实际治理职能的地方政府,其在很大程度上塑造了公共冲突或社会抗争,影响其发生、发展、形式及结果;并将"国家"概念化为稳定的政治结构、较为稳定的政治环境、变动的政治背景三个层次与要素,分别揭示国家塑造抗争政治的若干面向。③其二,从国家或政府角度来理解中国的公共冲突或社会抗争,其代表性观点有:威权主义国家瓦解了社会组织而导致了以居住地为主要动员方式的社会抗争④;国家功能在不同领域的收缩和扩张,及其所导致的单位制的解体和社会矛盾的激化而引发的公共冲突⑤;中央与地方的权力分割使政府处理社会抗争策略具有灵活性,并在一定程度上为公众以社会抗争的方式来表达利益诉求提供了一定的空间⑥;国家的具体制度安排对社会抗争具有一定的影响,以单位制为例,有学者指出,单位制

---

① 应星:《草根动员与农民群体利益的表达机制——四个个案的比较研究》,《社会学研究》2007年第2期。

② 于建嵘:《抗争性政治:中国政治社会学基本问题》,北京:人民出版社2010年版,第86-87页。

③ 黄冬娅:《国家与抗争政治:以国家为变量的分析框架》,载肖滨主编:《中国政治学年度评论(2012)》,上海:上海人民出版社2012年版,第28-50页。

④ Zhao, Dingxin1998, "Ecologies Social Movements: Student Mobilization During the 1989 Prodemocracy Movement in Beijing." The American Journal of Sociology 103(6).

⑤ 谢岳:《社会抗争:国家性变迁的民间反应》,《当代中国研究》2008年第2期。

⑥ Cai, Yongshun 2005, "China's Moderate Middle Class: The Case of Homeowners' Resistance." British Journal of Political Science 38.

不仅是一种社会控制手段，而且也具有引发大规模集体行动的潜能，因为它将无数的社会矛盾引向了国家和单位[①]；有的学者研究发现，单位对集体抗争仍然具有显著的抑制作用，但抑制的机制和效果随着单位特征的变化而有显著的差异，这表明单位特征对集体抗争的发生机制具有明显的分割效应[②]。其三，关于政府应对公共冲突的对策、手段的实证研究。应星教授在大河移民抗争的实证研究中，生动地展现了基层政府"拔钉子""开口子""揭盖子"的"摆平术"。[③]蔡永顺的研究表明，如果群体参与性公共冲突对社会稳定、政策执行和政府形象造成损害，地方政府就会采取刚性压制的策略。[④]同样，刘能教授通过对 20 世纪 80 年代以来诸多群体性事件的分析，认为地方政府更愿意采用政治性手段，而不是法理性手段来化解群体参与性公共冲突造成的危机局面。[⑤]还有研究者从应星提出的"摆平术"概念获得灵感，总结和分析了地方政府在社会抗争中的游离于刚性压制策略和法治策略的另一种策略类型——"摆平"策略，即运用拖延、利益补偿、欺瞒、限制自由、关系维稳、花钱买稳定等方式处理群体参与性公共冲突事件，并对这一策略的限度进行了分析。[⑥]

　　总体而言，国外研究为我们提供了重要的理论和经验借鉴，但是从经验层面上看，目前中国的公共冲突主要是基于经济利益诉求，对现存的政治制度和社会结构并无改变意图，并呈现出弱组织化、无明显价值追求的特征，与外国的"社会运动""集体行动"等相去甚远。这就决定了国外理论的有限解释力。因此，国情决定了照搬照抄国外理论，既不能提供针对性和前瞻性的治理措施，也不能有效提升政府公共冲突的治理能力。国内学者在公共冲突治理方面进行了有价值的探讨，但尚存在

① 周雪光：《无组织的利益与集体行动》，《社会发展研究》2015 年第 1 期。

② 冯仕政：《单位分割与集体抗争》，《社会学研究》2006 年第 3 期。

③ 应星：《大河移民上访的故事》，北京：生活·读书·新知三联书店 2001 年版，第 152 页。

④ Cai, Yongshun2008, "Local Governments and the Suppression of Popular Resistance in China." The China Quarterly, 193: 24-42.

⑤ 刘能：《当代中国群体性集体行动的几点理论思考——建立在经验案例之上的观察》，《开放时代》2008 年第 3 期。

⑥ 郁建兴、黄飚：《地方政府在社会抗争事件中的"摆平"策略》，《政治学研究》2016 年第 2 期。Deng Yanhua and Kevin J. O'Brien. 2013. "Relational Repression in China: Using Social Ties to Demobilize Protesters," The China Quarterly, 215:533-552. Cai, Yongshun2010. Collective Resistance in China: Why Popular Protest succeed or Fail. New York: Standford University Press.

以下不足。（1）在研究视角上，现有的研究大多基于公共冲突中公民或社会的视角，较少关注冲突中另一个重要行动者——地方政府的行为逻辑。（2）在研究内容上，用制度文本代替对实证逻辑的关注，较少从实证调查中分析地方政府公共冲突治理有效性的评估标准、现状、困境及路径选择等。（3）在研究方法上，规范分析较多，实证分析缺少对大量公共冲突事件的调查访谈，也少有对同类冲突案例的归纳提炼和异类冲突案例间的比较研究。总之，国内虽然有公共冲突有效治理的对策研究，但大多是从应然层面提出应对思路和政策举措，少有实际层面的描述和有效化解冲突的路径分析。这就成为本研究在借鉴国内外研究成果的基础上，继续深化研究的努力方向。

三、概念辨析与研究视角

在中国社会的转型期，伴随着快速的经济增长和急剧的社会变化，一些深层次的社会矛盾和公共冲突不断积累和涌现，在某种意义上，已经成为一种较为普遍的社会现象。相应地，对社会矛盾和公共冲突——尤其是其典型表现形态的"群体性事件"的研究和治理，提上了决策者的议事议程，亦进入了许多研究者的学术视野。

20 世纪 90 年代伊始，围绕着社会矛盾和冲突，学界形成了一组相似的"家族性概念"，主要有"政治抗争""维权抗争""社会冲突""集体行动""群体性事件"等，而且，每一个概念又往往包含一些子概念。"家族性"概念谱系，一方面足以表明学界对社会矛盾和冲突问题给予了热切的理论关怀和形成了多样化的研究视角，这有利于深化和丰富对社会矛盾和冲突问题的阐释与理解；另一方面从不同维度显示出当前中国社会矛盾和冲突问题纷繁复杂的特质。本研究在对这些"家族性概念"进行梳理和评估的基础上，认为与其他概念相比，"公共冲突"是契合当前中国情境的一个统摄性、规范性和学术化的概念。

（一）"家族相似性"概念：梳理与评析

通过对相关文献的梳理和分析，笔者发现围绕社会矛盾和公共冲突这一核心议题而形成的"家族相似性"的概念谱系，可以从基本内涵，子概念，以及西方学界的对应概念等方面进行梳理和评析（见表1-1）。

表1-1 "家族相似性"概念谱系评析

"家族相似性"概念	基本内涵	子概念	西方学界里的对应概念
抗争政治①、社会抗争②	明确指向国家或政府的、各种压迫性反应的抗争行为	依法抗争③、以法抗争④、集体抗争⑤、以势抗争⑥、以身抗争⑦、以理抗争⑧、依情理抗争⑨、理法抗争⑩、转型抗争⑪等	Contentious politics⑫

---

① 应星：《"气"与抗争政治——当代中国乡村社会稳定问题研究》，北京：社会科学文献出版社 2016 年版，第 21 页；肖唐镖：《抗争政治时代到来及其治理转型》，《领导者》2013 年第 5 期；黄冬娅：《国家如何塑造抗争政治——关于社会抗争中国家角色的研究述评》，《社会学研究》2011 年第 2 期。

② 谢岳：《社会抗争与民主转型——20 世纪 70 年代以来的威权主义政治》，上海：上海人民出版社 2008 年版；谢岳：《社会抗争：国家性变迁的民间反应》，《当代中国研究》2008 年第 2 期。

③ "依法抗争"（rightful resistance），该概念原型是李连江、欧博文（Li.Lianjiang and Kevin J. O'Brien.1996）所提出来的"policy-based resistance"（"以政策为依据的抗争"），欧博文（O'Brien.1996）将之进一步概括为"Rightful Resistance"，被译为"以法抗争"；后来他们（O'Brien and Li 2006）进一步丰富和完善了这一概念。参见 Li. Lianjiang and Kevin J. O'Brien. 1996. "Villagers and popular Resistance in Contemporary China". Modern China 22(1). O'Brien, Kevin J.1996, "Rightful Resistance", World Politics 49(1). O'Brien. Kevin J. and Li LianJiang. 2006. Rightful Resistance in Rural China. New York and Cambridge: Cambridge University Press.

④ 于建嵘：《当代中国农民的"以法抗争"——关于农民维权活动的一个解释框架》，《文史博览》2008 年第 12 期。

⑤ 冯仕政：《单位分割与集体抗争》，《社会学研究》2006 年第 3 期。

⑥ 董海军：《依势博弈：基层社会维权行为的新解释框架》，《社会》2010 年第 5 期。

⑦ 王洪伟：《当代中国底层社会"以身抗争"的效度和限度分析——一个"艾滋村民"抗争维权的启示》，《社会》2010 年第 2 期。

⑧ 朱健刚：《以理抗争：都市集体行动的策略——以广州南园的业主维权为例》，《社会》2011 年第 3 期。

⑨ 罗亚娟：《依情理抗争：农民抗争行为的乡土性——基于苏北若干村庄农民环境抗争的经验研究》，《南京农业大学学报（社会科学版）》2013 年第 2 期。

⑩ 覃琮：《农民维权活动的理法抗争及其理论解释——两起征地案例的启示》，《社会》2013 年第 6 期。

⑪ 王瑜、仝志辉：《转型抗争：从社会转型的视角理解近阶段中国农民抗争》，《中国农业大学学报（社会科学版）》2012 年第 4 期。

⑫ McAdam, Doug, Sidney Tarrow, and Charles Tilly. 2001. Dynamics of Contention. Cambridge: Cambridge University Press. Tilly, Charles; Tallow, Sidney. 2007.Contentious Politics. London University Press.

"家族相似性"概念	基本内涵	子概念	西方学界里的对应概念
集体维权、维权抗争①	强调维权行动诉求的目标主要是具体的物质利益方面的基本权利	农民的以法抗争、工人的以理维权、市民的理性维权②、群体利益的表达行动③、维权抗争④、民间维权⑤、业主维权⑥	—
集体行动、集体行为	强调不同层次上由诸多个体参与的群体协作行为的共同属性，被用来描述不同政体下制度化或非制度化的群体行为	基于利益表达的集体行动⑦、乡村集体行动（群体性诉讼、集体上访、抗争性聚集）⑧、都市地区集体行动（精英主导的集体行动、一般性公民社会运动、少数群体发动的集体行动、宗教派或类宗教派运动）⑨、集体行动（不专门针对政府或政府代理机构）⑩、集群行为⑪	Collective action⑫

① 郭正林：《中国农村权力结构》，北京：中国社会科学出版社 2005 年版，第 189-191 页；郭正林：《当代中国农民的集体维权行动》，《香港社会科学学报》2001 年第 19 期；于建嵘：《集体行动的原动力机制研究——基于 H 县农民维权抗争的考察》，《学海》2006 年第 2 期。

② 于建嵘：《当代农民维权抗争活动的一个解释框架》，《社会学研究》2004 年第 2 期；于建嵘：《当代中国工人的"以理维权"》，《中国与世界观察》2005 年第 1 期；于建嵘：《抗争性政治：中国政治社会学基本问题》，北京：人民出版社 2010 年版，第 45 页。

③ 应星：《草根动员与农民群体利益的表达机制——四个个案的比较研究》，《社会学研究》2007 年第 2 期。

④ 张紧跟：《从维权抗争到协商对话：当代中国民主建设新思路》，《华中师范大学学报（人文社会科学版）》2011 年第 2 期；尹利民：《策略性均衡：维权抗争中的国家与民众关系——一个解释框架及政治基础》，《华中科技大学学报》2010 年第 5 期。

⑤ 蔡方华：《民间维权的软肋》，《社区》2005 年第 7 期。

⑥ 张磊：《业主维权运动：产生原因及动员机制》，《社会学研究》2005 年第 6 期。

⑦ 王国勤：《"集体行动"研究中的概念谱系》，《华中师范大学学报（人文社会科学版）》2007 年第 5 期。

⑧ 应星：《"气"与中国乡村集体行动的再生产》，《开放时代》2007 年第 6 期。

⑨ 刘能：《怨恨解释、动员结构和理性选择——有关中国都市地区集体行动发生可能性的分析》，《开放时代》2004 年第 4 期。

⑩ 邱泽奇：《群体性事件与法治发展的社会基础》，《云南大学学报（社会科学版）》2004 年第 5 期。

⑪ 于建嵘：《社会泄愤事件中群体心理研究——对"瓮安事件"发生机制的一种解释》，《北京行政学院学报》2009 年第 1 期。

⑫ Olson, Mancur.1965. The Logic of Collective Action. Cambridge, Mass: Cambridge University Press.

续表

"家族相似性"概念	基本内涵	子概念	西方学界里的对应概念
社会运动	强调通过非制度化方式来表达社会变革诉求的集体行动	都市运动①、新社会运动（消费者维权运动、环境保护运动、妇女权利运动等）②、共意性社会运动③	Social movement④
社会冲突	强调主体间因利益、价值、目标和期望的对立而引发的对抗性的意愿和行动	现实性冲突和非现实性冲突⑤、对抗性冲突和非对抗性冲突⑥、工具性冲突和价值性冲突⑦、结构性的社会冲突和行为性的社会冲突⑧、人民内部矛盾话语中的社会冲突⑨	Social conflict⑩
群体性事件	强调民众聚众行为的违法性、危害性和暴力性	闹事事件、群众闹事、群众性事件⑪、紧急治安事件⑫、群体性治安事件⑬、群体性暴力事件⑭	—

① 陈映芳：《行动力与制度限制：都市运动中的中产阶层》，《社会学研究》2006年第4期。

② 李培林、张翼、赵延东、梁栋：《社会冲突与阶级意识：当代中国社会矛盾问题研究》，北京：社会科学文献出版社2005年版，第27-28页。

③ 郭小安、龚莉：《共意性社会运动：概念、内涵及本土化阐释》，《中州学刊》2018年第7期。

④ Sidney Tarrow, 1998, Power in Movement: Social Movements and Contentious Politics. McCarthy, J. & M. Zald 1973, The Trends of Social Movement in America: Professionalization and Resource Mobilization. Morristion, PA: General Press.

⑤ ［美］L.科塞：《社会冲突的功能》，北京：华夏出版社1989年版，第16页。

⑥ 宋林飞：《西方社会学理论》，南京：南京大学出版社1997年版，第388页。

⑦ 于建嵘：《抗争性政治：中国政治社会学基本问题》，北京：人民出版社2010年版，第23页。

⑧ 张康之：《在政府的道德化中防止社会冲突》，《中国人民大学学报》2002年第1期。

⑨ 李培林、张翼、赵延东、梁栋：《社会冲突与阶级意识：当代中国社会矛盾问题研究》，北京：社会科学文献出版社2005年版，第9、26-30页。

⑩ Coser, Lewis A. 1956. The Functions of Social conflict. London: Free Press.

⑪ 20世纪50年代初至70年代末，官方称之为"闹事事件""群众闹事""群众性事件"，见李培林、张翼、赵延东、梁栋：《社会冲突与阶级意识：当代中国社会矛盾问题研究》，北京：社会科学文献出版社2005年版，第1-6页；肖唐镖：《当代中国的"群体性事件"：概念、类型与性质辨析》，载肖滨主编：《中国政治学年度评论（2012）》，上海：上海人民出版社2012年版，第114-116页。

⑫ 1994年5月30日，中共中央办公厅、国务院办公厅发布《关于处置紧急治安事件有关事项的通知》，将之称为"紧急治安事件"。

⑬ 2000年4月5日，公安部制定《公安机关处置群体性治安事件规定》，其第二条规定："群体性事件"是指"聚众共同实施的违反国家法律、法规、规章，扰乱社会秩序，危害公共安全，侵犯公民人身安全和公私财产安全的行为"。

⑭ 刘彦成：《论群体性暴力事件的概念和特征》，《湖北警官学院学报》2003年第2期。

在学术研究中，我们采用一个概念，其适宜性一般取决于两个关键的、相互关联的分析性层面：一是该概念要具有学术研究内在理路上的自洽性；二是要同其所指涉、描述和分析对象（社会现象）具有契合度。学理上的自洽性和经验上的契合度是评价一个概念可信度的两个不可或缺的方面。依据这两个方面，我们可以对多元化的"家族相似性"概念进行评析。

在一定时期内，学者们热衷于使用"抗争政治""社会抗争"的概念。"社会抗争"中的"社会"表明了民众抗争行动中的社会面向、社会主体和社会根源；"抗争政治"中的"政治"则表明了只关注抗争行动中的社会面向难以完全解释社会抗争行为，国家或政府是不可或缺的因素。然而"抗争政治"和"社会抗争"仍然存在诸多模糊之处，共同的"抗争"意蕴，意味着冲突中弱势一方因利益受损或不满而采取集体行为的被迫反应性，对其主动性维权或抗争的解释性不足。事实上，随着公民权利意识和政治主体意识的不断强化，现实中民众主动发起的、表达利益诉求的维权行动越来越多。与"抗争政治""社会抗争"概念强调抗争的方式相比，"集体维权行动"概念则强调的是诉求的目标。目前，中国社会的维权行动主要是由于民众具体的物质利益受损和利益冲突而展开的，而且，"维权"概念预设的前提是抗争者具有相应的权利意识和明确的维权目标。然而近年来，一种被称为"以非利益相关者为主体的群体性事件"的发生呈上升趋势。在这类冲突中，绝大部分参与者既与事件本身没有直接的利害关系，也无明确的、具体的维权要求，而是为当时的场景所感染以发泄心中的不满、怨恨。因此这类事件的出现，在某种程度上限制了"集体维权行动"概念的解释力。

在学理上，分析中国的社会矛盾和公共冲突，最为切近和可资借鉴的理论资源来自西方的"集体行动"和"社会运动"理论，但是如果不加辨析而直接拿来也是不合时宜的。在最广泛意义上，"集体行动"概念可以泛指所有群体行为，这种泛化特征也丧失了概念的解释力和确切性。从狭义上讲，西方学界一般将集体行动、社会运动和革命纳入统一的解释框架加以研究，强调它们的共同点是制度外的集体性政治行为，并且具有较高的职业组织化特征。①但在中国，制度外的或对抗性的政治行动不具备合法性。

转型期的中国，由于利益格局的深刻变动和利益关系的复杂化，不可避免地引发了一些社会矛盾和社会问题，社会矛盾的不断激化和社会关系的日益紧张，必然外显化为一定的社会冲突与多种社会矛盾和冲突交织而引发的群体性事件。因此，社会矛盾、社会冲突和群体性事件在中国语境下，具有某种概念上的相似性和常识性，学界不在意是否给出一个具体的界定，更多的是在使用某种心照不宣的常识性概念。然而学术研究的严谨性，促使我们不得不进一步探讨社会冲突概念的适用性。

与其他概念相比，"群体性事件"是最具中国本土化特征的概念。由于该概念具有较强的经验共识和实践品格，使得很多研究者在运用这一概念时未加详细界定，尤其缺少对概念演变进行纵贯性的考察，从而导致概念本身的多元模糊状态。

基于对以上"家族相似性"概念的梳理、评析和解释效度的检视，本研究提出"公共冲突"的概念，并认为它是契合当前中国语境的、适宜于分析社会矛盾和冲突的一个学理性、规范性和包容性的概念。

（二）"公共冲突"：概念的自洽性与契合度

从内涵上讲，冲突是主体之间因利益、目标、价值或期望的差异而引发的对抗性的意愿和行为；公共冲突是指事关公共利益、政府作为诉求对象或主要参与主体的对抗性的行动。从外延上看，可以将公共冲突分为两类。一类是狭义"社会"中的公共冲突，主要指社会组织或社会成员之间的冲突。虽然这类冲突不是针对政府的，但可能影响到公共秩序、公共安全、社会和谐等公共利益，故在某种意义上，也可称为公共冲突。另一类是针对政府的公共冲突。需要指出的是，在工业化、市场化和城镇化进程中，由于贫富分化、官员腐败、征地拆迁、失业下岗、劳工权益、环境权益等引发的社会矛盾和公共冲突，导致了一些群体性事件的发生。这表明在中国社会转型期，地方政府已经卷入到公共冲突

① 赵鼎新：《社会与政治运动讲义》（第二版），北京：社会科学文献出版社 2012 年版，第 3-5 页。

之中。许多公共冲突本来起因于私人矛盾和利益冲突，第三方干预（主要指政府）是冲突化解的基本途径，但是以政府为主体的第三方干预并不总是能够顺利地化解冲突，有时甚至使冲突升级转化为冲突各方与干预方之间的冲突。第三方（主要指政府）干预所导致的各方与第三方之间的冲突，即是"二阶"冲突，这类公共冲突是由于公众对当地政府"高依赖、低信任"的现实困境造成的冲突，是冲突升级与扩散的一种特殊形式。①

如前所述，一个概念的规范性与适用性取决于概念本身的在逻辑上的自洽性和经验上的契合度。与"政治抗争""社会抗争""维权行动""集体行动""社会运动"等概念相比，"公共冲突"在自洽性和契合度上更适宜作为研究当前中国情境中的社会矛盾和冲突（其典型表现形式是群体性事件）的分析性概念。

1. 公共冲突：学术理路上的自洽性

从学术研究内在理路的自洽性上看，首先，公共冲突中的"公共"一词，突出的是公共冲突的正向功能和推动社会变迁的建设性作用。公共冲突的研究者们有一个共识，就是对公共冲突的理解必须和社会变迁的理论联系起来。一方面，社会变迁是引起公共冲突的结构性条件；另一方面，社会变迁是公共冲突所追求的目标。"一致与冲突，都是社会存在的两种基本动力。稳定与变迁，是社会存在的两种基本形式。冲突是社会结构固有成分；冲突引起社会变迁，社会变迁排除冲突的消极影响。"②因此，从学理上讲，公共冲突这一概念既是透视社会矛盾和社会问题的基本视角，也提供了分析社会变迁和进步的有益论据。这也是本研究致力于公共冲突治理研究的价值所在。

其次，"公共冲突"内含两个亚范畴——"有节制的冲突"和"逾越界限的冲突"，这实际上整合了学界关于"有节制的斗争"与"逾越界限的斗争"、"制度化的抗争"与"非制度化的抗争"是分界研究还是统合分析的争论以及由此带来的概念上的混乱现象。关于这方面的分歧，学

---

① 常健、韦长伟：《当代中国社会二阶冲突的特点、原因及应对策略》，《河北学刊》2011 年第 3 期。

② 宋林飞：《西方社会学理论》，南京：南京大学出版社 1997 年版，第 321-322 页。

界有两种观点。一种观点将用法律法规所允许的或没有明确禁止的方式来表达意愿的群体行动称为"群体利益的表达行动",以示其与带有明显的违法和暴力冲突性质的"群体性事件"有着本质的区别。其理由是虽然二者之间没有绝对不可逾越的界限,但关注它们之间的断点,准确把握群体性事件的发生机制,既能丰富理论研究范式,也有利于在实践中有的放矢地建立预防与处置群体性事件的机制。①另一种观点认为,在经验上民众所采取的集体行动是处在有节制的"斗争"和逾越界限的"斗争"之间的连续谱上,并非对立的两极;它们之间的界限是不清晰的,往往有着相似的因果过程。因此,对其特征或属性进行生硬的区隔,并进而赋予独特性内涵的做法,是欠妥的。②以上研究上的分歧,可以置于"公共冲突"的分析框架中进行"统分结合"的、有针对性的研究,促进学术间的对话与交流。

2. 公共冲突:经验分析上的契合度

契合度主要指公共冲突概念与其指涉、描述和分析对象(社会现象)的贴近程度。在当前中国社会,公共冲突概念用来分析的主要社会现象就是"群体性事件",可以说,群体性事件是当前中国社会公共冲突最为典型的表现形式。因此,对公共冲突这一概念契合度的检验,需要从群体性事件的分析着手。

(1)群体性事件:概念辨析与演变趋势

从学术研究上看,"群体性事件"概念起初并非以一个学术化语言切入中国学术的研究视野里的。在围绕着社会矛盾和冲突而形成的"家族相似性"概念谱系中,群体性事件是一个地地道道的本土化的社会现象,在实际运用过程中,政府和学术界基于学理推演、现实观察和治理需要的视角,赋予它不同的含义。

就"群体性事件"的称谓由来和内涵而言,目前中国学术界主要有两种观点。一种观点通过对"群体性事件"及其相近表述历程变化的考

① 应星:《"气场"与群体性事件的发生机制——两个个案的比较》,《社会学研究》2009 年第6期。
② 王国勤:《"集体行动"研究中的概念谱系》,《华中师范大学学报(人文社会科学版)》2007年第 5 期;吴长青:《从"策略"到"伦理":对"依法抗争"的批评性讨论》,《社会》2010 年第 2 期。

察，认为其称谓在不同时期不尽相同，可以划分为五个阶段：第一阶段，20世纪50年代初至70年代末，称"群众闹事""聚众闹事"；第二阶段，20世纪80年代称"治安事件""群众性治安事件"；第三阶段，20世纪80年代末至90年代初称"治安突发事件""突发性事件""治安紧急事件"或"突发性治安事件"；第四阶段，20世纪90年代中期至90年代末称"紧急治安事件"；第五阶段，20世纪90年代末至21世纪初，称"群体性治安事件""群体性事件"。①这种观点逐渐被诸多研究者采纳，并在学界产生了一定的影响。另一种观点认为，上述梳理除了第一阶段并无出入之外，其他几个阶段的划分及其说法尚有待商榷。在较为系统地阅读法律文件和党政文献资料后，可以发现1988年以来的有关"群体性事件"的表述呈现出三个阶段性的变化：1996年以前，在强调"闹事"的同时，重点突出其"突发"与"紧急"的特点；1997年至2002年，尽管还有"闹事"的表述，"群体性事件"的称谓也增多，但更强调其"治安事件"的性质和边界，以与极为严重的违法犯罪事件和反体制（敌我矛盾）的政治事件相区别；自2003年开始，"群体性事件"的称谓被全面接受，并于2004年成为中央文件的标题。"群体性事件"的正式表述最早出现在1994年的官方文件中，至2003年被全面接受，经过了整整十年的时间。②以上两种观点虽然存在一定分歧，但也有共同之处，即均认为在"群体性事件"的表述上大致经历了"聚众闹事—治安事件—群体性事件"这样一个粗线条的演变过程，并呈现出如下趋势和特点。

其一，强调违法性、暴力性和危害性，这是早期对"群体性事件"的基本认识，带有比较浓厚的"专政""敌我矛盾"和"阶级斗争"的色彩。其二，关注"群体性事件"的矛盾性、社会性和根源性，逐渐意识到"群体性事件"属于人民内部矛盾，其背后有着深刻的社会结构性根源，主要是由于利益结构失衡所引发的。其三，突出"群体性事件"的

---

① 王彩元、马敏艾、李颖：《群体性事件紧急处置要领》，北京：中国人民公安大学出版社2003年版，第1-5页；王战军：《群体性事件的界定及其多维分析》，《政法学刊》2006年第5期；许尧：《中国公共冲突的起因、升级与治理——当代中国群体性事件发展过程研究》，天津：南开大学出版社2013年版，第23-24页。

② 肖唐镖：《当代中国的"群体性事件"：概念、类型与性质辨析》，载于肖滨主编：《中国政治学年度评论（2012）》，上海：上海人民出版社2012年版，第115-116页。

主体性、聚众性、冲突性或抗争性，对事件的认知更加契合中国语境下的民众抗争行动的情景。

以上演变趋势也反映出政府有关社会稳定和治理理念的变化特点：从"群众闹事"到"治安事件"的演变，表明政府逐渐走出意识形态和"敌我矛盾"色彩浓厚的"闹事"之说。从"群众"到"群体"的变化，表明在淡化参与者的政治身份的同时，更加强调的是其法理身份，这"实际上表明中国社会中的国家-社会关系也发生了转型：国家机器及其代理人与普通民众构成的'社会'的关系，不仅仅是一种政治性的关系（政治忠诚、政治服从和政治牺牲），而且还包含了契约法理型的关系（公共治理、公共服务和公共监督）"[①]。这种变化反映在国家治理中，就是对民众、民意的尊重，不断强化的法治意识和公民权利保障意识。走出"突发性"的自我限定，认识到矛盾和冲突往往是一个由不断积累到爆发的过程和民众未必是"别有用心者"或"不明真相者"角色的承认等。

通过以上分析，可以看出作为一个本土化的社会现象，对"群体性事件"的表述经历了认识上的不断深化、逐渐客观和趋于理性的阶段化演变过程。本研究认为，"群体性事件"是指一定规模的民众参与的、为了表达利益诉求或发泄某种情绪而采取的体制外的对抗性冲突和活动（这个定义依据下面公共冲突与群体性事件的契合度进行修正），其具有以下基本特点：在参与主体上，发起者为普通民众，地方政府往往成为诉诸或抗争的对象；从行动的议题指向看，主要是为了实现物质性的经济利益，也有一部分是因为被某种场景感染而发泄不满、怨恨等情绪，其实这些不满情绪的背后，仍然是由于利益受损所引起的；在抗争手段上，大多数群体性事件均采取了和平的、低暴力的或高暴力的复合型抗争手段，这些手段都具有体制外的对抗特性；从组织化程度上，去组织化、弱组织化或隐组织化是其主要特征；在社会后果上，对社会秩序或价值造成一定的消极影响，必须引起充分的重视；在性质上，虽然出现明显的暴力冲突和违法行为，但仍然是认同现行体制和制度下的"服从性抗争"。

---

① 刘能：《当代中国群体性集体行动的几点理论思考》，《开放时代》2008 年第 3 期。

（2）经验分析上的契合度：类型学的分析视角

对公共冲突类型划分可以选择不同的视角，视角的选择与研究者关心的问题有关。当代中国公共冲突和群体性事件是在社会转型的整体框架下展开的。因此，在公共冲突与群体性事件经验契合度的分析上，有两个问题可谓焦点：一是转型社会为公共冲突和群体性事件提供了什么样的结构性规定与限制；二是在这种结构性条件的制约下，公共冲突和群体性事件的组织化程度及动员方式有什么样的差异。据此，本研究可以确定对当代中国和群体性事件类型划分的两个基本维度：合法化和组织化。

为了更清楚地理解公共冲突与群体性事件在经验上的契合度，我们根据合法化和组织化两个维度，建立了公共冲突与群体性事件的类型分析框架（如图1-1）。

横轴是合法化维度，表示聚众行为合法化程度的高低，从左向右分别对应冲突行为从逾越界限到有节制的一个连续谱系。纵轴是组织化维度，从上至下表示聚众行为组织化程度的高低。图中从左向右略有上升的曲线分别排列着对抗性群体性事件和基于利益表达的群体性事件。对抗性群体性事件是指具有明显的暴力冲突和比较严重的违法行为，并对社会秩序造成较大消极影响的群体聚集事件。由于情感与利益之别是我们所关注的聚众行为的动因差别，所以对抗性群体性事件又可以划分为以非利益相关者为主体的群体性事件和以利益相关者为主体的群体性事件。其中，非利益相关者为主体的群体性事件主要指"泄愤事件"。基于利益表达的群体性事件主要指采用法律法规所允许的或没有明确禁止的方式来表达利益诉求的群体行动，依据相关学者的研究，这类群体性事件主要包括抗争性聚集、集体上访和群体性行政诉讼①。

---

① 应星教授认为，凡是十人以上的群体代表用较为理性、节制的方式聚集在政府门外或其他重要场合表达具体诉求的方式，就是抗争性聚集。集体上访是利益受害者群体通过写信或到访的方式向上级政府提出对下级政府的指控。群体性行政诉讼是指那些在进行群体性诉讼的同时也进行集体上访的行动类型，或者用抗争性聚集等形式对法院或政府施加压力的群体性诉讼。（参见应星：《"气"与中国乡村集体行动的再生产》，《开放时代》2007年第6期；应星：《"气"与抗争政治：当代中国乡村社会稳定问题研究》，北京：社会科学文献出版社2016年版，第21-24页。）

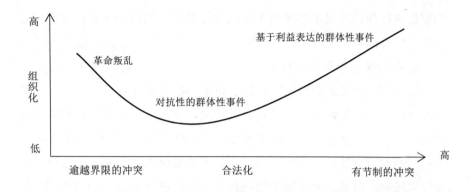

图 1-1 公共冲突与群体性事件的类型分析框架

从上图可以看出，公共冲突从逾越界限到有节制的连续谱系与对抗性群体性事件及基于利益表达的群体性事件所排列的略有上升的曲线基本上是一致的。逾越界限的冲突对应着对抗性的群体性事件，有节制的群体性冲突对应着基于利益表达的群体性事件。可见，作为学术化概念的公共冲突与本土化概念的群体性事件，在经验分析上具有较高的契合度。

具体而言，"公共冲突"的概念在学术界定上较为严格，但其具象性不足，在现实中不易明确、具体地把握其边界。而"群体性事件"虽然在严格意义上并不是一个学术定义，但作为在现实生活中被广泛接受和约定俗成的社会现象，其具体指涉对象较为明显，具象性比较充足。因此，在学术化与本土化、概念内涵与具体指称上，公共冲突与其典型表现形式的群体性事件形成了密不可分的互补关系。在理论阐释和学术讨论中，本研究倾向于使用"公共冲突"的概念，在具体的经验研究中，侧重于从群体性事件的典型案例中探析规律性的认识。

（三）研究视角：国家视角的回归

社会矛盾和冲突是一个传统而恒久的研究课题。自人类社会形成以来，人们就对生活于其中的社会稳定以及危害社会稳定的社会矛盾和冲突问题给予了由衷的关注。无论是关于集体行动、社会运动和革命的研究，还是关于公共冲突、群体性事件研究，都吸引了国内外学者从不同的视角进行探讨。对该领域相关文献进行系统的梳理和分析，我们可以发现主要有两种研究视角。

1. 从社会抗争到政治抗争

从西方文献发展脉络来看，社会抗争是解析公共冲突研究的一个重要解释概念。该解释概念执"社会"一端，主要分析引发社会冲突与抗争的心理动机、身份认同、社会网络、动员结构等社会根源。20世纪上半叶，西方国家集体行为和社会运动的研究虽然出现了从社会心理学向社会学转变，但基本上都属于以社会为中心的研究视角。20世纪60年代以来，这种以社会为中心的研究视角越来越难以胜任对现实的解释力，而出现了"找回国家视角"的端倪。对社会抗争与冲突中国家或政府角色的关注，与20世纪70年代兴起的集体行动和社会运动研究中资源动员理论和政治过程理论，以及革命研究中的"找回国家"的理论视角密切相关。近年来，"政治抗争"概念的兴起和广泛认同即是这一视角转变的表现。政治抗争执"国家"一端，分析国家或政府作为制度结构或者行动主体是如何塑造和规制了社会抗争和冲突，影响其产生、演变及结果等等，从而揭示了社会抗争和冲突的政治面向。这种以社会为中心滑向以国家为中心的研究脉络，对中国的公共冲突和群体性事件的研究产生了深刻的影响。通过对国内文献的梳理，可以发现，早期学者们用以分析公共冲突的重要概念主要集中于"社会抗争"，近些年，学者们又热衷于使用"政治抗争"。社会抗争到政治抗争的研究视角的转化，既受到西方学界的影响，也是研究深化的体现。但是，这种各执一端的研究视角，面临着一系列的困惑。比如，集权制的国家往往将社会矛盾和冲突的焦点引向高层政府，而中国的群体性事件明显局限于地方基层政府，民众对中央政府的信任度明显高于地方。再如，一方面，当前我国的一些"群体性事件"的确具有无组织化和情绪化特征；但另一方面，有些群体性事件表现出了较强的理性控制和精心组织的面向。这些困惑，既需要深化对中国经验的独特性研究，又要转变要么以社会为中心，要么以国家为中心的各执一端的研究视角。

2. 国家与社会互构的视角

改革开放四十多年来，尤其是1992年开启的较全面的市场化改革，既从根本上改变了中国的经济和社会结构，也推动了中国国家与社会关系的深刻变迁。四十多年的改革历程，其本质就是国家与社会的关系的调整与转变过程。这一过程既是"社会塑造国家"的过程，也是"国家塑造社会"的过程。由此形成了当前中国国家与社会之间"相互建构"的关系。在国家与社会互构关系中，一方面，国家具有很高的自主性，仍然是强有力的行动者；另一方面，市场领域和社会领域都发展出有其自身利益而且自主性越来越强的行动者。在这种情况下，虽然国家具有较强的自主性，但这并不意味着可以忽视市场和社会领域主体的利益，也不等于市场和社会领域的行动者是完全被动的。恰恰相反，市场和社会领域的行动主体在公共治理中发挥着不可替代的作用，并且市场经济的发展越充分、越成熟，它们的自主性也会越强。可见，国家是被"嵌入"市场和社会中的。

中国过去四十多年奇迹般的经济增长主要得益于市场导向的经济改革。市场经济的发展给中国社会带来了巨大的物质财富，但在发展过程中也出现了一系列复杂的社会、政治和环境问题。这种逻辑被波兰尼概括为"方向相反的双向运动"，即市场化运动和社会保护运动。20 世纪 90 年代中期开始，市场经济的社会、政治和环境后果日益显现；作为中国版本的社会保护运动，"群体性事件"在中国社会开始显现，引起了全社会的关注。

因此，无论是国家治理的重建，还是应对群体性事件的公共冲突治理，都必须置于国家与市场、社会的关系中。有学者认为，从经济改革到最近的治理转型，中国的国家重建主要是在市场化运动这个单向运动的推动下进行的。然而进入 21 世纪后，国家重建不得不在市场化和社会自我保护运动这两个方向相反，甚或利益冲突的"双向运动"的张力中展开。①这就是当前中国国家治理面临的挑战之所在，也是化解社会矛盾和公共冲突治理面临的挑战之所在。为了应对这一挑战，必须坚持国家与社会互构的研究视角，重构国家与市场、社会之间的关系。

---

① 马骏：《经济、社会变迁与国家重建：改革以来的中国》，《公共行政评论》2010 年第 1 期。

四、研究内容与创新

（一）研究内容

第一章，绪论。绪论部分是对本书内容做一个概述，主要有本研究的意义和价值、国内外文献和理论综述、概念辨析与研究视角、研究内容与创新以及研究目标和思路方法等。其中，在内容上本研究分为三大部分。第一部分依托案例对地方政府公共冲突治理的有效性进行评估（第二章）。第二部分分别从结构、策略、政府信任、制度维度分析其对地方政府公共冲突治理有效性的影响（第三至六章），需要指出的是，这些维度是影响公共冲突治理的基本要素，与评估有效性的一级指标基本对应。其中，对策略维度及其对有效性的分析主要采取了"参与-回应"的视角，策略维度基本包含了回应维度，所以将策略维度与回应维度合并进行分析。第三部分基于"双向运动"的分析框架对我国地方政府公共冲突治理的演化逻辑及其有效性进行分析（第七章）。在此基础上，对新时代我国社会矛盾和冲突治理的演变趋势、举措经验、话语建构进行总结和分析（第八章）。

第二章，地方政府公共冲突治理有效性的评估，主要包括评估指标的建构、解释、应用及过程分析。该标准最大特征是从地方政府冲突治理过程的视角，以冲突方利益诉求的满足和社会深层次的和谐稳定为基准，主要包括的评估标准如下：价值维度、机制维度、结构维度、策略维度、回应维度、效果维度。然后采取案例荟萃的分析方法，从 9 类群体性冲突事件中选取 45 个代表性案例（每类选取 5 个）作为评估对象，采取专家调查法和 AHP（层次分析）法两种方法，围绕评估维度采用定性与定量相结合的方法分解评估指标，对地方政府公共冲突治理有效性进行评估。

第三章，治理结构对公共冲突治理有效性的影响。本章在对冲突治理结构进行解释的基础上，依托大量代表性案例，从冲突预防、处置、化解和转化等治理环节来考察我国公共冲突治理结构的现状及其对冲突治理有效性的影响，客观分析冲突治理有效性的结构问题及其原因并有针对性地提出有效举措和完善路径。

第四章，治理策略对公共冲突治理有效性的影响。本章基于"参与-回应"的互动视角，依托大量典型案例，在考察公共冲突中民众与地方政府策略类型、策略博弈、策略偏好基础上，对地方政府冲突治理策略的有效性进行审视，并提出策略制度化是地方政府公共冲突有效治理的基本路径。

第五章，政府信任对公共冲突治理有效性的影响。本章在对政府信任进行解释的基础上，构建政府信任与公共冲突治理有效性的关系框架，依托大量典型案例，对政府信任对公共冲突治理有效性的影响以及对公共冲突治理中政府信任缺失及其原因进行分析，并提出公共冲突有效治理中合作型信任的建构路径。

第六章，治理制度对公共冲突治理有效性的影响。本章从公共冲突有效治理对制度需求的视角，在对我国公共冲突治理制度体系进行解释的基础上，依托大量案例，对当前我国公共冲突常规化解制度和冲突应急管理制度的现状进行考察，对其存在的现实性问题进行分析，并提出公共冲突有效治理的制度化路径。

第七章，地方政府公共冲突治理的演化逻辑与有效性提升。本章在借鉴波兰尼"双向运动"理论的基础上，构建一个用于解释我国地方政府公共冲突治理演化逻辑的分析框架，对改革开放以来我国地方政府公共冲突治理的发轫、转型和均衡逻辑及其与冲突治理有效性的关系进行分析，从而对我国公共冲突治理演化逻辑与有效性提升做出一个总体性的解释。

第八章，对新时代我国社会矛盾和冲突治理的演变趋势、举措经验进行总结、分析，并且，随着社会治理的转型和国家对社会矛盾和冲突治理力度的加大，理论研究也要进行适应性的调整。在研究视角上，应从传统的聚焦于"底层社会与抗争性政治"的底层视角和社会话语中找回应有的"国家视角"和"国家话语"。

（二）创新点

本研究创新点如下。一是地方政府公共冲突治理有效性的评估指标体系，如何设计简明实用的评估指标体系，以衡量冲突治理有效性的现状是研究的难点。二是地方政府公共冲突治理的法治化、制度化，将体制外的冲突行为制度化为可预期的制度框架内行为进行依法治理，是提升冲突治理有效性、保持社会长期稳定的根本之道。三是地方政府公共冲突治理的演化逻辑与冲突治理有效性的提升，基于市场化与社会自我保护的"双向运动"分析框架，分析改革开放以来我国地方政府公共冲突治理从发轫、转型到均衡的演化特征；疏通影响公共冲突治理有效性的"关系梗阻"，构建人人"有责、尽责、共享"的公共冲突治理共同体。

围绕着上述创新，本研究聚焦以下研究重点：一是地方政府公共冲突治理有效性的现实困境及原因，主要是分析地方政府在有效治理冲突中亟待解决的现实困境，并探讨形成这些困境的原因，为对策分析提供现实基础；二是地方政府公共冲突治理有效性的路径选择，研究如何通过重建冲突治理结构、优化治理策略、提升政府信任和创新冲突制度等，实现地方政府对公共冲突的有效治理。

五、主要目标与思路方法

（一）主要目标

一是构建地方政府公共冲突治理有效性的评估指标体系。国内相关研究较为滞后，对地方政府公共冲突治理有效性的内涵、标准、现状、路径选择等都亟待进行理论上的阐释，本研究冀望在这方面有所贡献。二是分析地方政府公共冲突治理有效性的影响因素、现实困境及其原因，这是本研究的重要目标。三是提升地方政府公共冲突治理有效性的路径选择。本研究最终研究目标是为地方政府有效化解公共冲突提供政策建议，增强政府公共冲突治理能力，使其在深层次上维护社会和谐稳定。

（二）思路方法

1. 研究思路

本研究是沿着当前我国地方政府公共冲突治理有效性的现状如何，怎样提升冲突治理有效性的基本思路展开的，如图1-2所示。首先，在已有研究的基础上，确定本研究的研究目标、研究思路、研究方法、主要内容和基本分析框架；其次，在对地方政府公共冲突治理有效性现状评估的基础上，剖析有效性的影响因素；最后，基于地方政府公共冲突治理的演化逻辑，提出新时代提升地方政府公共冲突治理有效性的路径选择。

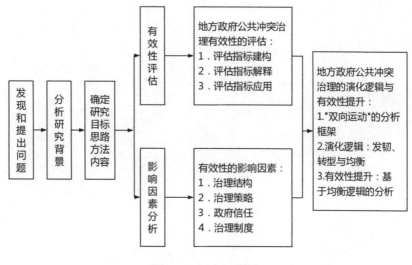

图1-2 研究思路图

2. 研究方法

本研究采取规范研究与实证研究、定性分析与定量分析相结合的研究方法。

（1）文献研究法。搜集、研读国内外公共冲突治理及其有效性的相关文献、法规、政策，对政府公共冲突治理有效性的评估标准、影响因素进行分析。

（2）案例分析。选取2000年以来影响力较大的、受到社会广泛关注的群体参与性公共冲突事件为具体经验研究对象，以此为依托，对地方政府公共冲突治理的有效性问题展开研究。

（3）问卷调查。设计地方政府公共冲突治理有效性评价指标专家意见咨询表，通过问卷邀请各位专家学者对各级指标的权重进行打分，以确定各个指标在评价体系中的权重，并依据权重，对地方政府应对社会群体性事件的有效性进行打分。

（4）深度访谈。根据研究需要，在对地方政府冲突治理有效性现状评估的基础上，对公共冲突参与者和地方政府的相关负责人进行深度访谈，了解冲突事件中的民众的看法、感受和冲突处置人员的主要经验和实际困难。

第 二 章

地方政府公共冲突治理有效性的评估标准：
建构、阐释与应用

改革开放四十多年来，尤其是 20 世纪 90 年代开启的较为全面的市场化改革以来，伴随着中国的工业化、城镇化、市场化进程不断加快，体制转轨和社会转型的全面推进，中国进入了发展的重要战略机遇期，同时也处于社会矛盾和冲突的凸显期。经济体制深刻变革，社会结构深刻变动，利益关系深刻调整，思想观念深刻变化，人民内部矛盾不断积累和日益凸显，群体参与性公共冲突频发，对稳定与和谐的社会政治局面构成了不同程度的挑战。

因此，如何有效地应对与化解社会矛盾和冲突成为国家治理的重要内容，亦是衡量国家治理能力的一项重要指标。"弱势群体"一词进入政府工作报告、"和谐社会的构建能力"成为衡量党和政府执政能力的重要指标、积极预防和妥善处置人民内部矛盾引发的群体性事件、运用法治思维和法治方式化解社会矛盾、新时期社会主要矛盾已经转化为人民日益增长的美好生活需要和不平衡不充分的发展之间的矛盾、"乡村振兴战略"被提升到关系我国发展全局的重大问题的高度等，这些都表明，如何有效化解社会矛盾和冲突，促进社会深层次的稳定与和谐，已经成为国家治理的重要内容，亦成为学界的热点问题之一。

当前，地方政府在公共冲突治理的实践中其有效性现状如何、取得了哪些成效、存在哪些不足，目前尚未有深入的探索。因此，地方政府公共冲突治理有效性问题，亟待学术上的关照和回应；而研究地方政府公共冲突治理有效性问题，首先需要确定冲突治理有效性的评估标准。

一、地方政府公共冲突治理有效性：评估标准的建构

根据政策评价原理，本研究将公共冲突治理的有效性评价内涵界定为：为有效化解社会矛盾和公共冲突，提高地方政府的公共冲突治理能力，搜集群体参与性公共冲突治理的相关资料，按照评价原则、标准和程序，构建科学合理的评价指标体系，综合利用定性和定量研究，对地方政府公共冲突治理的过程和结果进行全面分析，并给出专业性政策建议的活动过程。

研究地方政府公共冲突治理的有效性问题，首先需要确定冲突治理有效性的评估标准。该标准最大特征是从地方政府冲突治理过程的视角出发，以冲突方利益诉求的满足和社会深层次的和谐稳定为基准。公共冲突治理是一个过程，是由一系列前后相继、相互衔接的机制构成的公共行政活动（如下图 2-1）。这些机制主要包括常规冲突化解机制、预警机制、应急处置机制、协商机制、评估机制、问责机制、后续治理机制。它们对应着冲突治理的不同环节。其中，常规冲突化解机制和预警机制对应的是社会矛盾和冲突的常规化解和预警，应急处置机制对应的是公共冲突的处置，协商机制、评估机制和问责机制对应的是公共冲突的化解，后续处理机制对应的是公共冲突的转化。这些环节共同构成了公共冲突治理的立体结构，由此形成了一个完备、有效的公共冲突治理体系，缺一不可。

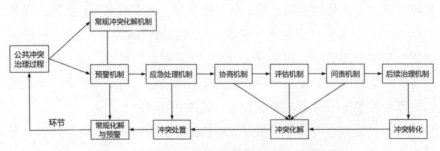

图 2-1　公共冲突治理过程的体制和机制示意图

过程视角下公共冲突治理的体制和机制是构建公共冲突治理有效性

评估指标的基本参照。公共冲突治理有效性的根本体现是公共冲突治理能力，公共冲突治理能力则是公共冲突治理体制和治理机制顺畅运行的结果。因此，机制维度构成了地方政府公共冲突治理有效性的评估体系的主要内容之一。从地方政府公共冲突治理过程的机制维度出发，还可以引申出结构维度、策略维度、回应维度、价值维度和效果维度。

　　从地方政府公共冲突治理的过程视角出发，本研究确立了用来描述和评估地方政府公共冲突治理有效性的指标体系：价值维度（民众的满意度、认同度和信任度）、机制维度（常规化解机制、预警机制、应急处置机制、协商机制、评估机制、问责机制、后续治理机制的完备性及其功效）、结构维度（单一治理结构还是多元治理结构、治理主体的态度是消极被动还是积极主动）、策略维度（策略的灵活性、合理性、合法性）、回应维度（民众的利益表达渠道，政府回应的方式、时效、力度）、效果维度（冲突治理与维稳的成本与收益、在抑制冲突负面效应的同时发挥其正面效应、立足于表面平静还是深层次稳定等）。该指标体系共分为三级，具体指标如下。（见表 2-1）

表 2-1　地方政府公共冲突治理有效性的评估指标体系

一级指标	二级指标	三级指标
有效性	价值维度	满意度
		认同度
		信任度
	机制维度	常规化解机制
		预警机制
		应急处置机制
		协商机制
		评估机制
		问责机制
		后续治理机制
	结构维度	单一/多元治理结构
		消极被动/积极主动的治理态度
	策略维度	灵活性
		合理性
		合法性

一级指标	二级指标	三级指标
有效性	回应维度	民众的利益表达渠道 政府回应方式 政府回应时效 政府回应力度
	效果维度	冲突治理与维稳的成本与效益 抑制冲突的负面效应 发挥冲突的正向功能 社会深层次稳定/表面平静

二、地方政府公共冲突治理有效性：评估标准的解释

对于地方政府公共冲突治理有效性研究而言，其基础性的工作是构建科学与合理的评估指标体系。科学与合理的评估指标体系，既是对地方政府公共冲突治理现状进行可靠、准确评价的基础，亦是提升地方政府公共冲突治理能力的重要方式。可以说，这是一项艰难而又富有挑战性的学术研究。

（一）"2+4"结构的评估指标体系

地方政府公共冲突治理有效性评估标准的设计，考虑到了公共冲突治理活动工具理性和价值理性的双重标准。工具理性和价值理性是韦伯在研究人的社会行动取向时提出的概念："工具理性的，它决定于对客体在环境中的表现和他人的表现的预期；行动者会把这些预期用作'条件'或者'手段'，以实现自身的理性追求和特定目标。价值理性的，它决定于对某种包含在特定行为方式中的无条件的内在价值的自觉信仰，无论该价值是伦理的、美学的、宗教的还是其他的什么东西，只追求这种行为本身，而不管其成败与否。"[1]从韦伯的分析中可以看出，工具理性关注手段之于目的的合理性，手段的选取是通过精确的计算和严格的逻辑

---

① [德] 马克斯·韦伯：《经济与社会》（第一卷），上海：上海人民出版社 2010 年版，第 114 页。

推理而获得的，不太关心行动本身的意义和价值，功利目标和技术手段是其本质特征；价值理性关注行动本身的合目的性，强调行为本身必须具有向善的意义和价值。善治意义上的公共行政行为，包括公共冲突治理及其评估，必须兼顾工具理性和价值理性的双重标准。

其一，地方政府公共冲突治理是一种典型的公共行政活动。"公共行政首先是'公共'的，服务对象是公众，理应由行政的与公众的关切视角实现公共利益，称为公共行政的'公共性'；其次，又是'行政'的，是一项追求效率和技术理性的管理活动，即为'管理性'……管理性倾向于将效率作为公共行政的主要价值取向，公共性则认为尽管效率是公共行政的重要维度，但绝非公共行政的全部；在公共行政价值体系中除了效率之外，民主、公平、正义、责任、回应、服务、伦理等公共价值才是公共行政的主要价值取向。从本质上讲，公共行政作为一种复杂的集体选择行动，其公共性与管理性是统一的、融合的和相互促进的。"[①]可见，任何一项公共行政活动，都兼具"管理性"与"公共性"、"技术理性"与"价值理性"的双重标准，地方政府公共冲突治理活动也不例外。

其二，从概念内涵上看，公共冲突治理的有效性一般指地方政府在化解社会矛盾和公共冲突治理中的效率和效果。效率强调的是技术理性，效果则凸显的是价值理性。因此，从公共冲突治理有效性的内涵上看，有效性的评估指标同样兼顾了技术理性与价值理性的双重标准。因此，在公共冲突治理有效性的评估指标设计上，同样要兼顾技术理性和价值理性的双重标准。

从本研究提出来的价值维度、机制维度、结构维度、策略维度、回应维度、效果维度等衡量地方政府公共冲突治理有效性的指标体系来看，价值维度、效果维度强调的是公共冲突治理中的价值理性标准，机制维度、结构维度、策略维度、回应维度则偏重的是技术理性标准。由此构成了"2+4"结构的评估指标体系。

价值维度。主要包括满意度、认同度和信任度三个指标。满意度主要指群体参与性公共冲突事件中直接利益相关者或潜在利益相关者的正

当与合理的诉求是否得到关切，对地方政府公共冲突治理的满意程度；认同度主要指社会公众对地方政府公共冲突治理的认同度；信任度主要指地方政府公共冲突治理对民众与政府之间信任关系的影响程度。

效果维度。主要指地方政府在公共冲突治理中的社会效益，如公共冲突治理中的成本与收益、抑制冲突的负面效应、发挥冲突的正向功能、冲突治理是暂时维持社会的表面的平静还是深层次的稳定等。

结构维度。地方政府是公共冲突治理责无旁贷的主体，但不是唯一的主体，社会组织也是公共冲突治理中的重要参与者，由此形成了政府单一主导的治理结构和政府、社会组织等多元化的治理结构。政府单一主导的治理结构在公共冲突治理中存在一定优势，但也面临着一定的困境和问题。不同的治理结构对公共冲突治理的有效性存在显著的差异。另外，面对社会矛盾和冲突，治理主体的态度是积极主动还是消极被动，对公共冲突治理的效果也会产生不同的影响。

机制维度。地方政府公共冲突治理是一个过程，是一系列相互衔接的机制运作的结果，这些机制主要包括公共冲突的常规化解机制、预警机制、应急处置机制、协商机制、评估机制、问责机制、后续治理机制。常规化解机制主要有行政的、司法的和民间的等多元化的纠纷解决机制，任何社会都会建立相应的社会矛盾和冲突的常规化解机制，常规化解机制是维护社会稳定与有序的首道安全网，理应承担着大部分社会矛盾和冲突的化解功能。值得一提的是，中国的社会治理非常重视调解的作用，地方政府在各地设立了"人民调解委员会""社会矛盾调解中心"等第三方调解机制，使得许多社会矛盾和冲突化解在基层。预警机制是地方政府关于社会舆情、社会矛盾和社会风险的信息收集、分析、研判的制度。应急处置机制是指地方政府在处置突发性群体性事件中的紧急处置机制，属于应急预案，以迅速平息事态，防止冲突升级，最大化减少损失。协商机制是指在公共冲突治理过程中畅通民众诉求表达渠道，通过对话、协商的方式来化解冲突。评估机制是指对公共冲突事件进行专业性的评估和认证。问责机制是指对公共冲突治理中相关机构和人员履职情况进行的责任追究制度。后续治理机制是指通过完善常规化的争议解决机制以及相关法律和制度变革，从社会结构上消除冲突的根源，防止类似冲突的反复。

策略维度。从公共冲突治理的过程来看，地方政府与民众的互动其实就是各自策略的互动与博弈。转型期频发的社会矛盾和冲突在考验基层政府维稳能力的同时，也"催生"出多元化的治理策略，主要有"刚性压制"策略、"摆平"策略和制度化策略。不同的策略类型，对公共冲突治理的有效性会产生不同的影响。

回应维度。据经验研究发现，许多群体参与性公共冲突在爆发前，大都经历了"民意—民怨—民愤"的积累过程，其并非是先期失控和不可化解的，往往是由于基层政府重视不够，体制反应迟钝，错失良机而导致事态升级，超出基层政府控制能力，最终爆发群体参与性的公共冲突事件。因此，公共冲突治理中地方政府的回应方式、时效和力度等因素，对公共冲突治理的有效性会产生关键性的影响作用。

如上"2+4"结构的评估指标体系，既可以作为地方政府公共冲突治理有效性研究的理论模型，又可以作为评估地方政府公共冲突治理有效性的分析工具，从而有助于进一步总结、丰富、提高公共冲突治理有效性的内涵。

（二）评估指标体系之构建原则

在选取与构建评估指标体系时，本研究坚持以下原则。

1. 主观性与客观性相结合的原则

地方政府公共冲突治理有效性的评估，是对表 2-1 所选取的评估指标之水平高低的评判与测量。本研究提出的"2+4"结构的评估指标体系，是由主观指标和客观指标组成的。其中，满意度、认同度、信任度构成的价值维度指标与效果维度指标体系反映的主要是主观性的评价因素，而结构维度、机制维度、策略维度和回应维度的指标体系体现的主要是客观性的评价因素。这些指标体系依据一定的数学统计逻辑和量表强度赋值，可以合理地测量地方政府公共冲突治理有效性的水平。因此，地方政府公共冲突治理有效性的评估过程，是一个主观与客观相结合的过程。

2. 系统性与全面性相结合的原则

如前所述，公共冲突治理是一个过程，是由一系列前后相继、相互衔接的体制、机制等环节构成的公共行政活动。这些环节主要包括公共冲突的常规化解机制、预警机制、应急处置机制、协商机制、评估机制、问责机制、后续治理机制，公共冲突治理的结构，公共冲突治理的策略以及公共冲突治理中政府的回应力度等，这些环节共同构成了公共冲突治理的立体结构，由此形成了一个完备的、有效的公共冲突治理体系，缺一不可，其有效性有赖于机制运转顺畅和功能完备。本研究所构建的评估指标体系最大的特征就是基于公共冲突治理的过程和机制的视角，几乎实现了对公共冲突治理过程和机制的全覆盖，使得各评估维度之间既相互独立，又相互衔接，构成了一个有机的整体，体现了系统性与全面性相结合的原则。

3. 科学性与可行性相结合的原则

地方政府公共冲突治理有效性，既是理论问题，又是实践问题。地方政府公共冲突治理有效性的概念界定、指标设计、统计口径等，都离不开公共冲突治理、危机管理理论等相关理论的指导，需要理论上的相互借鉴和贯通。为了确保地方政府公共冲突治理有效性评估方法的科学性、评估过程的规范性以及评估结果的可靠性，评估指标的选取应当建立在科学基础之上，立足于现有的统计数据、文献资料，选择那些信息较为完整、相关性好且既容易获取又便于计算的指标，从而较好地反映地方政府公共冲突治理中的有效性现状。此外，在构建指标体系时，必须充分考虑到基层社会的政治、经济、社会、文化等方面发展的特殊性，尽量简化指标含义，采取适宜的测量方法，进而全面、科学地评估地方政府公共冲突治理有效性的水平。

4. 定量与定性相结合的原则

依托于大量典型案例和社会调查，依据有效性的评估标准，采取定性与定量相结合的方法，对地方政府公共冲突治理有效性的现状进行分析与评估，是本研究的一大特色。如前所述，公共冲突治理有效性的评估体系，既有主观性指标，也有客观性指标，这就决定了对公共冲突治理有效性的评估必须采取定性与定量相结合的方法。定性之分析，要以定量之结果为基础；定量之研究，要以定性之解释为依据。二者相辅相成，缺一不可。仅仅采取其中一种方法，绝非良策。具体而言，在公共冲突治理有效性的指标体系中，定性指标是指不可量化的指标，定量指标即可量化的指标。因此，本研究将依托大量典型案例和社会调查，对各个定性指标赋予相应的权重，进而采取数理统计模型进行量化处理。现代社会科学研究，越来越强调实证性，定量研究的范围越来越广。将定量分析方法应用于地方政府公共冲突治理有效性的评估分析中，具有特殊的意义和价值。

三、地方政府公共冲突治理有效性：评估指标的应用

依据"2+4"结构的评估指标体系，依托典型的公共冲突案例，对地方政府公共冲突治理的有效性展开评估。

（一）研究设计与技术路线

本研究采取多案例荟萃的研究方法，选取我国经济生活、社会生活和政府管理领域等典型的公共冲突案例，依据上述"2+4"结构的评估指标体系，并通过一定的数学、统计逻辑来较为合理地对地方政府公共冲突治理的有效性进行评估。从本质上说，本研究是一种"解剖麻雀"的多案例分析，力图按照评估学的一般方法，依托典型案例，对价值维度、机制维度、结构维度、策略维度、回应维度、效果维度等有效性的二级指标及其三级指标，进行详细的解构。在此基础上以小见大，测量我国地方政府公共冲突治理有效性的现状、取得的成效和存在的问题与不足。正如在有效性评估指标设计中，我们坚持过程的视角，认为过程视角下公共冲突治理的体制和机制是构建公共冲突治理有效性评估指标的基本参照；同样，在对有效性进行评估中，我们依然坚持"全过程评估"的思路，因为公共冲突治理的有效性并非只是某一个环节的功能，就如同起于累土的高楼大厦而并非空中楼阁一样，其他环节也是有效性评估的不可或缺的组成部分，这其实是全过程治理在有效性评估中的体现。

改革开放四十多年来，伴随着中国经济和社会结构的深刻变迁，国家与社会间的结构性矛盾亦逐渐显现，作为公共冲突典型形式的群体性事件逐渐增多，并引起了党、政府和社会的普遍关注。通过对一定时期

我国群体性事件地毯式地搜索、整理和分析，我们发现这些群体性事件主要发生在经济生活、社会生活和政府管理领域。这些重点领域的群体性事件可以划分为土地征用类、拆迁纠纷类、资源边界纠纷类、劳资冲突类、医患纠纷类、环境污染类、情绪宣泄类、行政执法冲突类、维权抗争类等9种类型。每一种类型都具有代表性的公共冲突案例。从每一类公共冲突案例中，选取5个具有代表性的案例，共计案例45个，作为评估的对象。总的来说，这些典型案例为我们开展地方政府公共冲突治理有效性研究提供了重要的经验场域。

在具体的技术路线上，我们以9类共45个代表性案例作为评估对象，依据"2+4"结构评估指标体系，邀请专家打分，确定各个评估指标的权重。然后，设计调查问卷（见书末附件），邀请各个专家对地方政府应对群体性事件的有效性进行打分，并根据各评价指标计算得分（见图2-2）。

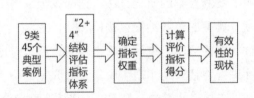

图2-2 技术路线

（二）案例选取及数据来源

基于对群体性事件的搜集、整理和分析，我们发现我国群体性事件主要分布于经济生活、社会生活和政府管理这三大领域，具体可以划分为土地征用类、拆迁纠纷类、资源边界纠纷类、劳资冲突类、医患纠纷类、环境污染类、情绪宣泄类、行政执法冲突类、维权抗争类等9种类型。本研究从每种类型中选取5个具有代表性的案例作为分析的对象。相较于以往的研究，我们使用案例荟萃的研究方法，基于大量具有代表性的案例，测量地方政府公共冲突治理的有效性，这不仅是对公共冲突治理研究的重要补充，更是基于经验场域的反思，对全面理解当代中国国家治理、政府治理和社会治理具有重要的意义。

　　本研究案例选取的标准首先是社会影响力较大，受到社会广泛关注，至少曾被全国性媒体报道过，或者被知名的专家学者刊文评论过。其次是信息的完备性，这些信息包括冲突事件涉及的事项、起因、冲突焦点、涉及主体、事情经过，尤其是地方政府采取的策略、处置机制等。因此，国内外知名媒体的报道、网络媒体报道、访谈报道、时评、学术专著、有影响力的期刊论文、官方报道、工作报告、统计数据和统计年鉴、法院的判决书等，是获取案例信息的主要来源。此外，虽然受到关注的群体性事件很多，但公开报道或者讨论的较为零散，甚至出现虚假、不实的信息。因此，对于每一案例的信息，我们都进行了筛选、甄别，甚至访谈了部分地方官员与民众，对比鉴别模糊和有出入的部分，以确保信息的客观真实。最后，从案例选取的时间上看，由于我国进入新时代，社会冲突在数量上和规模影响上都在减少或降低，为保证研究的有效性，本研究选取的案例发生时间相对较早，但具有一定的典型性。

　　1. 土地征用类群体性事件

　　在对中国社会抗争发展脉络的研究中，我们可以发现改革开放以来中国社会大致经历了三次大规模的集体行动浪潮。其中，以农村为主要发生领域和以农民为主要参与主体的群体性事件主要集中在第二次浪潮中。当然，随着社会发展和政府治理的强化，农民抗争的议题发生了很大的变化。20 世纪 90 年代中后期，农民收入总体下滑，但是地方政府向农村汲取资源的动机却没有减弱，其激化了地方政府与农民之间的矛盾，因此抗税和维持生存成为早期农民抗争的主要内容。随着国家税费改革、取消农业税、千方百计地增加农民收入和"多予少取放活"等一系列城市反哺农村的惠农、兴农政策的大力实施，很大程度上缓解了地方政府与农民之间的紧张关系。然而随着城镇化进程的强劲推进，对土地的需求急剧增加，土地征用成为城镇化的刚性需求。在国家实行土地总量控制的前提下，一些地方政府在"土地财政"的利诱和依赖下违法、违规甚至暴力征地，对失地农民的补偿不合理、安置不到位、社会保障机制欠缺、乡村治理结构欠优化以及乡村衰败等问题的存在，引发失地农民的不满，出现了因土地征用而引发的群体性事件。

　　在传统观念里，土地被视为农民的"命根子"。在今天，土地也涉及农民的巨大利益，尤其是对那些以土地为主要生活来源的农民而言。因此在土地征用过程中，他们不惜一切代价来维护权益，甚至铤而走险，引发暴力性冲突。近几年，虽然鲜有大规模的征地冲突见诸主流媒体，但该类群体性事件仍然存在。依据社会影响力大、信息完备等原则，我们选取了 5 个具有代表性的案例：2010 年广西苍梧林水村征地冲突事件、2011 年广东乌坎事件、2012 年河南项城征地冲突事件、2014 年昆明晋宁征地冲突事件、2014 年甘肃陇西征地冲突事件。

2. 拆迁纠纷类群体性事件

随着城镇化进程的加快，拆迁改造成为当前城市和农村生活中矛盾最为集中的一个领域。拆迁冲突一直是社会热点问题，违规拆迁、暴力拆迁引起了社会的广泛关注，也是民众上访和群体性事件爆发的重要导火索。在城镇化进程中，拆迁改造涉及巨大的经济利益，必然引起拆迁方（开发商、政府）、当地政府和被拆迁方（民众）多方利益的博弈。其中，利益纠纷难以达成协议是导致强力拆迁、暴力冲突的主要原因。在利益博弈过程中，一方面，当地政府出于政绩、经济和财政收入的考虑，拆迁方出于经济利益的考虑，二者之间存在"利益联盟"。另一方面，被拆迁方出于经济利益和维护自己合法权益的考虑，或者出于安土重迁的观念考虑，想获得更多的赔偿，甚至漫天要价，拒绝拆迁。近几年来，中国群体性事件保持较为平稳的发展态势，但是一些传统类型的群体性事件，如拆迁引发的群冲突仍时有发生，只是因为规模小、影响小，并未进入主流媒体的视野。因此，这类群体性事件仍然是我们重要的研究对象。依据社会影响力大、信息完备等原则，我们选取了 5 个具有代表性的案例：2004 年湖南嘉禾强制拆迁事件、2008 年甘肃陇南拆迁事件、2009 贵阳暴力拆迁事件、2016 年武汉洪山区强拆事件、2016 年海口秀英区暴力拆迁事件。

3. 资源边界纠纷（开发）类群体性事件

资源边界类群体性事件主要指政府、资方在水电、矿产等公共资源开发过程中引发的与当地民众之间的利益矛盾和冲突。在公共资源开发的过程中，利益纠纷和冲突的主体主要有政府、资方和当地民众，利益纠纷和冲突是由于三者之间利益关系的失衡引起的。这类群体性事件主要是由于水电、矿产等资源开发引起的，资源开发在某种程度上影响或改变了资源所在地的居民的生产和生活状况，当地居民的生存边界发生了很大改变。故本研究将这类冲突事件称为资源边界类群体性事件。这类群体性事件的矛盾焦点主要集中在移民搬迁、土地征用、拆迁补偿、移民生产、生活保障等，这些利益冲突成为资方、政府与当地群众发生摩擦和冲突的"燃点"和"爆点"。在资源边界类群体性事件中，最为典型、较为常见的是因水电、矿产资源开发引发的群体性冲突事件，有学者将之概括为"站/群矛盾""矿/群矛盾"。由于这类群体性事件具有利益纠纷多、矛盾积累深、群众怨气大、摩擦纠纷长等特点，一般形成了从初期信访和上访，发展为低暴力或冷暴力的聚众闹事，再到暴力性的群体性事件的演化过程。依据社会影响力大、信息完备等原则，我们选取了 5 个具有代表性的案例：2004 年四川汉源事件、2008 年贵州瓮安事件、2009 年云南陆良群体性事件、2010 年陕西榆林横山群体性事件、2011年云南绥江群体性事件。

4. 劳资纠纷类群体性事件

我国处于社会转型、经济转轨的关键时期时，也是劳资纠纷、劳资矛盾的高发期和社会矛盾的凸显期。因劳资冲突引发的群体性事件是影响社会稳定的主要因素之一。基于经验观察和理性分析，我们认为中国劳资纠纷类群体性事件是市场经济条件下劳方与资方之间的利益博弈和利益冲突的表现形式。劳资纠纷主要源于劳动者权益受损、工资待遇低、劳动条件差，以及不满悬殊的收入差距等。其中，国企改制导致的下岗问题和职工安置与生存保障问题、企业拖欠工资问题以及企业违反劳动法和劳动合同法侵犯劳方合法权益等问题，是引发劳资纠纷类群体性事件的主要原因。因此，该类事件是因利益之争引起的，是属于人民内部矛盾范畴的利益冲突。劳资纠纷引发的群体性事件及其对社会稳定的影响不容小觑。依据社会影响力大、信息完备等原则，我们选取了5 个具有代表性的案例：2008 年重庆出租车罢运事件、2008 年深圳工人讨薪事件、2009 年吉林通钢事件、2014 年东莞裕元鞋厂工人罢工事件、2016 年黑龙江双鸭山矿业集团职工集体讨薪事件。

5. 医患纠纷类群体性事件

长期以来，医患纠纷一直是一个社会关注度高、化解难度大的社会问题。由医患纠纷引发的群体性事件对社会和谐、政府公信力、人际关系的诚信等造成了巨大的负面影响。据 2002 年初中华医院管理学会对全国 326 所医院的问卷调查表明，中国医疗纠纷发生率高达 98.4%，73.5%的病人及其家属采取扰乱医院工作秩序的过激行为，其中 43.86%发展成打砸医院。①2005 年中华医院管理学会对 270 家医院的调查表明：全国 73.33%的医院出现过病人及家属暴力、威胁、辱骂医务人员，61.48%的医院发生过病人去世后，病人家属在医院摆花圈、设灵堂，纠集多人在医院内围攻、威胁院长人身安全等事件。②2007 年初，中国医师协会对全国 115 所医院的调查表明，2004—2006 年"医闹"现象一直呈上升趋势，比例分别为 89.58%、93.75%、97.92%，每所医院平均发生的次数分别为 10.48、15.06、15.31。③可见近十几年来，中国医疗纠纷日益普遍，因医疗纠纷引发的群体性事件呈现高发态势。据统计，自 2002 年 2 月《医疗事故处理条例》实施以来，中国医疗事故发生率平均每年上升22.9%。④同时，在医患纠纷频发的社会背景下，催生出为患者组织"医闹"的职业群体，他们穿梭于各大医院之间寻找商机，受雇于患者到医院闹事，从赔偿中谋取利益。这一"医闹"群体的存在，使得本已紧张的医患关系更加脆弱不堪，并且还产生了严重的不良的示范效应："大闹大赔，小闹小赔，不闹不赔"成为患者家属解决医患纠纷的"准则"。

医患冲突类群体性事件引发了政府的高度关注，地方政府强化了对医患纠纷事件的治理力度。近年来，国家卫生健康委员会同相关部门开展严厉打击涉医违法犯罪专项行动，对任何伤医、扰序等违法犯罪"零容忍"，不断完善医疗纠纷的法制体系；同时，巩固"三调解一保险"（院内调解、人民调解、司法调解和医疗责任保险）的长效工作机制等，这些治理措施取得了良好的效果。据国家卫生健康委员会发布的数据显示，

① 杜海岚：《遏制医疗纠纷上升势头，326 所医院问卷调查综述》，《法制日报》2002 年 2 月 21 日。
② 刘墨非：《卫生部发布医院调查结果 七成医务人员曾受威胁》，《北京晨报》2005 年 9 月 30 日。
③ 王淑军：《中国医师协会调查：三年来"医闹"愈演愈烈》，《人民日报》2009 年 1 月 10 日。
④ 《医患冲突能否有终极的解决方案？》，http://politics.people.com.cn/n/2013/1109/c70731-23486428.html.

2013 年以来，全国医疗纠纷数量和涉医违法犯罪案件数量实现连续 5 年"双下降"。其中，全国医疗纠纷总量累计下降 20.1%。①但是医疗纠纷类群体性事件并未就此消失。选取案例如下：2009 年福建南平"6·21"医患冲突事件、2010 年张家港"11·28"医患冲突事件、2011 年江西上饶"医闹"事件、2014 年湖南岳阳"8·20""医闹"事件、2017 年山东惠民县"6·15"暴力"医闹"事件。

6. 环境冲突类群体性事件

环境污染问题是制约我国政治、经济、社会全面可持续发展的因素。近年来频发的由环境诉求引发的群体性事件（简称环境群体性事件）即为突出表现。环境群体性事件是由于环境污染或环境治理矛盾和纠纷而引发的，由特定或不特定群体的大多数人参与，以表达环境权益和诉求为目的，采取给社会造成较大影响的上访、抗议、示威、人群聚集等方式。从日常生活中的典型案例来看，环境群体性事件一般都带有暴力抗争和群体冲突特征，并且规模越大，参与人数越多，其暴力和冲突的特征越明显。根据中国环境科学学会副理事长杨朝飞的总结，我国环境群体性事件高发的三大领域：一是大中城市基础设施建设，其中以交通（包括马路拓宽、地铁修建和机场扩建等）、垃圾焚烧和电力（高压线和输变电站建设）三类为最，如 2008 年上海磁悬浮列车沿线居民"散步"事件、杭州中泰垃圾焚烧事件等；二是小城镇和农村的非法排污，如广西岑溪造纸厂排污事件等；三是现代化工业企业的大项目，如厦门 PX 事件、四川什邡事件、大连 PX 事件等。②

在经济增长与环境污染问题上，一方面，不理性的社会抗争会造成相关建设项目的搁置，不利于地方经济发展，同时也会扰乱社会秩序，对社会稳定造成巨大危害。另一方面，当地方政府应对环境群体性事件的策略失当时，就会不同程度地强化民众的邻避情结，造成不必要的暴力冲突，甚至生命财产损失。从长远来看，这不仅不能化解社会治理中的深层次矛盾，反而加剧了社会治理的难度和政府公信力的弱化。环境

---

① 国家卫生健康委员会：《我国医疗纠纷数量连续五年下降》，https://www.sohu.com/a/253048700_464384。

② 冯洁、王韬：《"开窗"：求解环境群体性事件》，《南方周末》2012 年 11 月 29 日。

群体性事件并非孤立的案例，这类事件频发的背后反映的不仅仅是中国社会的环境危机问题，更多的是单纯的环境问题正在转变为新的社会治理危机。案例选取如下：2007 年厦门 PX 事件、2012 年四川什邡群体性事件、2012 年江苏启东"7·28"群体性事件、2014 年广东茂名 PX 事件、2014 年浙江杭州中泰事件。

7. 情绪宣泄类群体性事件

改革开放四十多年来，伴随着中国工业化、市场化和城镇化的深入推进，中国社会的阶级阶层结构和利益关系格局发生了广泛而深刻的变化。1992 年开启的较为全面的市场化改革，使得我国改革由"普遍受惠期"过渡为"利益分化期"。阶层分化和贫富差距的持续加大与民众剥夺感和怨恨心理的积聚，以及一些"仇富"等心理，是形成情绪宣泄类群体性事件的结构性根源。

因其产生较大的社会影响，情绪宣泄类群体性事件引起了诸多学者的关注，有的学者将之称为"社会泄愤事件"[1]，还有的学者称之为"非利益相关者为主体的群体性事件"[2]。该类事件具有如下特点：一是其促发因素往往是一些日常生活里的私人纠纷或偶然事件，一般没有个人上访、行政诉讼等前置过程，从偶然事件升级到一定规模的冲突过程非常迅速；二是没有明确的组织者，绝大多数参与者是与突发事件无直接利害关系的人群，其主要是为了表达或宣泄不满情绪；三是打砸抢烧等暴力行为突出，往往给国家、集体和个人造成较大规模损失，并产生较大的社会政治影响；四是具有深刻的社会根源，常常表现为因民众利益受损引发的长期的仇富、仇官心理的急剧蔓延，该心理是导致暴力冲突的主要驱动力。因此，控制此类冲突难度大，刚性压制则可能迅速激化矛盾，而柔性处置又不容易平息事态。对这类群体性事件的治理，必须引起政府足够的重视。选取案例如下：2004 年重庆万州事件、2005 年安徽池州事件、2006 年四川大竹事件、2009 年湖北石首事件、2010 年安徽马鞍山"6·11"事件。

---

① 于建嵘：《中国的社会泄愤事件与管治困境》，《当代世界与社会主义》2008 年第 1 期。

② 应星：《"气场"与群体性事件的发生机制——两个个案的比较》，《社会学研究》2009 年第 6 期。

8. 行政执法冲突类群体性事件

行政执法是行政机关按照法定程序行使公共权力，执行法律所规定的任务和职责的过程。行政执法是政府进行社会管理的重要内容，也是易引发群体性公共冲突的潜在因素之一，尤其是在城管执法领域。由于公共权力具有强制性，所以在行政执法过程中，政府针对执法的对象，强制力使用的方式、范围和程度以及执法过程中的公开和记录等都有着更为严格的要求。因为在行政执法过程中，行政执法人员的不规范、粗暴、过激甚至违法行为极易引发公共冲突。

从近些年实际发生的案例来看，执法类公共冲突除了在城市管理领域时有发生外，在公安、税收、交通、土地、综合执法等领域也皆有体现。选取案例如下：2008 年云南孟连事件、2009 年江西南康事件、2010年昆明民众与城管冲突事件、2011 年广东增城事件、2014 年海口三江镇事件。

9. 维权抗争类群体性事件

改革开放以来，一方面，市场经济的发展带来了民众权利、民主和法治意识的觉醒；另一方面，工业化、市场化和城镇化改革难免导致部分群众利益受损，在法规制度不甚健全、利益表达途径不甚通畅等多种因素的作用下，因权益受损而引发的维权群体性事件不断增多。就主体而言，在维权类群体性事件的发生过程中，具有明确的利益博弈双方：地方政府和利益受损群众。就起因而论，则可以分为两种情况：一是地方政府行为不当导致民众利益受损，地方政府是直接抗争对象；二是由所谓的"二阶"冲突转化而来的，"二阶"冲突是指冲突各方与干预冲突的第三方之间围绕干预的方式而产生的新一级冲突。①引发这类冲突的直接原因或者是地方政府干预方式不当、行为过激，或者由于民众对当地政府"高依赖、低信任"的关系困境等。日常生活中，由"二阶"冲突引发的维权抗争事件不断增多。

以房产和业主维权为例，2016 年房地产领域维权事件频发，仅最高人民法院审理的涉及房地产纠纷案件就有 247 件。其中，房地产开发经

① 常健、韦长伟：《当代中国社会二阶冲突的特点、原因及应对策略》，《河北学刊》2011 年第3 期。

营合同纠纷 80 件，占比 32.39%；房屋买卖合同纠纷 66 件，占比 26.72%；建设用地使用权合同纠纷 41 件，占比 16.60%；租赁合同纠纷 36 件，占比 14.57%；房屋拆迁安置补偿合同纠纷 24 件，占比 9.27%。一项调查显示：以"业主维权"为关键词进行媒体指数搜索，2011 年 1 月到 2016 年 1 月，平均每周有 109 次的"新闻头条"，峰值达到每周 230 次，除了历年春节期间新闻数量有所下降以外，"业主维权"的指数一直呈现上升态势。①从房屋质量问题到物业纠纷再到学区房，都是引发涉房纠纷的重要原因。②城市居民住房市场化、商品化以后，房产和物业纠纷在各大城市中大量涌现，爆发了诸多业主维权事件。选取案例如下：2004 年广州丽江花园社区业主维权事件、2012 年河南安阳非法集资事件、2014 年黑龙江肇东教师集体罢工事件、2016 年 B 市 Q 区 S 小区业主维权事件、2018 年安徽六安教师集体讨薪事件。

本研究选择土地征用类、拆迁纠纷类、资源边界纠纷类、劳资冲突类、医患纠纷类、环境污染类、情绪宣泄类、行政执法冲突类、维权抗争类等 9 类群体性事件，是依据上述每一类事件在主要诱因的前后一致性或延续性与发生领域的稳定性以及发生程度的高频度等标准进行取舍的，应该说上述 9 类比较符合这些标准。另外，由于社会生活的复杂性和多种利益矛盾的重叠与交织，就一个具体的案例而言，其诱发原因具有复杂性和多元性，比如 2008 年贵州瓮安事件是由多元因素导致的结果，但背后深层的原因是矿/群矛盾、移民安置、拆迁中民众利益受损及其长期的社会心理失衡。故本研究依据这一主要诱因将之归类为资源边界纠纷（开发）类群体性事件。

四、地方政府公共冲突治理有效性：过程分析

地方政府对公共冲突治理有效性的评估，是一个动态的过程。这个

---

① 吴晓林：《中国城市社区的业主维权冲突及其治理：基于全国 9 大城市的调查研究》，《中国行政管理》2016 年第 10 期。

② 张明军、刘晓亮：《2016 年中国社会群体性事件分析报告》，《中国社会公共安全报告》2017 年第 1 期。

过程，既是对当前地方政府应对公共冲突事件综合能力的考察，也是以后进一步提升公共冲突治理能力的基础。

（一）确定各指标权重

在构建了适合我国国情的地方政府公共冲突治理评估指标体系后，还需要对各级指标的权重进行打分，以确定各个指标在评价体系中的权重。我们主要采取专家调查法和 AHP 法（层次分析法）两种方法，得出各项指标的权重，主要包含以下步骤。

1. 建立完整的三层次评估指标体系

该评估指标体系由一级指标、二级指标和三级指标三层结构构成：一级指标是地方政府公共冲突治理有效性；二级指标共 6 个，分别是价值维度、机制维度、结构维度、策略维度、回应维度、效果维度；三级指标共 24 个。（如表 2-1）

2. 专家打分

我们邀请了 20 位专家，分层次地对指标两两比较，进行打分。这些专家主要来自高校、政府部门，是群体性事件、社会维稳和基层治理等领域的专家、学者或实务工作者，有的还参与过群体性事件的处理。无论是从理论上还是实践上，他们对地方政府冲突及其治理有着较深刻的理解和体会。

3. 确定指标权重

首先，综合各位专家、学者的判断，依据 AHP 法基本原理，确定各个指标权重。其次，设计调查问卷（问卷详见书末附件）。构建判断矩阵，在问卷中邀请各位专家、学者针对各项指标进行比较之后，根据其权重，给出相应得分值。具体而言，下一层次各指标对最高层的组合权值，是利用下层次中各指标对上层次各指标的单排序权值的计算结果，用上层次各指标的组合权值加权之后，依次沿递阶层次之结构，由上而下地逐层计算，就可以算出最低层次指标相对最高层次指标的相对重要性的排序权值。这种计算方法就是运用层次分析法进行排序。综合各层次的单排序权值，就可以得出层次总排序。（见表 2-2）

表2-2 地方政府公共冲突治理有效性评估指标权重总排序

一级指标	二级指标	权重	三级指标	权重	总排序权重
有效性	价值维度	0.1583	满意度	0.2322	0.0369
			认同度	0.3908	0.0619
			信任度	0.3760	0.0595
	机制维度	0.2293	常规化解机制	0.1377	0.0316
			预警机制	0.2594	0.0595
			应急处置机制	0.1873	0.0429
			协商机制	0.1296	0.0297
	机制维度	0.2293	评估机制	0.1223	0.028
			问责机制	0.0787	0.018
			后续治理机制	0.0850	0.0195
	结构维度	0.1463	单一/多元治理结构	0.4171	0.0610
			消极被动/积极主动的治理态度	0.5829	0.0853
	策略维度	0.1111	策略类型	0.1434	0.0159
			灵活性	0.1280	0.0142
			合理性	0.1901	0.0211
			合法性	0.5385	0.0598
	回应维度	0.1999	民众的利益表达渠道	0.3094	0.0619
			政府回应方式	0.2331	0.0466
			政府回应时效	0.2338	0.0467
			政府回应力度	0.2237	0.0447
	效果维度	0.1550	冲突治理与维稳的成本与收益	0.1872	0.0290
			抑制冲突的负面效应	0.2138	0.0331
			发挥冲突的正向功能	0.2316	0.0359
			社会深层次稳定/表面平静	0.3674	0.0570

（二）各评估指标评价得分

依据地方政府公共冲突治理有效性的评价指标体系，我们邀请了20位专家、学者，对地方政府应对社会群体性事件的有效性进行打分（专家意见咨询表详见书末附件1），我们将专家对各个指标的评价分为四个等级（以百分制的形式），算出平均值，综合结果如表2-3所示。

表2-3　地方政府公共冲突治理有效性评估指标专家评价得分表

一级指标	二级指标	三级指标	得分
有效性	价值维度	满意度	76.68
		认同度	78.00
		信任度	71.40
	机制维度	常规化解机制	79.12
		预警机制	60.00
	机制维度	应急处置机制	80.08
		协商机制	65.24
		评估机制	61.00
		问责机制	80.00
		后续治理机制	50.36
	结构维度	单一/多元治理结构	58.60
		消极被动/积极主动的治理态度	65.72
	策略维度	策略类型	78.28
		灵活性	81.20
		合理性	80.60
		合法性	68.00
	回应维度	民众的利益表达渠道	83.92
		政府回应方式	75.00
		政府回应时效	60.44
		政府回应力度	65.12
	效果维度	冲突治理与维稳的成本与收益	68.90
		抑制冲突的负面效应	80.72
		发挥冲突的正向功能	70.00
		社会深层次稳定/表面平静	78.56

（三）各评估指标计算评价得分

指标计算评价得分表，是根据前面表 2-2 "地方政府公共冲突治理有效性评估指标权重总排序"中相关指标权重进行的"计算"。表 2-3 和表 2-4 的区别在于：表 2-3 为"专家评价得分"，表 2-4 为"计算评价得分"。"计算"是根据"权重"进行的。"权重"数据在表 2-2 "地方政府公共冲突治理有效性评估指标权重总排序"中。比如，表 2-2 中"应急处置机制"的权重为"0.1873"；表 2-3 中，"应急处置机制"的得分为"80.08"；80.08×0.1873=15.00，"15.00"就是表 2-4 中"应急处置机制"

的"计算评价得分"。"权重"表明的是公共冲突治理有效性各个指标（二级指标和三级指标）的重要性，以便地方政府在实际工作中权衡轻重缓急、把握重点难点，有针对性地提升冲突治理的有效性。

表2-4　地方政府公共冲突治理有效性评估指标计算评价得分表

一级指标	二级指标	得分	三级指标	得分
有效性	价值维度	75.14	满意度	17.81
			认同度	30.48
			信任度	26.85
	机制维度	67.95	常规化解机制	10.89
			预警机制	15.56
			应急处置机制	15.00
			协商机制	8.46
			评估机制	7.46
			问责机制	6.30
			后续治理机制	4.28
	结构维度	62.75	单一/多元治理结构	24.44
			消极被动/积极主动的治理态度	38.31
	策略维度	73.56	策略类型	11.23
			灵活性	10.39
			合理性	15.32
			合法性	36.62
	回应维度	72.14	民众的利益表达渠道	25.96
			政府回应方式	17.48
			政府回应时效	14.13
			政府回应力度	14.57
	效果维度	75.23	冲突治理与维稳的成本与收益	12.90
			抑制冲突的负面效应	17.26
			发挥冲突的正向功能	16.21
			社会深层次稳定/表面平静	28.86

根据表2-4的数据，结合前文各维度评价指标与专家打分结果，我们可以获得地方政府公共冲突治理有效性的总体评价得分为70.9099分。也就是说，地方政府在公共冲突治理上具备较高水平的有效性。从二级指标来看，价值维度和效果维度得分较高，分别为75.14分和75.23

分，相比较，结构维度、策略维度、回应维度、机制维度分别为 62.75 分、
73.56 分、72.14 分、67.95 分，尤其是结构维度和机制维度还不到 70 分。
总的来看，价值维度、机制维度、结构维度、策略维度、回应维度、效
果维度仍有较大的提升空间。从三级指标来看，在价值维度上，满意度、
认同度和信任度三个指标中，认同度和信任度得分较高，满意度较低。
这表明相较于公众对于地方政府公共冲突治理的满意与信任心态，更高
的认可度往往预示着更加显著、有效的治理，公众对地方政府能否有效
回应和妥善解决公共冲突的认可程度是衡量其治理有效性的可靠指标。
在机制维度上，常规化解机制、预警机制、应急处置机制、协商机制、
评估机制、问责机制和后续治理机制 7 个三级指标中，预警机制和应急
处置机制得分较高，其他指标得分较低，尤其是后续治理机制和问责机
制，这表明快速的反应和处置能够有效提升公共冲突的治理效率，但后
续治理机制、问责机制、协商机制的薄弱，不利于公共冲突的深度化解。
在策略维度上，策略类型、灵活性、合理性和合法性 4 个指标中，合法
性维度得分较高，这表明依法治理更有利于冲突的化解和社会的深层次
稳定。在回应维度上，民众的利益表达渠道、政府回应方式、政府回应
时效、政府回应力度 4 个指标中，民众的利益表达渠道维度得分较高，
这表明多元、畅通、有效的利益表达途径预示着更加有效的治理。在效
果维度上，成本收益、冲突负面效应、冲突正向功能、社会稳定程度 4
个指标中，冲突的深度化解是衡量地方政府公共冲突有效性的可靠指标，
与成本收益、冲突正负功能相比，从深层次上化解社会矛盾冲突和维护
社会稳定昭示着更加有效的治理。

第 三 章

治理结构及其对公共冲突治理有效性的影响

在公共冲突治理过程中，治理结构通常决定着采取何种制度和非制度资源及时、有效地化解冲突和矛盾，以实现维护社会秩序与和谐的目标。因此，治理结构对地方政府公共冲突治理具有重要作用，是影响公共冲突治理有效性的关键因素。"结构-过程"分析范式认为，结构侧重对过程的抽象，过程侧重解释结构的触发机制。过程与结构互相依赖。①在政治社会研究领域，更多的经验分析表明："治理结构调适在连接治理资源与治理效能之间起到不可或缺的关键作用。"②

一、概念解析：何为冲突治理结构

在政治社会中，结构通常是指场域中的行动主体之间的联结方式和互动中形成的大小、强弱不等的关系。过程则是不同行动主体围绕着权力获取、资源配置、权力行使等要素进行的博弈和互动。二者是辩证统一的，过程塑造结构，结构制约过程。③所谓治理结构是指在公共冲突治理过程中，治理主体凭借自身资源在互动与博弈中形成的权力关系，反映的是治理主体在治理场域中的关系和位置。

---

① 吴晓林：《结构依然有效：迈向政治社会研究的"结构-过程"分析范式》，《政治学研究》2017年第 2 期。

② 刘凤、傅利平、孙兆辉：《重心下移如何提升治理效能？——基于城市基层治理结构调适的多案例研究》，《公共管理学报》2019 年第 4 期。

③ 吴晓林：《结构依然有效：迈向政治社会研究的"结构-过程"分析范式》，《政治学研究》2017年第 2 期。

为了更好地理解这一概念，本研究提出资源约束下公共冲突治理场域的结构化分析框架（如图 3-1），该分析框架由一些基本要素构成。

其一，治理资源。从治理主体的多元角度而言，这些资源可以分为体制内的党政资源、体制外的社会资源（主要指公益资源）、市场资源和群众资源等。多元主体各自的资源禀赋是其参与公共冲突治理的资质与条件。比如，以公权力、制度和责任为主要内容的党政资源具有权威性、强制性和公信力强等特点，这是其在公共冲突治理中发挥主导作用的基础。但即便如此，党政资源在冲突治理中的效用也是有限的，过于强制和刚性的手段，则往往会激化矛盾和冲突。因此，冲突治理中一些特定的角色不适宜由政府来担任。而体制外的社会资源、市场资源和群众资源的迅速"补位"则能起到事半功倍的效果。比如，社会组织参与有利于增加冲突治理的弹性，有利于消除个别激进观点和情绪，促进理性协商和行为的可预期性，等等。然而，治理资源往往是稀缺的，并且在不同层级的政府间具有明显的差异性，在经济社会发展水平显著差异的区域间具有非均衡性。治理资源的稀缺性、差异性和非均衡性对公共冲突治理构成了整体上的约束。

其二是公共冲突治理场域。场域的概念形象地概括了现代社会的基本特征。"从分析的角度来看，一个场域可以被定义为在各种位置之间存在的客观关系的一个网络，或一个构型。"①依据对场域概念的解析，我们可以将基层治理场域理解为一个具有规范和引导力量的空间领域和关系网络，其最本质的特征是能够衍生出具有约束力的制度和规则。基于场域的视角其实就是从关系的角度进行思考，可谓抓住了公共冲突治理结构的实质。公共冲突治理场域作为一个具有矛盾、冲突、竞争、合作的关系网络，是多元主体（组织）发挥治理效应的限制性条件和引导力量。多元主体自身的禀赋和拥有的资源，是其进入或退出场域的前提条件。当其进入场域就开始利用资源和场域内的关系网络，在制度和规范的保障与约束下与其他主体产生策略性的互动，互动的结果是形成比较稳定的治理结构，此时治理效能得以最大限度地显现，即公共冲突治理

---

① ［法］皮埃尔·布迪厄、［美］华康德：《实践与反思——反思社会学导引》，李猛、李康译，北京：中央编译出版社 1998 年版，第 133-134 页。

场域的结构化。在相对稳定的结构状态下，某些主体由于自身掌握的资源优势，在场域中占据主导地位，与其他主体形成了事实上的支配与服从的权力关系。

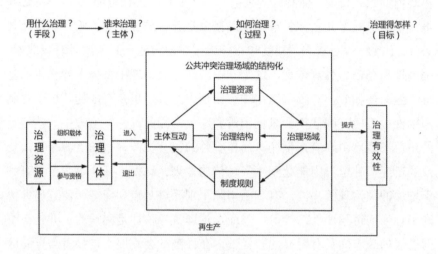

图 3-1 资源约束下公共冲突治理场域的结构化分析框架

资源约束下公共冲突治理场域的结构化分析蕴含着地方政府在公共冲突治理中的运行机制和过程，即"治理资源—治理主体—治理结构—治理有效性"。冲突治理的整个过程都运行在一定的结构之中，结构对冲突治理过程和治理效能起着重要的制约作用。如此，我们就将结构与过程统一起来，将公共冲突治理结构置于冲突过程中进行考察。

其中，治理资源与治理主体之间是共生关系，治理主体是资源依附的对象和组织载体，资源是各类主体参与治理的资格或资本。治理主体与治理结构之间是一体两面的关系，各类组织凭借资源进入公共冲突治理场域，在制度规则的保障和约束下，通过与场域和治理主体间策略性的博弈与互动形成相对稳定的治理结构，从而使治理主体间的关系趋于稳定化。治理结构反映的是治理主体在治理场域中的关系和位置，这是发挥良好治理效应的先决条件。只有形成合理稳定的治理结构，才能最大限度地吸纳资源和优化资源配置，从而提升实际的治理效能。正如吉登斯所言："资源是社会系统的结构化特性，它以互动过程中具有认知能力的行动者作为基础，并由这些行动者不断地再生产出来。"①比如，有学者指出，政社合作与其他任何合作关系一样，其基本动力在于通过对资源的交换与共享，实现合作各方的利益诉求，并且，政府与社会组织交换的资源一般分为运作性资源（财政资金、公共设施等）和治理性资源（知识、观念和认同等）。前者进入合作状态后则会相应地减少；后者不会因合作而减少，并被不断地再生产出来。②在此意义上，我们认为资源尤其是关键性的资源，是塑造冲突治理结构的基本因素，而结构是产生良好治理效能的关键性"因子"，是连接治理资源和治理效能不可或缺的中间变量，并在优化资源配置以提升治理效能中起着决定性的作用。而治理结构的不断调适，促进着资源和治理效能的再生产。

二、多元合作：公共冲突治理结构的现代化

从本质上讲，冲突治理结构是从属于国家与社会关系分析框架的一个话题。通过文献梳理，依据偏好的不同，可以将国家与社会的关系细分为国家中心论、社会中心论③以及国家与社会合作共治论。④由此，在治理结构上分别呈现出三种面相：国家中心论视角下政府一元化的治理结构，社会中心论视角下多中心的治理结构和国家与社会合作共治论视角下一元主导、多方参与的治理结构。改革开放前，在高度集中的计划经济体制下，我国形成了国家极强、社会极弱的总体性社会，政府代表国家成为单一的治理主体，几乎垄断社会资源的分配权。多中心的社会治理起源于西方"治理实践"，并对改革开放后的中国社会治理走向产生

---

① [英]安东尼·吉登斯：《社会的构成——结构化理论大纲》，李康、李猛译，北京：生活·读书·新知三联书店 1998 年版，第 77 页。

② 敬乂嘉：《从购买服务到合作治理——政社合作的形态与发展》，《中国行政管理》2014 年第 7 期。

③ 曹胜：《社会中心论的范式特质与多重进路——以国家中心论为比较对象》，《学海》2017 年第 5 期；童志锋、郁建兴：《从政府本位到社会本位：社会管理体制变革的新分析框架》，《中共浙江省委党校学报》2011 年第 1 期。

④ 郑杭生、杨敏：《社会与国家关系在当代中国的互构——社会建设的一种新视野》，《南京社会科学》2010 年第 1 期；樊鹏：《互嵌与合作：改革开放以来的"国家—社会"关系》，《云南社会科学》2019 年第 1 期。

了一定的影响，一些学者从西方经验出发，主张中国社会治理改革的多中心模式。这其实是对中国社会治理现代化的误解。改革开放后，在市场经济的驱动下，国家与社会由重叠走向分离，政府、市场、社会等多元化的治理结构和治理主体日渐成型。党的十八届三中全会明确提出，"坚持系统治理，加强党委领导，发挥政府主导作用，鼓励和支持社会各方面参与，实现政府治理和社会自我调节、居民自治良性互动"①。这是一种党政主导、多方参与的合作共治的治理结构。这是在我国经济社会发展的基础上长期发展、渐进改进、内生演化的治理结构，是中国国家治理现代化的集中表现。它既不同于传统的政府单一主体的管控模式，也在本质上有别于西方的多中心治理。

同样，在人类进入风险社会的今天，现代化的冲突治理结构不应是政府一家的"独角戏"，而是政府、社会、市场、公民等多元主体的"大合唱"。可以说，"多方参与，协同治理"是冲突治理结构现代化最本质的特征。有效且具有韧性的现代化冲突治理结构，多方参与、良性互动的治理格局，不仅是传统社会的政府单一治理结构转向现代社会多元主体合作共治的趋势使然，更是构建有效、有韧性的公共冲突治理体系的必然要求。

公共冲突治理是结构与过程的统一。从过程的角度看，公共冲突治理呈现出冲突预防、冲突处置、冲突化解和冲突转化四个先后相继的环节。冲突预防一般指冲突爆发前的日常治理环节，主要表现为社情民意、舆情舆论的信息报送机制、社会矛盾预警机制和应急处理机制等，地方政府围绕这些方面出台了一系列详细、规范的文件。冲突处置是指在冲突爆发时，采取有效措施，遏制冲突升级，尽快平息事态。冲突化解是指在冲突得到控制的基础上，采取协商、沟通方式消解冲突升级的主体间因素；增进互信，消除误会，为制定共赢方案创造主体间条件。冲突转化是从制度设计和立法上消除冲突的结构性原因，促进社会深层次的和谐稳定。冲突预防、冲突处置、冲突化解和冲突转化这四个环节既相互区别，又前后衔接，层层递进。冲突预防侧重于矛盾的日常化解，使

---

① 《中共中央关于全面深化改革若干重大问题的决定》，载于中共中央文献研究室编：《十八大以来重要文献选编》（上），北京：中央文献出版社 2014 年版，第 539 页。

之在积累至冲突爆发前就得到化解。事实上，由于冲突的不确定性和"体制性迟钝"[①]的弊端，冲突预防很难完全杜绝冲突的爆发，作用是有限的，并且能够冲破冲突预防机制的群体性事件，往往都是暴烈的、规模较大的。这对冲突处置造成了很大的压力。冲突处置主要是为了控制冲突，防止其蔓延和升级；对冲突治理来讲，冲突处置是必不可少的，但如果止步于此，虽然能够维持表面的暂时稳定，但深层次的矛盾和冲突能量仍在不断聚集。因此，必须递进至冲突化解环节，促进冲突主体间的沟通、协商，达至共赢的解决方案。但冲突化解并不意味着冲突治理的完结，从根本上讲，公共冲突的根源在于不合理的利益结构、制度设计或文化习俗。因此，必须诉诸冲突转化环节，即从制度上消除冲突的结构性根源。

依据每个环节在冲突治理上的目标、理念、资源、功能、角色等方面的要求，我们可以就哪一种治理结构（政府单一主体的治理结构还是多元主体合作互动的治理结构）更有利于冲突的有效治理进行规范性的分析。（如表 3-1）

表 3-1　公共冲突治理过程与治理结构

治理环节	治理目标	治理理念	治理资源	治理功能	治理角色
冲突预防	在社会矛盾萌芽、聚集的初期（冲突爆发前的潜伏期）或累积至临界状态之前，将其化解	前瞻治理、前端治理、源头治理	权力资源：预警机制、信息报送机制以及司法、行政复议、信访等；社会资源：社会组织调解、人民调解、熟人调解等	风险预警，最大限度把各类矛盾、风险防范消灭在萌芽状态	冲突预防者、预警者。地方政府承担着冲突预警和预防的重要职能；社会组织尤其是来自基层的草根组织，凭借其广泛的群众基础、信息源和便利的获取信息方式，适于冲突预防中发挥咨询和预警功能

① 黄豁、朱立毅、肖文峰、林艳兴：《"体制性迟钝"的风险》，《瞭望》2007 年第 24 期。

续表

治理环节	治理目标	治理理念	治理资源	治理功能	治理角色
冲突处置	遏制冲突,防止升级,尽快恢复秩序(结果导向)	效率(在最短时间内以最小代价来处置冲突)	权力资源:政治和法律的限制资源、武力强制资源、经济补偿资源、社会压力资源	控制冲突,使其迅速降温、收缩	冲突制动者、惩罚者。党政等公权力主体更适宜充当冲突处置的角色
冲突化解	消除误会,重建信任关系,双方合作协商令彼此满意的解决方案(过程导向)	程序正义(遵循程序正义的方案,更有可能为双方所接受)	权力资源:政治和法律的资源等;社会资源:社会组织的公益性、中立性,权威人士的名誉声望,民间组织的多元性以及人际沟通、规劝疏导、对话协商的专业技能	消解深层的紧张关系,促进冲突各方合作	冲突的调解者、关系协调者。公益性民间组织、权威人士更适合充当冲突调解者的角色
冲突转化	从深层次上转变造成冲突的结构性因素,主要指不合理的利益分配制度等	和谐与均衡(从制度上设计利益相关者权益和建立均衡的利益关系,为深层次和谐稳定提供制度保障)	制度资源:制度变革的能力与资源,推进与市场经济体制相适应的公民广泛参与利益均衡和利益表达的制度化建设,坚持依法治理,运用法治思维和法治方式化解社会矛盾和冲突等	消除冲突的制度性根源	冲突的转化者、促进者。党政等公权力主体应发挥主导作用,专家、学者、第三方评估机构社会组织等积极参与

注:"冲突处置、冲突化解、冲突转化"的观点是常健等提出的,本表是在借鉴这一观点的基础上制作的。(参见常健等:《中国公共冲突化解的机制、策略和方法》,北京:中国社会科学出版社2013年版,第28-30页。)

公共冲突治理的主体结构是由冲突治理过程中每一环节上的目标、理念、资源和功能等诸多要素决定的。根据表3-1中的理论分析,可见无论是冲突预防、处置还是冲突化解、转化,其角色皆是多元的,而非政府单一主体可以完全胜任。以政府冲突治理机制为主、社会冲突化解机制为辅的多元冲突治理结构是现代冲突治理的必然趋势。

公共冲突治理结构多元化不仅具有理论分析上的合理性，亦具有冲突治理实践上的有效性。通常仅仅依靠冲突方自身很难保证冲突的有效化解，因此，第三方干预是有效进行冲突治理的基本途径。作为公权力代表和承担着实际治理职能的地方政府，应责无旁贷地承担第三方干预的主导角色。常健指出，当前在我国政府单一主体的公共冲突治理结构中，由于缺少缓冲的地带，地方政府往往直接面对公众，缺少缓冲空间。现实中公共冲突治理的结构性困境，导致很多与政府无涉的"一阶冲突"升级转换为冲突方与地方政府的"二阶冲突"。[①]"二阶冲突"的频发从根源上说明了这种由政府单一主体把控的公共冲突治理结构的僵化和不适应性。汪大海等认为，在没有社会组织参与社会冲突化解的前提下，政府将自己定位为"全能型"，与每一个群体、组织都要建立直接的关系连接，而随着社会冲突的复杂性激增，政府的内部疲于应对社会冲突中出现的新危机，导致过度的部门分工、组织膨胀、相互内耗、效率低下。因此，这种冲突治理结构通常是低效率、高成本、不可持久的。[②]政府引导社会组织参与到公共冲突的治理结构中，则有利于发挥社会组织在公共冲突中的利益整合和利益表达、信息沟通与传递、建设性地提出解决方案等多种功能，[③]以补正政府在冲突治理中的结构性压力、被动的事后监管等方面的不足，形成冲突治理过程中多元主体互补优势。

三、案例分析：我国公共冲突治理有效性的结构性困境与原因分析

治理结构是影响改革冲突治理有效性的关键因素。如何认识我国公共冲突治理的结构？这种结构类型对我国冲突治理有效性产生了什么样

---

① 常健、韦长伟：《当代中国社会二阶冲突的特点、原因及应对策略》，《河北学刊》2011 年第 3 期。

② 汪大海、柳亦博：《社会冲突的消解与释放：基于冲突治理结构的分析》，《华东经济管理》2014 年第 10 期。

③ 赵伯艳：《社会组织参与冲突管理的功能与可行性分析——基于与公共行政组织的比较视角》，《云南行政学院学报》2011 年第 3 期。

的影响？是否面临着结构性的困境？如果说这种治理结构在很大程度上影响了冲突治理有效性的提升，那么其原因是什么？针对这些问题，我们将通过案例分析的方法进行分析和解释。

（一）案例选取

案例选取与第二章所选取的案例是一致的。典型案例分为9种类型：土地征用类、拆迁纠纷类、资源边界纠纷类、劳资冲突类、医患纠纷类、环境污染类、情绪宣泄类、行政执法冲突类、维权抗争类。从每种类型中选取5个具有代表性的案例，作为分析的对象。从冲突预防、处置、化解和转化等治理环节，来考察地方政府或社会组织等主体是否参与、参与方式及角色等方面的特点。参与就用"√"，没参与就打"×"；参与方式分为"直接"（Drectly）、主动或"间接"（Indrectly）、被动，分别用"D"和"I"表示。政府的角色分为冲突预防阶段社会矛盾的排查者、冲突的处置过程中的制动者、化解过程中的调节者或仲裁者、转化过程中的制度变革者，分别用G1、G2、G3、G4表示；社会组织的角色分为冲突预防阶段社会矛盾的调解者、冲突处置中的辅助者、冲突化解中的促进者、冲突转化中的服务者，分别用 O_1、O_2、O_3、O_4 表示。

表 3-2　公共冲突治理的结构分析

类型	编号	事件	主体	过程				方式	角色
				预防	处置	化解	转化		
征地纠纷类	1	2010年广西苍梧林水村征地冲突事件	政府	×	√	√	×	D	G_2G_3
			社会组织	×	×	×	×	—	—
	2	2011年广东乌坎事件	政府	×	√	√	√	D	$G_2G_3G_4$
			社会组织	×	×	√	√	D	O_3O_4
	3	2012年河南项城征地冲突事件	政府	×	√	√	×	D	G_2G_3
			社会组织	×	×	×	×	—	—
	4	2014年昆明晋宁征地冲突事件	政府	√	√	√	×	I	$G_1G_2G_3$
			社会组织	×	×	×	×	—	—

续表

类型	编号	事件	主体	过程				方式	角色
				预防	处置	化解	转化		
拆迁纠纷类	5	2014 年甘肃陇西征地冲突事件	政府	×	√	√	×	I	G_2G_3
			社会组织	×	×	×	×	—	—
	6	2004 年湖南嘉禾强制拆迁事件	政府	×	√	√	√	D	$G_2G_3G_4$
			社会组织	×	×	√	√	I	O_3O_4
	7	2008年甘肃陇南拆迁事件	政府	√	√	√	×	D	$G_1G_2G_3$
			社会组织	×	×	×	×	—	—
	8	2009年贵阳暴力拆迁事件	政府	×	√	√	×	D	G_2G_3
			社会组织	×	×	×	×	—	—
	9	2016 年武汉洪山区强拆事件	政府	×	√	√	×	I	G_2G_3
			社会组织	×	×	×	×	D	—
	10	2016 年海口秀英区暴力拆迁事件	政府	×	√	√	×	D	G_2G_3
			社会组织	×	×	×	×	—	—
资源边界纠纷类	11	2004 年10月四川汉源事件	政府	×	√	√	√	I	$G_2G_3G_4$
			社会组织	×	√	√	×	D	O_2O_3
	12	2008 年贵州瓮安事件	政府	×	√	√	√	I	$G_2G_3G_4$
			社会组织	×	√	√	×	D	O_2O_3
	13	2009 年云南陆良群体性事件	政府	√	√	√	×	I	$G_1G_2G_3$
			社会组织	×	×	×	×	D	—
	14	2010 年陕西榆林横山群体性事件	政府	√	√	√	×	I	$G_1G_2G_3$
			社会组织	√	√	√	×	D	$O_1O_2O_3$
	15	2011 年云南绥江群体性事件	政府	×	√	√	×	I	G_2G_3
			社会组织	×	√	√	×	D	O_2O_3

类型	编号	事件	主体	过程				方式	角色
				预防	处置	化解	转化		
劳资纠纷类	16	2008 年重庆出租车罢运事件	政府	×	√	√	√	D	G_2G_3
			社会组织	×	√	√	×	D	O_2O_3
	17	2008年深圳工人讨薪事件	政府	×	√	√	×	I	G_2G_3
			社会组织	×	√	√	×	D	O_2O_3
	18	2009 年吉林通钢事件	政府	×	√	√	×	I	G_2G_3
			社会组织	×	√	√	×	I	O_2O_3
	19	2014 年东莞裕元鞋厂工人罢工事件	政府	×	√	√	√	I	$G_2G_3G_4$
			社会组织	×	√	√	√	D	$O_2O_3O_4$
	20	2016年黑龙江双鸭山矿业集团职工集体讨薪事件	政府	×	√	√	√	D	$G_2G_3G_4$
			社会组织	×	√	√	×	I	O_2O_3
医患纠纷类	21	2009 年福建南平医患冲突事件	政府	×	√	√	√	D	$G_2G_3G_4$
			社会组织	×	√	√	×	D	O_2O_3
	22	2010 年张家港"11·28"医患冲突事件	政府	×	√	√	×	D	G_2G_3
			社会组织	×	×	×	×	—	—
	23	2011 年江西上饶"医闹"事件	政府	×	√	√	×	D	G_2G_3
			社会组织	×	×	×	×	D	—
	24	2014 年湖南岳阳"8·20""医闹"事件	政府	×	√	√	×	D	G_2G_3
			社会组织	×	√	√	×	D	O_2O_3
	25	2017 年山东惠民"6·15""医闹"事件	政府	×	√	√	×	I	G_2G_3
			社会组织	×	×	×	×		—

类型	编号	事件	主体	过程				方式	角色
				预防	处置	化解	转化		
环境冲突类	26	2007 年厦门PX 事件	政府	×	√	√	√	D	$G_2G_3G_4$
			社会组织	×	√	√	√	D	$O_2O_3O_4$
	27	2012 年四川什邡事件	政府	×	√	√	√	D	$G_2G_3G_4$
			社会组织	×	√	√	×	D	O_2O_3
	28	2012 年江苏启东"7·28"事件	政府	×	√	√	√	I	$G_2G_3G_4$
			社会组织	×	√	√	×	D	O_2O_3
	29	2014 年广东茂名 PX 事件	政府	√	√	√	√	D	$G_1G_2G_3G_4$
			社会组织	×	√	√	×	D	$O_2O_3O_4$
	30	2014 年浙江杭州中泰事件	政府	×	√	√	√	I	$G_2G_3G_4$
			社会组织	×	√	√	√	D	$O_2O_3O_4$
情绪宣泄类	31	2004 年重庆万州事件	政府	×	√	√	×	I	G_2G_3
			社会组织	×	×	×	×	—	—
	32	2005 年安徽池州事件	政府	×	√	√	×	I	G_2G_3
			社会组织	×	×	×	×	—	—
	33	2006 年四川大竹事件	政府	×	√	√	×	I	G_2G_3
			社会组织	×	×	×	×	—	—
	34	2009 年湖北石首事件	政府	×	√	√	√	I	G_2G_3
			社会组织	×	×	×	×	—	—
	35	2010 年安徽马鞍山"6·11"事件	政府	×	√	√	×	I	G_2G_3
			社会组织	×	×	×	×	—	—
行政执法类	36	2008 年云南孟连事件	政府	×	√	√	√	D	$G_2G_3G_4$
			社会组织	×	×	×	×	—	—
	37	2009 年江西南康事件	政府	×	√	√	×	D	G_2G_3
			社会组织	×	√	√	×	—	O_2O_3
	38	2010 年昆明民众与城管冲突事件	政府	×	√	√	×	D	G_2G_3
			社会组织	×	×	×	×	—	—
	39	2011 年广东增城事件	政府	×	√	√	×	D	G_2G_3
			社会组织	×	√	√	×	D	O_2O_3
	40	2014 年海口三江镇事件	政府	×	√	√	×	I	G_2G_3
			社会组织	×	×	×	×	—	—

类型	编号	事件	主体	过程				方式	角色
				预防	处置	化解	转化		
维权抗争类	41	2008年广州丽江花园社区业主维权事件	政府	×	√	√	√	I	$G_2G_3G_4$
			社会组织	×	√	√	√	D	$O_2O_3O_4$
	42	2012年河南安阳非法集资事件	政府	×	√	√	√	I	$G_2G_3G_4$
			社会组织	×	×	×	×	—	—
	43	2014年黑龙江肇东教师集体罢工事件	政府	×	√	√	×	I	G_2G_3
			社会组织	×	×	×	×	—	—
	44	2016年B市Q区S小区业主维权事件	政府	×	√	√	×	I	G_2G_3
			社会组织	×	×	×	×	—	—
	45	2018年安徽六安教师集体讨薪事件	政府	×	√	√	×	I	G_2G_3
			社会组织	×	×	×	×	—	—

（二）我国公共冲突治理结构的现状

根据表3-2可以看出，我国地方政府改革冲突治理结构整体上呈现出地方政府主导、结构相对单一和治理结构失衡的特征。虽然政府已经认识到社会力量在公共冲突治理中的重要作用，开始强调社会参与，但是由于传统管控路径依赖、社会组织能力滞后等方面的原因，政府主导的多元主体协同的公共冲突治理结构还没有完全形成。

1. 地方政府主导与吸纳社会参与

地方政府主导与吸纳社会参与是当前我国公共冲突治理结构最显著的特征。这一特征体现在公共冲突的过程管理环节。就冲突预防环节而言，当前我国已经形成了以党政主导，政法信访等部门组织协调，综合治理、公检法等部门共同参与，社会各界整体联动，司法调解、行政调解、人民调解、民间调解相互衔接、相互补充的社会矛盾日常化解和冲突预防体系。此外，基层政府吸纳社会力量参与，建立了一套线上线下相结合的社情民意、舆情舆论监测和信息报送机制。但是这一套预防体制在基层社会治理运行中却呈现出复杂的特征，即冲突预防体制在基层治理中的"滞后性"。如表 3-2 显示的绝大多数案例中，政府主导和社会参与的公共冲突预防体系事实上并没有发挥应有的作用，其功能往往是有限的。就冲突处置和化解环节来看，地方政府始终是在场的，是冲突治理中的主要甚至唯一行动者。表 3-2 中社会组织参与冲突处置和化解的案例为 19 例，占比仅为 42.2%。作为冲突治理后续环节的冲突转化，虽然政府表现出忽视和缺位的现状，但依然是政府在控制，社会力量几乎没有参与。因此，"目前，我国社会冲突的治理结构是由政府单一主体把控，从中央到地方强调'谁主管，谁负责'的模式，市场与社会力量尚未有效参与到社会冲突治理当中来"①。

　　与传统全能型政府模式相比，在冲突治理主体上，我国政府已开始重视社会参与，并提供法律和制度上的保障。乌坎事件中一个引人注目的亮点是该事件开启了引入社会组织参与冲突治理的先例。北京新启蒙公民参与立法研究中心是以独立的学术研究来影响政府政策，推动我国社会制度建设的公益性的 NGO 组织（非政府组织）。其创办者和负责人熊伟于 2012 年 12 月 22 日到广州考察人大代表选举，巧遇乌坎事件。职业的敏锐性和乌坎事件的典型性使熊伟及其负责的民间智库组织成为该事件的直接参与者。②在湖南嘉禾拆迁中，央视等新闻媒体的介入，对于揭露真相和冲突化解起了非常重要的作用。央视下派记者和邀请法律专家以采访的形式介入嘉禾事件，在央视综合频道《东方时空》中相继播出《嘉禾拆迁调查之一：株连九族》《嘉禾拆迁调查之二：阴阳合同》和《嘉禾拆迁调查之三：渐露真相》三期节目，引起了中央部门和全社会的关注。③在贵州瓮安事件中，针对李树芬"溺水身亡"的纠纷，政府主动邀请瓮安民间比较有威望的袁树国、谢青发、刘金学等"民间调解

---

① 汪大海、柳亦博：《社会冲突的消解与释放：基于冲突治理结构的分析》，《华东经济管理》2014 年第 10 期。

② 梁德友、刘志奇：《社会组织参与群体性事件治理研究：功能、困境与政策调适》，《河北大学学报（哲学社会科学版）》2016 年第 3 期。

③ 王才亮：《"嘉禾事件"十年反思》，《东方早报》2014 年 5 月 13 日。

人"参与调解工作。①在维权事件中，广州丽江花园社区业主维权老人刘演发、业委会联谊会、业主委员会等发挥了重要作用。②资源边界类公共冲突事件主要是由于矿产、水资源开发引发的"矿群矛盾"和"站群"矛盾，矛盾焦点是征地拆迁补偿过低，移民生产、生活严重受损。在冲突治理过程中，作为基层民众自治组织的村委会、村民代表以及民间权威人士充当民众的代言人，其在冲突处置和化解过程中发挥了一定的作用。③在劳资冲突中，工人的权利意识、集体意识、组织意识也越来越强；劳资集体纠纷和工人集体行动在劳资冲突治理中的作用越来越大。其中，工会、职代会、工商联等具有官方色彩的社会组织和维权协会、老乡会等民间组织在冲突治理中发挥了一定的作用。在东莞裕元鞋厂工人罢工事件中，工会在冲突治理过程中几乎没有发挥应有的作用。而作为活跃于广东的民间公益机构和维权组织——深圳春风劳工争议服务部及时介入，为劳工提供法律咨询和援助，为工人有序理性表达诉求提供了有益的帮助。④2009 年 7 月 24 日，《南平市医患纠纷预防与处置暂行办法》出台。8 月 3 日，南平市医患纠纷调解处理中心正式挂牌成立。这一新的沟通、调解平台代表着公信力，客观中立的"第三方调解"贯穿整个医患纠纷治理过程中，扭转了"大闹大赔"的不合理逻辑，确立了"大错大赔"的是非法律标准，医患冲突的发生率明显下降。⑤

2. 结构相对单一与社会有限参与

从表 3-2 中可以看出，在我国公共冲突治理中，最重要的角色或者真正的主角就是地方各级政府。在维稳政治化、压力型体制的问责机制、属地管理等科层体制机制的作用下，当冲突事件发生时，地方政府一般会在第一时间进入现场，从劝解、沟通、承诺、谈判等方面来安抚、疏通冲突人群，维持现场秩序。如果这些手段仍旧无法平息、制止冲突升

---

① 钱真：《一起刑事案件如何演变为群体性事件？探寻暴力之源》，《中国新闻周刊》2008 年第 25 期。

② 郑廷鑫：《丽江花园 老人维权路》，《南方人物周刊》2008 年第 3 期。

③ 周松柏等：《抗争与秩序：基层政府面对群体性事件的因应之道》，北京：社会科学文献出版社 2016 年版，第 47-71 页。

④ 黄岩、刘剑：《激活"稻草人"：东莞裕元罢工中的工会转型》，《西北师大学报（社会科学版）》2016 年第 1 期。

⑤ 郭宏鹏：《揭秘南平打破医患纠纷"大闹大赔"怪圈》，《法制日报》2010 年 11 月 12 日。

级，政府就会迅速启动制动机制，运用刚性手段进行弹压或武力制止冲突。因此，冲突治理中的政府单一化角色，使政府承担的功能近乎是全能型的、全方位的。比如，有些矛盾和冲突是地方政府直接的抗争对象，这时地方政府的介入就是直接的、主动的。这种情况在表 3-2 选取的 45 个案例中占 20 个，占总数的 44.4%，而其余的案例则往往是由"一阶冲突"升级为"二阶冲突"的结果，在"一阶冲突"中，当地政府并非涉事方，但由于对解决方案的不满意、民众的"闹大"心理、对政府的过于依赖或者政府干预方式的不恰当等因素的影响，冲突群众直接将矛头转向当地政府，"一阶冲突"转化为"二阶冲突"，当地政府成为直接的抗争对象。在这种情况下，地方政府的介入方式是间接的、被动的，表 3-2 中有 25 个案例，占比为 55.6%。

因此，冲突治理主体结构的单一和政府角色的全能化，导致社会组织等社会力量直接参与冲突治理过程机会和空间的缩小。如前所述，社会力量参与冲突治理有其自身的优势，最适宜有社会力量参与的环节是冲突化解过程。"与冲突处置不同，冲突化解过程中的干预第三方不仅应当是中立的，而且应当对冲突各方的未来没有重要的影响，以便使冲突各方尽可能在不受第三方压力的条件下，通过自己的努力达成冲突解决方案。正因为如此，公益性民间组织更适合充当冲突化解中的调节者。"①然而在实际的冲突治理过程中，虽然政府不是唯一主体，却是实力最强、影响力最大的治理主体。"目前我国很多地方政府对社会冲突的治理，仍依靠严密的组织系统和强制性的行政命令。"②这种强政府、弱社会的格局和地方政府在冲突治理中全能化的定位，使得社会力量对冲突治理的参与只能是有限的。

比如表 3-2 中的吉林通钢劳资纠纷事件，作为工人利益表达诉求的主要渠道，职代会、工会在冲突治理中的作用形同虚设。劳动法、工会法、《中华人民共和国企业国有资产法》、公司法等，对企业通过职代会

---

① 常健等：《中国公共冲突化解的机制、策略和方法》，北京：中国社会科学出版社 2013 年版，第 117 页。

② 汪大海、柳亦博：《社会冲突的消解与释放：基于冲突治理结构的分析》，《华东经济管理》2014 年第 10 期。

等形式开展厂务公开、民主管理的规定非常明确。中办、国办也一再下发红头文件，要求国企改制过程中，涉及职工切身利益的重大事项，应向职工公开，职代会按照法律法规具有决定权和否决权，"既未公开又未经职代会通过的有关决定视为无效"①。因为处于大转型过程中的中国工会和职代会具有不同于一般市场经济国家工会组织的独特性，这种独特性导致中国工会在劳资关系中代表和维护职工权益的社会功能难以得到有效的发挥。②在被誉为开启冲突治理先例的乌坎事件中，熊伟及其负责的新启蒙公民参与立法研究所，是依法登记的合法的公益性民间智库团体，但是在事件初期，其一直是偷偷摸摸、间接地开展工作，因而引起了官方和村民的质疑、不信任，甚至排斥。直至省委肯定了社会组织的作用，认为"学者可以留下来"以后，其介入工作才得以正常展开。

在表 3-2 的 9 类冲突案例中，社会组织参与最多的是环境纠纷类冲突事件。与其他类型冲突事件相比，环境问题的公共性更为明显，环境保护关系到人们的环境权和健康权，环境正义具有天然的正当性，以及国家对生态文明建设的强调和政府对环境治理的重视等。因此，环境治理的道义性和环境领域宽松的制度环境，赋予了社会组织尤其是专业性的环境 NGO 参与冲突治理的更高的积极性和更足的动力。但即便如此，环境 NGO 参与冲突治理依然存在明显的有限性。有学者通过对国内 10个典型案例的考察得出，环境 NGO 在邻避冲突的治理中具有明显的积极效应，其在促进公众认知调解、理性引导公众参与行为、增强政府回应能力、疏导公众集体情绪方面具有功不可没的作用。但是其在信息培训、沟通对话、议题拓展、助力维权方面仍呈现出不足之处，即存在行为限度、议题限度、信任限度和能力限度的问题。③这集中反映了我国地方政府冲突治理中社会力量的有限参与。

3. 全过程管理与内在结构失衡

作为一种客观的社会现象，公共冲突在本质上是由一系列环节构成

---

① 杨琳：《通钢事件是我国劳资关系发展的标志性事件》，《瞭望》2009 年第 32 期。

② 黄卫平、汪永成：《当代中国政治研究报告》，北京：社会科学文献出版社 2013 年版，第 34-44 页。

③ 张勇杰：《邻避冲突中环保 NGO 参与作用的效果及其限度——基于国内十个典型案例的考察》，《中国行政管理》2018 年第 1 期。

的变化与发展的过程。一般而言，从矛盾产生、积累深化、突破临界到冲突爆发、升级扩散、平息消退等构成了一个完整的冲突周期。那么，对应的冲突治理也是一个系统的动态过程。我国政府在公共冲突治理中体现了明显的全过程管理的特点。从前期的矛盾排查、冲突预防，到中期的冲突处置、冲突化解，再到后期的善后处理与冲突转化等，始终强调政府的时刻在场和功能强化。

从表 3-2 中的案例来看，地方政府对冲突的治理主要集中在冲突的处置和化解环节。可见，在公共冲突爆发并开始迅速升级扩散时，对其加以迅速应对、遏制和处置是地方政府应对公共冲突最主要的层次，也是多年来政府积累的惯常做法和基本经验。近年来，随着改革的不断深入，我国经济发展已经进入了新常态，利益关系更加错综复杂，社会结构深度分化，各种社会矛盾不断涌现。为了有效应对各种风险和维护社会稳定，党和政府加大了对社会治理的力度。党的十八届三中全会明确提出，"坚持源头治理，标本兼治、重在治本，以网格化管理、社会化服务为方向，健全基层综合服务管理平台，及时反映和协调人民群众各方面各层次利益诉求"①。不仅仅重视冲突处置和冲突化解等环节，而且越来越重视源头治理，强化社会矛盾排查和冲突预防，以及法治策略和利益表达制度化等治本之道。冲突治理的关口不断前移和后置，显著体现出我国在社会矛盾和冲突治理中的全过程思路。

然而，这种全过程管理倾向的公共冲突治理存在着内部的结构失衡，其主要表现在两个方面。一是冲突治理结构中国家与社会关系的非均衡性。从表 3-2 中可以看出，地方政府虽然不是冲突治理的唯一主体，但凭借其权威优势、资源优势和对传统的政府管控模式的路径依赖，其事实上几乎包揽了冲突治理的所有事项。这种"强国家-弱社会"的关系结构，一方面，造成了政府角色的过多干预，冲突治理中"过多的政府因素"往往成为矛盾滋生或冲突升级的"问题源"或"导火索"。另一方面，也弱化了社会力量参与冲突治理的空间和机会，使社会力量参与冲突治

---

① 《中共中央关于全面深化改革若干重大问题的决定》，载于中共中央文献研究室编：《十八大以来重要文献选编》（上），北京：中央文献出版社 2014 年版，第 539 页。

理显得过于贫乏和形式化。①在表 3-2 中，社会组织在参与的时机、空间、程度和效果上都差强人意。二是公共冲突治理体系的非均衡性。一个健全的公共冲突治理体系是由冲突预防、冲突处置、冲突化解和冲突转换构成的整体战略结构，缺一不可。如果公共冲突治理体系存在某一环节的功能缺失或弱化，或者各环节之间在目标定位、价值理念、实施路径和手段以及实施主体方面的错位或混淆，②就说明公共冲突治理存在内部结构的失衡。当前，我国公共冲突治理体系比较重视冲突预防和处置，相对轻视冲突化解和转化；较为重视冲突的前端管理，相对轻视冲突的后续治理。③如表 3-2 中，冲突转化仅在 15 个案例中受到重视，占比为 33.3%。除了某些冲突化解、转化环节上的功能弱化外，冲突治理也存在着环节上的错位。其一，将冲突化解和转化的价值与手段用于冲突处置，往往贻误了遏制冲突升级的最佳时机，降低了冲突处置的效率和效果。比如在瓮安事件处置过程中，不适当地将精力过度用于劝说和谈判，忽视了对冲突的控制。其二，将冲突处置的价值和手段用于冲突转化过程。无论是冲突治理中某些环节的功能弱化，还是冲突环节的错位或混淆，都会影响冲突治理的功能优化和效率提升。

（三）我国公共冲突治理有效性的结构性困境与原因分析

公共冲突是一种客观的社会现象，尤其是社会转型时期，冲突愈加频发。因此，如何有效地治理冲突，提高公共冲突治理的有效性，具有重要的现实意义。冲突治理结构是影响冲突治理有效性的关键因素，从结构视角正确认识当前我国公共冲突治理的有效性，客观分析其存在的问题和困境，就显得非常必要。

1. 我国公共冲突治理结构的有效性分析

基于经验层面分析，这种政府主导、全过程管理的冲突治理主体结构，凭借坚实的权力资源和迅速的动员能力而拥有较高的行动效率；在

---

① 赵伯艳：《社会组织在公共冲突治理中的作用研究》，北京：人民出版社 2012 年版，第 62 页。

② 常健：《中国公共冲突化解的机制、策略和方法》，北京：中国社会科学出版社 2013 年版，第 120 页。

③ 赵伯艳：《我国公共冲突治理结构的困境、问题和对策——引入社会组织的视角》，《社团管理研究》2012 年第 11 期。

社会结构深刻变迁、社会矛盾和冲突频发、安全稳定面临挑战的转型时期，能够迅速采取行动，控制冲突过程，防止扩散升级，有效应对各种矛盾和冲突对社会改革发展带来的不利影响，为改革和发展提供稳定的社会环境。因此，这一冲突治理结构基本是适应我国社会矛盾化解和公共冲突治理的客观态势的，并保持了整体上的有效性。党的十九届四中全会指出，"新中国成立七十年来，我们党领导人民创造了世所罕见的经济快速发展奇迹和社会长期稳定奇迹"①。长期稳定奇迹的取得足以说明我国公共冲突治理在结构上是有效的。对此需要说明的是，长期以来，一些人由于受西方自由主义国家理论的影响，认为中国政府治理要坚持"有限政府"的改革取向，那么在社会矛盾和冲突治理上，应更多地主张"小政府大社会"治理结构。这其实是一种理论上的误解。

　　从历史上看，"有限政府"理论是 19 世纪以前与西方市场经济相适应的主张，那时的市场经济比较简单，以农业、小手工业和区域性的市场为基础，社会分化还不明显，社会问题还没有完全暴露出来。因此，主张"有限政府"是符合当时的社会发展态势的。在那种历史条件下，虽然认为政府是有限的，但政府与社会、市场之间的力量对比是均衡的。②19 世纪以来，西方市场经济在不断发展和现代化的同时，带来的社会问题也日益增多。与此同步的是西方政府职能也在不断扩张。因此，从历史发展的角度看，这种政府与社会、市场之间的均衡态势是一贯维持的。理论上辨明之后，对当前公共冲突治理结构及国家与社会关系的认识，就应该跳出"小政府大社会"的窠臼。当前，我国政府主导的公共治理结构具有存在的合理性和必要性。

　　首先，政府主导并非意味着政府全能。改革开放以来，为了适应市场经济体制改革，我国及时推进了政府机构改革，积极转变政府职能，向市场和社会放权，理顺政府与市场、社会关系，承认市场和社会在公共治理中的主体地位，并积极营造有利于发挥市场和社会作用的制度环境；同时，不断强化政府的宏观调控、市场监管、社会治理和公共服务

---

① 《中共中央关于坚持和完善中国特色社会主义制度、推进国家治理体系和治理能力现代化若干重大问题的决定》，《人民日报》2019 年 11 月 6 日。

② 马骏：《经济、社会变迁与国家重建：改革以来的中国》，《公共行政评论》2010 年第 1 期。

的能力。因此，"中国路径的独特之处在于我们是同时解决'太多国家'和'太少国家'这两方面的问题"①。这种改革思路在冲突治理结构上就表现为政府主导与吸纳社会参与。其次，政府主导并非取代。在当前我国其他社会治理主体还没有成熟，社会自治能力滞后以及社会问题日益复杂的背景下，政府主导无疑具有行动上的高效率，能够整合资源集中应对转型期频发的社会矛盾和冲突，这本无可厚非。在鼓励和培育社会组织参与冲突治理能力方面，未来的公共冲突治理应该形成政府主导、多方参与、协同治理的关系格局。从本质上讲，这是一种"强国家-强社会"的理论。

2. 我国公共冲突治理有效性的结构困境

治理结构是制约冲突治理过程并进而影响冲突治理有效性的关键因子。良好的治理结构有利于提升公共冲突治理的有效性，而治理结构存在问题则会导致冲突治理有效性供给不足。当前我国公共冲突治理结构在有效性供给上存在以下问题。

第一，冲突治理结构中多元化干预角色的缺失与冲突资源配置效率的低下。

公共冲突治理就是运用多种治理资源来化解矛盾和纠纷，维持社会稳定和谐的过程。现代社会问题的复杂性、多样性和异质性，社会结构多元化和公民权利意识的不断增长，使政府单一主体的治理行动越来越难以奏效。社会结构的变迁必然带来治理结构的重组。在社会发展日益现代化的今天，构建一元主导、多方参与、高效协同的共治模式就显得尤为重要。作为政府治理重要领域的公共冲突治理，同样需要发挥多元角色的协同治理效应。如前所述，公共冲突治理是由冲突预防、处置、化解和转化等层次构成的过程。每一层次在治理目标、价值、路径等方面也各不相同。治理层次的差异对治理主体的属性、角色、功能会有不同的要求。因此，在有效的冲突治理结构和过程中，治理主体是多元化的，而不是单一的。依据资源约束下组织场域分析理论，冲突治理中多

---

① 汪庆华：《现代国家建设及中国政治——经济转型的逻辑》，《公共行政评论》2010 年第 1 期。

元化角色治理的实质是吸纳、整合和发挥多种资源的治理效能。[①]治理资源与治理主体之间是共生关系,治理主体是资源依附的对象和组织载体,资源是各类主体参与冲突治理的资格或资本。从冲突治理主体的多元角度讲,这些治理资源可以分为体制内的党政资源、体制外的社会资源(主要指公益资源)、市场资源和群众资源等。在冲突治理中,政府、社会、市场等多元角色及资源具有各自的优势,它们之间是互补的而不是相互取代和排斥的关系。即便拥有优势资源的政府,其能够承担的冲突治理角色也是有限的。比如在冲突处置中,政府的过早介入可能会激化矛盾,导致冲突的升级。而"借助社会组织之间的合作协商,利用集体谈判的方式,可以自行解决不同群体之间的矛盾,有效防止群体矛盾向社会冲突的转化"[②]。冲突转化环节离不开公民的广泛参与,使不同的利益群体能够平等地参与制度的变革,而社会组织作为公民参与的主要途径,能够通过内部沟通和自我约束,形成主流的理性意见,从而缩小个别激进观点的市场,有效表达公民的利益诉求和提高参与的效果。因此,在公共冲突治理结构中,只有发挥政府、社会、市场等多元治理角色的作用,才能最大限度地吸纳并整合多种治理资源,提升冲突治理的有效性。

然而,当前我国公共冲突治理结构存在着多元化干预角色缺失的问题。依据表3-2对公共冲突案例的统计观察,我们发现几乎在所有的案例中政府的身影都无处不在,而社会力量基本不在场或者作用有限,没有充分发挥社会资源和民间智慧的冲突治理效能,这无疑限制了公共冲突治理的有效性。并且,冲突频发的态势不仅强化了对政府角色的依赖,而且助长了政府冲突治理的全能角色。而冲突治理对政府全能角色的路径依赖,又进一步挤压社会力量和社会资源参与冲突治理的空间。这就是所谓的公共冲突治理中多元化干预角色缺失的结构性困境。

第二,冲突治理结构中政府全能角色与冲突治理成本的偏高。

稳定是支撑社会发展与和谐的基础性价值,没有社会稳定,就没有正常的秩序,就无法实现经济的快速发展,更不可能有公民的有序参与

---

① 刘凤、傅利平、孙兆辉:《重心下移如何提升治理效能?——基于城市基层治理结构调适的多案例研究》,《公共管理学报》2019年第4期。

② 张凤阳:《科学认识国家治理现代化问题的几点方法论思考》,《政治学研究》2014年第2期。

和人民的安居乐业。正是出于对稳定重要性的考虑，中央将之提升到与发展同等重要的地位。"维稳话语"亦成为我国政治话语体系的关键词之一。在此背景下，形成了中国转型语境下应对社会矛盾的政治-法律实践样态的"维稳政治"，其既包括政治意识形态的凝聚，也包括具体政治法律制度的运作。①在当前压力型体制驱动下，地方政府作为属地责任的"承包者"，自身也在不断地强化维稳话语，试图在冲突治理过程中包揽各种角色，打造全能角色的干预模式；不惜人力物力财力的投入，以实现从前期的矛盾排查、冲突预防，到中期的冲突处置、冲突化解，再到后期的善后处理与冲突转化等全程参与、时刻在场和功能强化。

在公共冲突治理中，政府全能角色的定位势必带来高额的成本投入。为了维护稳定，地方政府普遍的做法是增设机构，扩充编制以应对平时维稳工作需要，并且在特殊时期，还要大规模地动员各部门参与，确保本辖区内平安无事。近年来，从中央到地方在社会矛盾和冲突化解上的投入不断增长。2014—2018 年我国中央本级公共安全财政支出逐年上升，2019 年稍有下降（见图 3-2）；2014—2018 年我国地方公共安全财政支出逐渐增长（见图 3-3）。②此外，公共冲突治理的全能角色定位，使地方政府背负了一个沉重的"包袱"，很容易造成对社会管理的某种功能挤压或替代。

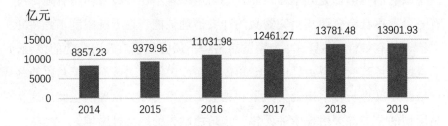

图 3-2　中国公共安全财政支出（2014—2019 年）

① 魏治勋、白利寅：《从"维稳政治"到"法治中国"》，《新视野》2014 年第 4 期。
②《2020 年中国公共安全行业发展趋势分析：财政支出增长，在地方行政中的地位越来越重要》，中国产业信息网，https://www.chyxx.com/industry/202012/913951.html.

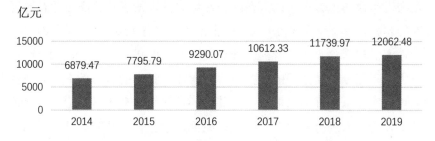

图 3-3 地方公共安全财政支出（2014—2019 年）

第三，冲突治理结构中"国家-社会"关系的失衡与发展效率的损耗。

在波兰尼看来，以市场经济为基础的经济与社会转型过程，是由一种"双向运动"所支配的，即"力图扩展市场范围的自由放任运动，以及由此生发出来的、力图抵制经济脱嵌的保护性反向运动"[1]。波兰尼的"双向运动"理论从社会自我保护对自由市场经济反弹的视角，对国家与社会关系的演变做出了开创性的分析。依据"双向运动"理论，从经济改革直到最近的治理转型，我国的国家与社会关系在市场化单向运动的推动中从重叠走向分离。进入 21 世纪后，国家与社会关系的重构不得不在市场化运动和社会自我保护运动这两个方向相反的"双向运动"的张力中展开。[2]20 世纪 90 年代，伴随着市场化运动的扩张，贫富差距、环境污染等问题的日益严重，及其激发出的各种类型的群体性事件，形成了中国版本的"社会自我保护运动"。社会反制运动及其带来的公共冲突导致了国家与社会关系的相对紧张。

公共冲突治理结构是一个国家治理结构的缩影，集中体现了一个处于转型过程中的国家和政府所面临的基本治理困境。在当前我国公共冲突治理结构中，具有明显的"强国家-弱社会"的关系特征。这种"国家-社会"力量的非均衡性的结果就是，冲突治理过程中社会力量的发展受到制约，参与冲突治理的时机、空间和程度都受到一定程度的限制。这种国家与社会关系的非均衡性，是引发社会矛盾和冲突的结构性根源。

① [英] 卡尔·波兰尼：《大转型：我们时代的政治与经济起源》，冯钢等译，杭州：浙江人民出版社 2007 年版，第 18 页。

② 马骏：《经济、社会变迁与国家重建：改革以来的中国》，《公共行政评论》2010 年第 1 期。

正是由于国家与社会关系的失衡，常常导致冲突治理往往满足于暂时表面的静态稳定，而没有实现长远的、深层次的动态稳定。[①]立足于静态稳定的冲突治理理念事实上导致了社会发展效率的损失。依据不同的标准，可以将效率划分为技术性的生产效率、内在性特点的组织效率、稀缺性的配置效率和总体性的发展效率。其中，发展效率概念最为宽泛，涵盖了特定社会形态的全部内容，它可以简单地划分为公共管理领域和私人管理领域中实现的效率之和，[②]即"政府治理和社会调节、居民自治良性互动"的效率之和。作为社会发展的重要保障功能，从根本上要实现更高层次的社会发展效率。

四、提升公共冲突治理有效性的结构路径

如前所述，在地方政府治理逻辑中，治理资源与治理效能之间并不存在必然的联系，治理结构在二者的互动与关系中起着关键性的间接作用。公共冲突治理作为政府社会管理的重要组成部分，结构在资源与效能之间的媒介作用更加显著。鉴于当前我国公共冲突治理结构的现状及存在的问题，应从以下方面着手重构公共冲突的治理结构，以提升冲突治理的有效性。

（一）重新定位政府职能，从全能角色向优势角色转变

在当前我国社会转型时期和社会力量发展滞后的情况下，政府主导的公共冲突治理结构是必要的，但是政府主导并不等于政府全能和全过程管理。在公共冲突治理中，政府全能角色必然带来过多干预、过度揽责，不仅挤压了社会力量参与的机会和空间，而且增加了政府与民众直接冲突的风险；既推高了公共冲突治理的成本，也导致了政府过多卷入利益冲突和公信力的流失。在冲突治理结构中，政府的全能角色往往导致适得其反的结果，效果反而不佳。因此，应实现政府全能角色向优势

---

① 俞可平：《动态稳定与和谐社会——访中共中央编译局副局长俞可平教授》，《中国特色社会主义研究》2006年第3期。
② 张庆东：《公共管理的两种效率及其实现机制》，《中国行政管理》2001年第4期。

角色的转换，与社会中的其他第三方角色形成优势互补，根据冲突治理的实际情况和干预效果量力而行。首先，政府的优势功能体现在源头治理上，即矛盾化解和冲突预防功能，作为体制内的治理主体，政府要切实发挥实际作用，承担应有的责任。很多群体性冲突事件的爆发往往都是由于体制内的解决效果不佳。由于社会矛盾在体制内得不到有效解决而不断积累，同时在"不闹不解决、大闹大解决，小闹小解决"的不良示范下，民众遂铤而走险，采取体制外的暴力抗争策略。其次，政府优势功能还体现在冲突处置和冲突转换上，要及时发挥政府有效遏制冲突、防止冲突升级扩散的制动功能，要有效发挥政府在冲突转化上的制度变革功能，平等保障利益相关者的权益，消除冲突产生的利益根源。

（二）扩大社会组织参与，提供多元化途径

　　民族国家的兴起是国家的"渗透性权力"[1]不断延续和强化的过程。从社会结构变迁的视角看，这一过程最显著的特征是国家与社会结构从原来的"国家—贵族—平民"三层结构向"国家—民众"两层结构的转变，由此形成了国家与原子化的平民直面的社会结构。[2]这是一种刚性的、缺乏缓冲空间的、不稳定的结构状态。因此，民族国家现代化一个必不可少的任务就是整合一盘散沙似的民间社会，使社会组织化。中国社会结构经过四十多年的改革和调适，已经发生了深刻的变化，单位制下的行政整合手段已经不能适应市场经济发展的需要，而新的以社会组织为主要手段的社会整合机制还没有发挥应有的作用。因此，扩大社会组织参与，为民众利益表达提供多元化选择途径，构建政府、社会组织和公民之间的信息、利益沟通机制是提高公共冲突治理有效性的必然选择。政府当务之急是建立对社会组织的信任，扩大社会组织参与冲突治理的合法性和制度性空间。如果将社会组织纳入法治框架下活动，这些组织对社会治理和公共冲突管理将是一股不可多得的建设性力量。

　　首先，通过社会组织内部的沟通和自我约束可以形成主流的理性意

---

　　① Mann,Michael.1986.The Sources of Power, vol.1；A History of Power from the Beginning to A. D. 1760. Cambridge University Press.

　　② ［法］托克维尔：《旧制度与大革命》，北京：商务印书馆 2013 年版，第 46-50 页。

见，从而缩小个别激进观点的市场，大大增强群体行为的可预期性。其次，借助社会组织之间的合作协商，利用集体谈判的方式可以自行解决不同群体之间的矛盾，有效防止群体矛盾向社会冲突的转化。最后，即便仍需政府介入，政府人员也不必再面对散沙式的诉求，这不仅大量节约工作成本，还可充分利用制度化的调处模式，妥善化解或平抑群体矛盾。①从这个意义上讲，扩展社会组织参与冲突治理的机会、空间和深度，为冲突治理提供多元化的路径选择，是构建现代化的公共冲突治理结构，提升公共冲突治理有效性的一个基本取向。

（三）调适冲突治理结构，实现互嵌共强

改革开放四十多年来，我国的国家权力和社会力量得到双向扩张，但引人注目的是，中国国家与社会关系在各个发展阶段并没有出现彻底的"脱嵌"或相互对抗。社会权力运行始终内嵌于国家制度与权力运行。②然而，一个不同于国家运作逻辑、拥有自身资源结构的社会领域已经呈现在国家的面前。这个与国家适度分离的社会，就是党的十七届二中全会所强调的四大分离：政企分离、政资分离、政事分离、政社分离。③社会的运作逻辑具有显著的组织化和自治性的特征。

公共冲突治理结构是一个国家与社会关系的缩影。政府主导、全能角色和管控思维的特征十分显著，社会组织参与公共冲突治理受到很大的限制，并且参与效果不佳。这种"强国家-弱社会"的关系特征在当前我国公共冲突治理结构中得到了显著的体现。党的十九大报告指出，"发挥社会组织作用，实现政府治理和社会调节、居民自治良性互动"④。这实际上为我国公共冲突治理结构的调适与改革指明了方向，即实现"强国家-强社会"的"互嵌共强"的结构状态。因此，要加大对社会组织参与冲突治理的支持力度，出台相关法律法规，为社会组织参与公共冲突治理提供合法的渠道和途径。

---

① 张凤阳：《科学认识国家治理现代化问题的几点方法论思考》，《政治学研究》2014 年第 2 期。
② 樊鹏：《互嵌与合作：改革开放以来的"国家—社会"关系》，《云南社会科学》2019 年第 1 期。
③ 任剑涛：《社会的兴起：社会管理创新的核心问题》，北京：新华出版社 2013 年版，第 174 页。
④ 习近平：《决胜全面建成小康社会 夺取新时代中国特色社会主义伟大胜利——在中国共产党第十九次全国代表大会上的报告》，《人民日报》2017 年 10 月 28 日。

首先，要加快社会组织多元化发展，强化社会组织自身能力建设。一方面，在社会转型期，公共冲突频发已经成为一种常见的社会现象，冲突治理成为一种紧缺的公共产品，急需大量的社会力量加入对冲突的化解与治理当中。然而当前我国评估、中介、公益服务类、利益表达类和维护弱势群体权益类等社会组织较少，难以适应现实的需要。因此，要从政策和资金上大力培育和扶持能够提供环境纠纷、征地拆迁、劳资纠纷、医患纠纷、情绪宣泄等矛盾和冲突化解服务的社会组织。另一方面，鉴于社会力量组织化低、能力不足、很难在冲突治理中发挥应有功能的现状，要在意见整合、疏导管理、沟通协商、议题拓展等方面提升社会组织参与冲突治理的技能和水平。

其次，增强信任，加强制度建设。在法律框架内，社会组织参与冲突治理具有利益综合、利益表达、消除偏见、增加公众行为的可预期性、实现有序参与等多种功能，是一种建设性的、值得信任的力量。因此，要破除社会组织参与冲突治理的体制壁垒，为社会组织参与冲突治理提供良好的法律和制度条件。

最后，激发社会组织参与公共冲突治理的积极性。主动参与意识不强，积极性不高，是社会力量参与冲突治理的最大障碍。大量公共冲突案例表明，社会力量几乎习惯于"不在场"，主动参与意识相当淡薄，难以提高积极性。因此，在冲突治理结构中，社会组织与政府的关系不能仅仅止步于补充、充当配角上，可以向购买、赋权等更高的层次发展。这或许是激发社会组织参与公共冲突治理积极性的有效措施。

第 四 章

治理策略及其对公共冲突治理有效性的影响

民众利益表达与政府回应以及二者之间的策略互动与博弈，构成了理解社会治理变迁的一个深层线索。当前中国社会正处于深刻变革的时代，在"经济体制深刻变革，社会结构深刻变动，利益格局深刻调整，思想观念深刻变化"的进程中，产生了诸多社会矛盾纠纷。可以说，群体参与性的公共冲突是新时期民众利益表达与政府回应之间行为策略互动与博弈的特殊形式。公共冲突事件引发人们越来越多的关注，行为策略构成了社会治理研究领域的一大景观。

在当代中国公共冲突治理的研究中，"策略"是一个重要的解释性概念。对于公共冲突而言，其发生与升级是一个相互联系的过程。但是影响二者的因素往往是不同的。在冲突发生过程中，情景或背景的因素可能起着更大的作用；在冲突升级过程中，冲突双方的互动则往往是主要原因。这种互动其实就是冲突主体间的行为策略及其博弈过程：一方面，取决于作为抗争方的民众及其所采取的行为方式，另一方面也取决于作为承担实际治理职责的地方政府及其对这种抗争的容忍程度、性质判断、结果预测和所采取的回应策略与方式。民众所选取的策略类型、范围及偏好，往往是政府治理策略形塑的结果。因此，在行为策略的互动与博弈中，政府的治理策略通常占据主导地位。当然，民众的行为策略及类型对政府的治理策略也会有影响，但不起主导作用。所以，地方政府在公共冲突治理中所采取的策略、方式、手段是影响冲突升级、冲突化解的重要变量，对公共冲突的有效治理也有重要的影响。这突显了从政府治理策略优化的角度，探讨提高冲突治理有效性的作用和价值。

策略是地方政府在公共冲突治理中所采用的方式、手段。李连江、于建嵘等认为，社会冲突中抗争方的行动能力和行动策略是影响冲突有效治理的重要因素，如依法抗争、以法抗争[①]、依势博弈[②]等。后来，许多研究者尤其是政治社会学者开始从政治、国家和政府的视角探讨公共冲突治理和社会矛盾化解的影响因素和路径策略等。

一、问题的提出

自改革开放以来，伴随着市场经济的发展和改革的不断深入，我国的经济结构、社会结构发生了深刻变革，国家与社会的结构性矛盾逐步显现，社会问题与矛盾也逐渐凸显并呈现增多态势，在有些领域演化为公开的群体性冲突。以群体性事件为主要形式的公共冲突、社会冲突、社会抗争、抗争政治等议题成为学界研究的焦点。其中，策略视角逐渐成为学者们进行研究的基本路径之一。

一是聚焦于民众及其行为策略和利益表达方式及技术的研究。通过对群体性事件中存在的"问题化"现象进行分析，应星、熊易寒等学者提出了"问题化策略"，该策略是对民众集体上访和社会冲突中的"问题化"现象进行分析时使用的一个解释性概念；其实质是民众将抗争行为本身的目标建构为"影响社会和谐稳定""政府形象"等地方政府人员不得不面对的问题，以此"逼迫"政府尽快解决自己的问题。[③]"把事情闹大"成为群体性事件中抗争者的普遍心理，民众习惯于采取激进和极端的方式来表达诉求。在社会问题日益增多和治理能力相对短缺的情况下，地方政府一般采取选择性的政策议程设置。为了尽快解决问题，抗争者会逐渐升级问题的严重性。基于对20世纪90年代初中国农民抗争行为的研究，李连江和欧博文提出了描绘农村群体性公共冲突的重要概念——"以政策为依据的抗争"，后来将其概括为"依法抗争"策略，其

---

① 于建嵘：《抗争性政治：中国政治社会学基本问题》，北京：人民出版社2010年版，第57页。
② 董海军：《依势博弈：基层社会维权行为的新解释框架》，《社会》2010年第5期。
③ 应星、晋军：《集体上访中的"问题化"过程》，载于中国社会科学院社会学研究所编：《中国社会学年鉴（1999—2002）》，北京：社会科学文献出版社2004年版，第213-214页；熊易寒：《"问题化"的背后：对当代中国社会冲突的反思》，《社会学家茶座》2007年第2期。

特点是农民直接援用国家法律条文和中央政策，向上级政府施加压力，来抵制地方政府的"土政策"和地方官员的不法行为对其政治权利和经济利益的侵害。"依法抗争"不直接对抗他们的控诉对象，而是将上级政府作为解决问题的主体，通过上级政府向基层施加压力来实现其目的。无论在内容还是形式上，"依法抗争"都兼具政治参与和政治抗争的特点。通过对 20 世纪 90 年代后期湖南省 H 县农民抗争行为的考察，于建嵘认为，随着 20 世纪 90 年代以来农村群体性公共冲突的不断蔓延和演变，农民群体性冲突在内容和形式上都已经超越了"依法抗争"的概念框架，而呈现出一些非常重要的新特征，并将这种新的抗争形式界定为"以法抗争"。"以法抗争"与"依法抗争"虽一字之差，但内涵有实质性差异。这里的"法"，仍然是指国家法律和中央政策，但"以法"是直接意义上的以法律为抗争武器，以直接挑战抗争对象为主，更多地以抗争者自身为实现目标的主体；而"依法"是间接意义上的以法律为抗争依据，以诉诸"立法者"为主，直接挑战抗争者为辅，更多地以抗争立法者为实现目标的主体。[1]无论是"依法抗争"还是"以法抗争"，描述的都是 20 世纪八九十年代农村税赋繁重和权利意识逐渐觉醒的时代背景下，农民起来抗争的选择倾向与行为策略，是特定时期内关于群体参与性公共冲突具有解释力的分析概念，并对该议题的研究产生了深远的影响。

受此启示，学者们陆续提出了关于抗争策略的"家族式概念"。基于对"街区环保运动"的个案考察，石发勇提出了"依关系网络抗争"的概念，并认为之所以偏好"关系网络"的策略，是因为居民具有较高的参与积极性并能够取得更大的成功。因此，该策略是城市基层社会维权运动得以发生的重要动力机制。[2]董海军提出"以势博弈"的概念，并作为后税费时代乡镇社会利益博弈的分析框架，"以势博弈"的策略主要包括造势（问题化、污名化对方，呈现威胁姿态）、借势（借用博弈代理、借用关系网络、"借鸡生蛋"、借众势、借形势）、用势（注意形势、对准

---

① 于建嵘：《当前农民维权活动的一个解释框架》，《社会学研究》2004 年第 2 期。

② 石发勇：《关系网络与当代中国基层社会运动——以一个街区环保运动个案为例》，《学海》2005 年第 3 期。

权势、广泛散发上访材料、使用厚势、发挥弱势）。①基于对我国社会冲突参与主体的考察，于建嵘认为，20世纪90年代末，中国社会经历了由知识精英的进取性争权向以工农为主体的反应性维权的转变，与农民"以法抗争"不同，工人则是"以理维权"，即多以意识形态为依据而进行抗争，如常见的抗争理由是"中国是社会主义国家，共产党是我们工人阶级先锋队，工厂就是我们自己的工厂"②等。通过对广州南园的业主维权案例的考察，朱健刚提出了都市集体行动的"以理抗争"策略，这种策略受到多重文化逻辑的影响，即包括行动者基于利益理性的"依法抗争"、基于家园认同所寻求的日常生活的道德平衡，以及以往社会主义群众动员孕育的人民抗争的话语/价值体系。③基于对当代中国底层民众社会抗争的考察，王洪伟认为有两种共生共存、行为逻辑迥异的策略，即求助于内的"以身抗争"和求助于外的"以法抗争"，一起构成了当代中国底层民众抗争两种最具解释力的社会学机制。④基于经验研究，罗亚娟认为苏北农民环境抗争行为的一般性特征为"依情理抗争"，即行为理据、策略选择和目标制定都在情理框架内。⑤

　　二是对作为冲突回应方的地方政府及其治理策略的研究。代表性的观点主要有以下几种。从冲突治理策略转型视角，俞可平提出传统的"静态稳定"和现代的"动态稳定"两种不同的稳定观，达至"静态稳定"主要是靠"堵"和简单的压制策略；而实现"动态稳定"主要靠"疏"和协商、谈判的策略，从"静态稳定"向"动态稳定"的转型是实现公共冲突有效治理的治本之策，也是维护社会稳定与和谐的基本战略。⑥于

　　① 董海军：《塘镇：乡镇社会的利益博弈与协调》，北京：社会科学文献出版社2008年版，第228-235页。

　　② 于建嵘：《转型中国的社会冲突——对当代工农维权抗争活动的观察》，《凤凰周刊》2005年第7期。

　　③ 朱健刚：《以理抗争：都市集体行动的策略——以广州南园的业主维权为例》，《社会》2011年第3期。

　　④ 王洪伟：《"以身抗争"与"以法抗争"：当代中国底层社会抗争的两种社会学逻辑》，《2010年中国社会学年会——"社会稳定与危机预警预控管理系统研究"论坛论文集》，第101-107页。

　　⑤ 罗亚娟：《依情理抗争：农民抗争行为的乡土性——基于苏北若干村庄农民环境抗争的经验研究》，《南京农业大学学报（社会科学版）》2013年第2期。

　　⑥ 俞可平：《动态稳定与和谐社会——访中共中央编译局副局长俞可平教授》，《中国特色社会主义研究》，2006年第3期。

建嵘提出"刚性维稳"和"韧性维稳"的概念，此外还从公共冲突治理层次区分视角进行分析，提出了短期的"行政维稳"、中期的"法律维稳"和长期的"政治维稳"。郎友兴提出"制度维稳""体制与政策维稳"和"警力或暴力维稳"。应星认为现有的"以稳定压倒一切"为特征的维稳思路和工作方式难以化解日益增多的社会矛盾和冲突，要真正实现社会和谐稳定，应该破除僵硬的维稳机制，形成以利益均衡机制为主导的社会矛盾和冲突化解新模式。①黄冬娅将国家性质、国家创建和国家制度作为构成社会抗争的三层要素，分别从这三个层次梳理相关文献并揭示国家如何塑造抗争政治。②郁建兴等讨论了地方政府在社会抗争事件中的"摆平"策略及其对公共冲突治理有效性的消极影响。③韩志明指出，粗略地以党的十八大（2012 年）为时间节点，我国群体性事件呈现出由增长到衰变的起伏态势，地方政府在应对群体性公共冲突上经历了由"粗糙的摆平"向"精致的治理"的转变，并呈现出公共冲突治理有效性不断提升的趋势。④

基于上述文献梳理与分析，我们可以看出，关于公共冲突中策略的研究大多是从民众或社会的立场出发，自下而上地分析抗争方的行为策略、策略类型及行为策略背后的行为逻辑、原因，以及在中西方比较视角下这些行为策略的本土化特征，应该说这方面的文献分析与理论铺垫是比较丰厚的。而对公共冲突中另一个重要的行动体——政府（尤其是承担实际治理职能的地方政府）的行为及其策略则缺乏足够的探讨。公共冲突治理从根本上讲就是地方政府与民众在社会矛盾和利益冲突中的策略互动与博弈的过程，不仅如此，作为公共冲突参与者的民众及其所采取的策略从根本上讲是政府治理策略形塑的产物，此其一。其二，虽然已有为数不多的研究涉及公共冲突中的政府行为，但主要是关于政府

---

① 应星：《超越"维稳的政治学"——分析和缓解社会稳定问题的新思路》，《人民论坛·学术前沿》2012 年第 7 期；清华大学课题组：《以利益表达制度化实现长治久安》，《学习月刊》2010 年第 23 期。

② 黄冬娅：《国家与抗争政治：以国家为变量的分析框架》，载肖滨主编：《中国政治学年度评论（2012）》，上海：上海人民出版社 2012 年版，第 34—36 页。

③ 郁建兴、黄飚：《地方政府在社会抗争事件中的"摆平"策略》，《政治学研究》2016 年第 2 期。

④ 韩志明：《从"粗糙的摆平"到"精致的治理"——群体性事件的衰变及其治理转型》，《政治学研究》2020 年第 5 期。

在维稳政治中特定行为模式的研究，而较少涉及具体行为策略、策略类型、策略偏好及其原因、策略有效性等。其三，如何从民众与地方政府互动的视角对公共冲突中相关行动者的策略偏好进行分析，也缺少应有的学术关怀。因为无论是作为参与方的民众，还是作为回应方的政府，其行为策略都是双方互动博弈的产物，而非仅仅是单方面一厢情愿的选择。因此，公共冲突治理中行为策略的研究基本上是各执一端：要么对冲突参与方（民众）的抗争策略及其选择逻辑进行解释，要么对回应方（地方政府）的治理策略及其转型进行研究。如何从民众与地方政府互动的视角对公共冲突中相关行动者的策略偏好及其有效性进行分析，缺少应有的学术关注。因此，本文基于"参与–回应"的互动视角，在对公共冲突中民众与地方政府行为策略类型、偏好分析的基础上，对其有效性进行审视，以期为现有的研究提供新的视角和有益补充。

二、案例选取与研究方法

在公共冲突中，策略是地方政府与民众为了实现其目的而采取的治理手段和方式。公共冲突的治理过程就是作为回应方的地方政府与作为抗争方的民众之间策略的互动与博弈。策略是影响地方政府公共冲突治理有效性的关键因素之一。地方政府在公共冲突治理中有哪些策略类型？冲突治理策略现状如何？地方政府偏好哪些策略？其背后的行为原因和逻辑是什么？策略对地方政府公共冲突治理的有效性产生了什么样的影响？是否存在策略困境？如何优化治理策略以促进公共冲突的有效治理？针对这些问题，我们将通过案例分析的方法进行分析和解释。

为了梳理群体性冲突中地方政府和民众的主要行为模式，分析其背后的行为策略，我们开展多案例研究，案例与第二章中所选取的案例是一致的。首先，确保这些案例信息的完整性，我们搜集和整理了不同渠道的信息、报道和期刊论文等，并对有出入的信息进行查证，保证信息的可靠性和真实性。其次，确保案例的代表性。本研究所选取的每一个案例至少满足的条件是：或者被全国性媒体进行报道，或者被知名学者关注、讨论或撰文分析，或者为当地主政官员或更高层级的官员在讲话中提及。案例分为 9 种类型：土地征用类、拆迁纠纷类、资源边界纠纷类、劳资冲突类、医患纠纷类、环境污染类、情绪宣泄类、行政执法冲突类、维权抗争类。从每种类型中选取 5 个具有代表性的案例，共计 45 个案例，将它们作为分析的对象。从我们选取的典型案例来看，这些事件一般都带有暴力抗争和群体冲突特征；规模越大，参与人数越多，其暴力和冲突的特征越明显。总的来说，这些案例为我们分析治理策略对公共冲突治理有效性的影响及其作用机制提供了重要的线索。

三、公共冲突事件中地方政府的行为策略：
基于案例的分析

在公共冲突治理中，地方政府的行为策略是在与参与者互动和博弈中形成的。分析地方政府的行为策略，必须将其置于"参与-回应"视角下，必须从考察群体性事件中相关行动者的行为策略入手。公共冲突事件过程中相关行动者是引起或诱发该事件的个人、群体或组织以及对治理过程施加影响的个人、群体或组织。大量的经验研究表明，这些相关行动者大体上包括作为抗争者或参与方的民众和作为治理者或回应方的地方政府。公共冲突治理就是二者间行为策略的互动与博弈。需要指出的是，地方政府作为公权力的代表，在群体性事件中本应作为中立、超脱、客观的调解者或解决者的角色。在当前我国经济社会快速转型的背景下，地方政府已经深陷日常的征地、拆迁、国企改制、环境污染、劳资纠纷等群体性事件之中。原因主要有两点：一是在工业化、市场化、城镇化进程中，地方政府过多地介入当地经济事务和社会事务之中，如因征地、拆迁、国企改制引发的冲突，政府难以做到利益无涉，因而成为冲突的直接当事方；二是很多公共冲突都依赖政府的干预和化解，很多引发群体性事件的原因往往是体制性或政策性的，利益受损者往往涉及一类人群，而利益补偿或改变这种不公正的利益分配结构，只能依靠政府的积极介入和政策调整。所以，在现实生活中，一旦"一阶冲突"中某一方不满意，政府极易成为抗争对象从而被动地陷入冲突，成为

"二阶冲突"的当事方。①无论哪一种情况，不管事件起因是否与政府有直接关系，既然已经发展为公开的冲突，则政府的介入是必然的。而且，从我国的经验事实来看，地方政府不仅是公共冲突治理的核心主体，也常常成为公共冲突的关键当事方或主要行动者。可见，政府与民众往往构成了绝大多数公共冲突事件的冲突双方。因此，公共冲突治理在实质上就是地方政府与民众在社会矛盾和利益冲突中的策略互动与博弈的过程。

（一）民众的行为策略类型

在群体性冲突事件中，民众的行为策略主要指相关利益受到威胁或损害的群体，在诉求表达和权益维护过程中所选择的抗争手段、方式或途径。依据行为策略是否符合现有的法律或是否越出制度框架，可以将民众的行为策略分为以下几种类型。

一是体制内或制度框架内的行为策略，即民众采取体制内的方式按照相关法律、法规、制度、政策规定来表达利益诉求和维护合法权益，主要包括上访与信访、请愿、投诉与举报、行政复议，向主流媒体、人大代表、政协委员反映和司法途径等。这些行为策略是在法律制度的框架内进行的，往往表现为个体或集体的理性抗争。如 2007 年厦门 PX 事件（案例 26），是在 2007 年 3 月两会期间，因中科院院士赵玉芬等 105 位全国政协委员联名的"迁建协议"而浮出水面。在 2008 年云南孟连事件（案例 36）、2008 年甘肃陇南拆迁事件（案例 7）和 2012 年江苏启东"7·28"事件（案例 28）的起初阶段，民众多次上访信访，或致信市长信箱，或向法院提起行政诉讼等。在这些典型的群体性事件的初期阶段，民众基本上都采取了体制内策略以表达利益诉求，尤其倚重上访信访、请愿投诉等方式。

二是体制外的抗争策略。随着事态的升级，如果利益诉求在体制内得不到有效的回应，民众会转而寻求体制外的抗争策略。这种策略模式往往突破法律的底线而引发暴力冲突，对相关人员的生命财产、社会稳

---

① 常健、韦长伟：《当代中国社会二阶冲突的特点、原因及应对策略》，《河北学刊》2011 年第 3 期。

定和公共安全造成不同程度的损失。依据激烈程度，可以将体制外的抗争行为主要划分为理性抗议、阻碍围堵和暴力冲突三种策略类型。

理性抗议策略，指人们用显著的冷暴力的抗争方式，以引起政府的注意或让步。抗议表明行为主体具有较强烈的不满、反对等负面情绪，理性说明这些负面情绪是在理性控制下，对政府持有基本的信任底线。理性抗议策略主要表现为民众采取未经批准的集会、游行、示威、集体上访、罢工、罢课、静坐、绝食等方式进行抗争。①这些抗争方式主要有三类：以"罢"为主题的抗议，包括罢工、罢课、罢市、罢运等；户外公共场所的非暴力聚集，主要有群访、集体散步、公开集会等；以"身"为武器的抗议，如静坐、绝食、卧轨、集体下跪、威胁自焚等。一般而言，只有在参与人数众多的情况下，理性抗议策略才会显示出力量。所以，理性抗争策略对动员能力和技巧、群体行为的边界和事态发展的把控等具有较高的要求。所以，这一般会有一定的组织性，具有明确的组织者或领导者。如2007年厦门PX事件（案例26）中的"集体散步"和2008年重庆出租车罢运事件（案例16），均为理性抗议的典型事例。

阻碍围堵策略，指民众在某种诉求受挫而没有满足的情况下，采取

---

① 需要指出的是，虽然在法律层面上，民众享有罢工、集会、游行、示威的权利，但是在现实生活和具体的群体性冲突事件中，民众的罢工、集会、游行、示威活动几乎事先都没有递交申请、报请主管部门的批准同意，不符合国家相关法律的要求，客观上对正常的社会秩序和人们的工作生活秩序造成了一定程度的影响，有的甚至形成较为激烈的对峙局面。因此严格意义上讲，这些理性抗争行为是法律不允许的，属于体制外的行为策略。详情如下：联合国《经济、社会、文化权利国际公约》第八条第二款规定：劳动者"有权罢工，但应按照各个国家的法律行使此项权利"。我国于2001年加入了公约，但现行《中华人民共和国宪法》《中华人民共和国劳动法》和《中华人民共和国工会法》等相关法律对此项规定有所保留，既没有明确授权，也未禁止。2009年全国人大常委会第二次修正的《中华人民共和国工会法》第二十七条规定："企业、事业单位发生停工、怠工事件，工会应当代表职工同企业、事业单位或者有关方面协商，反映职工的意见和要求并提出解决意见。对于职工的合理要求，企业、事业单位应当予以解决。工会协助企业、事业单位做好工作，尽快恢复生产、工作秩序。"现行《中华人民共和国集会游行示威法》第二条对集会、游行、示威进行了明确的界定："集会，是指聚集于露天公共场所，发表意见、表达意愿的活动。游行，是指在公共道路、露天公共场所列队行进、表达共同意愿的活动。示威，是指在露天公共场所或者公共道路上集会、游行、静坐等方式，表达要求、抗议或者支持、声援等共同意愿的活动"，并对集会游行示威的审批、许可、举行等进行了详细明确的规定。但是在现实生活中，这些规定的约束力非常有限。在群体性冲突事件中，民众的理性抗议活动几乎都不符合该法的规定。比如，无法找到明确的负责人（不符合该法第五条的规定），事先并没有递交申请、报请主管部门的批准同意（不符合第八条的规定），没有将集会、游行、示威的目的、方式、标语、口号、人数、车辆数、起止时间、地点等告知主管机关（不符合第八条的规定），等等。

阻碍公共事务、公共设施或特定组织正常运行的方式来制造麻烦，使之不能顺利进行，从而迫使政府尽快满足其诉求的一种消极性的对抗方式。其在对抗性程度上高于理性抗议策略，与破坏、进攻等暴力性行为有着明显的区别。阻碍封堵策略在群体性事件中比较普遍，归纳起来，主要有三种类型：堵塞公共交通类，如对公路、铁路、市区主要街道等设置障碍，制造麻烦；围堵政府机关类，包括在党政机关门口聚集、集体上访、静坐等，阻碍政府办公等；阻碍公务类，主要指通过"死磨硬泡"纠缠相关公务人员以换取对其问题的解决，或者阻挠政府执法行为的顺利开展等。阻碍封堵是群体性冲突事件中民众惯用的策略，很多群众认为"找单位不如找政府，找政府不如堵公路、上铁路"。如2009年湖北石首事件（案例 34），民众曾在东岳山路、东方大道等事故地点设置障碍。2012年河南安阳非法集资事件（案例42），数千名参与非法集资的市民聚集在安阳火车站、文化宫、解放大道等地点，导致交通堵塞、秩序混乱。

暴力冲突策略，是指民众通过直接暴力来发泄心中的不满或实现自己的目标。在群体性实践中，这种直接暴力主要表现为打砸抢烧、冲击党政机关、破坏厂房设备、掀翻或烧毁警车、机械对峙等。暴力冲突是群体性事件发展的极端表现，是一种积极进攻的伤害行为，与消极意义上的妨碍围堵行为有明显的区别。暴力冲突在2004年四川汉源事件（案例 11）、2004年重庆万州事件（案例31）、2008年贵州瓮安事件（案例12）、2008年云南孟连事件（案例36）、2012年江苏启东"7·28"事件（案例28）中比较突出，均出现了警民冲突、民众冲击党政机关、毁坏公共物品等暴力行为，其暴力程度可见一斑，其危害性不容忽视。

依据暴力程度，理性抗议和阻碍围堵策略属于零暴力或冷暴力的抗争方式，暴力冲突策略属于高暴力的抗争方式。从日常的公共冲突案例来看，民众作为抗争方，首先选取的是体制内的行为策略，若没有得到有效的回应，他们则从体制内策略转向体制外的策略，要么采取理性抗议、阻碍围堵等低暴力的抗争行为，要么采取暴力冲突等高暴力的抗争行为。

（二）地方政府的回应策略类型

公共冲突的有效治理，有赖于构建"行政-司法-社会"多元化的社会矛盾和冲突化解机制。多元化的化解机制既可以为冲突方提供明确的行为规范，也可为地方政府提供化解不同类型公共冲突的适当策略。但从实际经验层面上看，当前中国公共冲突治理中出现了"政府一家独大，司法途径运用不充分，社会力量参与不足"的局面。转型期频发的社会矛盾和冲突在考验政府治理能力的同时，也"催生"出地方政府多元化的冲突治理策略。基于对典型案例的分析，可以将这些策略分为以下几类。

一是刚性压制策略，主要指政府在应对群体性事件中，不管事情性质、不问事由原委、不论事态大小，在民众诉求未得到有效回应、根本问题没有解决的情况下，动辄滥用警力、警械、强制措施，采取武力、强制力等刚性手段进行压制或封堵，也称为"封堵式"的策略，主要表现是对上访群众实行"拦、堵、截、抓"，甚至拘留、劳教等，或者动用警力对聚集民众实行强制措施等。如在 2008 年云南孟连事件（案例 36）和 2011 年广东乌坎事件（案例 2）中，地方政府在还没有正面回应民众诉求的情况下，就仓促采取动用警力抓捕村民、设立关卡的强制性行为，这无疑是火上浇油，激化了矛盾。这种刚性压制的策略在早期上访和群体性事件中比较常见。可以看出，某些地方政府在公共冲突治理中曾延续着"稳定压倒一切"和"刚性维稳"的思维定式。

二是制度化的策略，是指政府运用制度框架内的方式，按照法律规定和遵循法律原则来处置和化解群体性冲突事件。依法治国是党领导人民治理国家的基本方略，依法行政是党和国家关于行政权行使的基本原则，是全面推进依法治国和实现国家治理现代化的基本内容。制度化策略和依法依规处置（依法治理）是依法行政在公共冲突治理领域的具体体现，也是政府管理各项事务必须遵循的基本原则。制度化策略要树立法治观念，正确把握维护法律权威和秩序与保护公民合法权益的关系。事件发生后，对于采用合法形式的，要认真对待，与群众共商解决办法，保护群众合法权益。如 2007 年厦门 PX 事件，在民意的推动下，厦门市政府依法启动公众参与程序，以公正、透明的区域环境评估和召开公众座谈会的形式征求广大市民意见，甚至敢于公布百分之九十几的市民反对率，成功地树立了制度框架内、依法、依规地化解社会冲突的典范。

三是"摆平式"策略①。所谓"摆平"策略，是指更多的情况下，地方政府既没有使用制度框架内的方式，也不是直接地借助强制性手段，而是政府工作人员不顾法律法规的约束，动用体制外的资源和手段应对某一特定事件的行为方式。②如在 2006 年四川大竹事件（案例 33）中，由于当地政府的反应迟钝，故意拖延，使得起初的一个刑事案件演变为暴力群体性事件。③在 2009 年湖北石首事件（案例 34）中，当地政府不惜花血本对冲突方讨价还价后的差额进行"兜底"，是一种典型的"花钱买稳定"的收买策略。④

（三）公共冲突中相关行动者的策略类型

从行为策略角度看，公共冲突治理就是相关行动者的策略互动与博弈的过程。当前我国正处于快速的社会转型期，公共冲突的主要表现形式就是群体性事件。可以说，以群体性事件为主要表现形式的社会矛盾和公共冲突引起了官方和学界的高度关注。在当前我国公共冲突治理场景中，相关行动者主要是作为参与者和抗争方的民众与作为回应方和治理者的地方政府。从行为策略的角度上看，民众的抗争策略主要有两种类型：体制内或制度框架内的行为策略和体制外的行为策略。其中，体制外的行为策略又可以分为理性抗争、阻碍围堵和暴力冲突三种类型。从暴力程度来看，体制内策略是无暴力的，体制外的理性抗争、阻碍围堵是冷暴力的或低度暴力的，暴力冲突则是高暴力的。地方政府的治理

---

① 在抗争政治研究中，"摆平"策略是一个特定的分析概念，其内涵是逐渐形成的。早在 20 世纪 90 年代农民抗争分析中，应星以讲故事的方式把大河电站移民集体上访所引发的冲突事件作为研究对象，重点分析了基层政府在应对抗争和冲突中的"拔钉子""开口子"和"揭盖子"三种策略技术，并将之概括为"摆平理顺"，其特征是地方政府官员绕开法律和制度，动用体制外的资源、手段来应对社会抗争事件。（参见应星：《大河移民上访的故事》，北京：生活 •读书 •新知三联书店 2001 年版，第 152-154 页。）

② 郁建兴、黄飚：《地方政府在社会抗争事件中的"摆平"策略》，《政治学研究》2016 年第 2 期。

③ 贾云勇：《四川大竹县"1•17 事件"的政府教训》，《南方都市报》2007 年 2 月 4 日。

④ 谢金林：《情感与网络抗争动员——基于湖北"石首事件"的个案分析》，《公共管理学报》2012 年第 1 期。

策略主要有三种类型：刚性压制策略、制度化策略和"摆平"策略。依据相关行动者策略类型，我们可以对本研究所选取的案例开展经验研究，以更为直观地展示当前我国公共冲突中策略的类型、选取、偏好及其背后的行为逻辑，尤其是作为承担实际治理职责的地方政府，其行为策略对公共冲突治理有效性的影响（如表 4-1）。

表 4-1　公共冲突中相关行动者的行为策略及其类型

类型	编号	事件	民众抗争策略				地方政府治理策略		
			体制内策略	体制外策略			刚性压制	制度化	"摆平"
				理性抗争	阻碍围堵	暴力冲突			
征地纠纷类	1	2010 年广西苍梧林水村征地冲突事件	A	/	b₂	B	×	/	/
	2	2011 年广东乌坎事件	A	b₁	b₂	B	×	/	/
	3	2012 年河南项城征地冲突事件	/	/	b₂	B	×	/	/
	4	2014 年昆明晋宁征地冲突事件	A	b₁	b₂	B	×	/	△
	5	2014 年甘肃陇西征地冲突事件	/	/	b₂	/	/	√	/
拆迁纠纷类	6	2004 年湖南嘉禾强制拆迁事件	A	b₁	b₂	B	×	/	△
	7	2008 年甘肃陇南拆迁事件	A	b₁	/	B	×	/	/
	8	2009 年贵阳暴力拆迁事件	A	/	b₂	B	×	/	△
	9	2016 年武汉洪山区强拆事件	A				×	/	△
	10	2016 年海口秀英区暴力拆迁事件	/	/	b₂	B	×	/	△

续表

类型	编号	事件	民众抗争策略				地方政府治理策略		
			体制内策略	体制外策略			刚性压制	制度化	"摆平"
				理性抗争	阻碍围堵	暴力冲突			
资源边界纠纷类	11	2004 年四川汉源事件	A	b_1	b_2	B	×	／	△
	12	2008 年贵州瓮安事件	A	b_1	b_2	B	×	／	△
	13	2009 年云南陆良群体性事件	A	b_1	b_2	／	／	√	／
	14	2010 年陕西榆林横山群体性事件	A	b_1	b_2	B	×	／	△
	15	2011 年云南绥江群体性事件	A	b_1	b_2	／	×	√	／
劳资纠纷类	16	2008 年重庆出租车罢运事件	A	b_1	／	／	／	√	／
	17	2008 年深圳工人讨薪事件	A	b_1	b_2	／	／	√	／
	18	2009 年吉林通钢事件	／	b_1	b_2	B	×	／	／
	19	2014 年东莞裕元鞋厂工人罢工事件	A	b_1	b_2	／	×	√	／
	20	2016 年黑龙江双鸭山矿业集团职工集体讨薪事件	A	b_1	b_2	／	×	√	／
医患纠纷类	21	2009 年福建南平医患冲突事件	A	b_1	b_2	／	／	√	／
	22	2010 年张家港 "11·28" 医患冲突事件	A	b_1	b_2	／	／	√	／
	23	2011 年江西上饶 "医闹" 事件	A	b_1	b_2	／	／	√	／
	24	2014 年湖南岳阳 "8·20" "医闹" 事件	A	b_1	b_2	B	／	√	／
	25	2017 年山东惠民 "6·15" "医闹" 事件	A	／	b_2	B	／	√	△

续表

类型	编号	事件	民众抗争策略				地方政府治理策略		
			体制内策略	体制外策略			刚性压制	制度化	"摆平"
				理性抗争	阻碍围堵	暴力冲突			
环境冲突类	26	2007 年厦门 PX 事件	A	b_1	/	/	/	√	/
	27	2012 年四川什邡事件	A	b_1	b_2	B	×	/	△
	28	2012 年江苏启东 "7·28" 事件	A	b_1	b_2	B	×	/	△
	29	2014 年广东茂名事件	A	b_1	b_2	B	×	/	△
	30	2014 年浙江杭州中泰事件	A	b_1	b_2	B	×	/	△
情绪宣泄类	31	2004 年重庆万州事件	/	/	/	B	×	/	/
	32	2005 年安徽池州事件	/	/	/	B	×	/	/
	33	2007 年四川大竹事件	/	/	/	B	×	/	△
	34	2009 年湖北石首事件	/	/	/	B	×	/	△
	35	2010 年安徽马鞍山 "6·11" 事件	/	/	/	B	×	/	/
行政执法类	36	2008 年云南孟连事件	A	b_1	b_2	B	×	/	△
	37	2009 年江西南康事件	A	b_1	b_2	B	×	/	△
	38	2010 年昆明民众与城管冲突事件	/	/	/	B	×	/	/
	39	2011 年广东增城事件	/	/	/	B	×	/	/
	40	2014 年海口三江镇事件	/	/	/	B	×	√	/

续表

类型	编号	事件	民众抗争策略				地方政府治理策略		
			体制内策略	体制外策略			刚性压制	制度化	"摆平"
				理性抗争	阻碍围堵	暴力冲突			
维权抗争类	41	2008 年广州丽江花园社区业主维权事件	A	b_1	b_2	/	/	√	/
	42	2012 年河南安阳非法集资事件	A	b_1	b_2	B	×	/	△
	43	2014 年黑龙江肇东教师集体罢工事件	A	b_1	/	/	/	√	/
	44	2016 年 B 市 Q 区 S 小区业主维权事件	A	b_1	b_2	/	×	/	△
	45	2018 年安徽六安教师集体讨薪事件	A	b_1	b_2	/	/	√	/

注：民众抗争策略："A"表示体制内策略；"b_1"表示体制外的理性抗争策略；"b_2"表示体制外的阻碍围堵策略；"B"表示体制外的暴力冲突策略。地方政府治理策略："√"表示制度框架内的策略；"△"表示"摆平"策略；"×"表示刚性压制策略。"/"表示没有采取相应的策略。

根据表 4-1 的统计分析，地方政府的冲突治理策略有以下几种类型：一是仅仅使用刚性压制策略，共有 11 例；二是仅仅使用制度框架内策略，共有 12 例；三是仅仅使用"摆平"策略的有 1 例；四是刚性压制策略与制度框架内策略并用的有 3 例；五是刚性压制与"摆平"策略并用的有 17 例；六是制度框架内策略和"摆平"策略并用的有 1 例。（见表 4-2）

表 4-2　地方政府公共冲突治理的策略类型

策略	案例
刚性压制策略	案例 1（2010 年）、案例 2（2011 年）、案例 3（2012 年）、案例 7（2008 年）、案例 18（2009 年）、案例 31（2004 年）、案例 32（2005 年）、案例 35（2010 年）、案例 38（2010 年）、案例 39（2011 年）、案例 40（2014 年）
制度框架内策略	案例 5（2014 年）、案例 13（2007 年）、案例 16（2008 年）、案例 17（2008 年）、案例 21（2009 年）、案例 22（2010 年）、案例 23（2011 年）、案例 24（2014 年）、案例 26（2007 年）、案例 41（2008 年）、案例 43（2014 年）、案例 45（2018 年）

策略	案例
"摆平"策略	案例 9（2016 年）
刚性压制策略与制度框架内策略并用	案例 15（2011 年）、案例 19（2014 年）、案例 20（2016年）
刚性压制策略与"摆平"策略并用	案例 4（2014 年）、案例 6（2004 年）、案例 8（2009 年）、案例 10（2016 年）、案例 11（2004 年）、案例 12（2008 年）、案例 14（2010 年）、案例 27（2012 年）、案例 28（2012 年）、案例 29（2014 年）、案例 30（2014 年）、案例 33（2007 年）、案例 34（2009 年）、案例 36（2008 年）、案例 37（2009 年）、案例 42（2012 年）、案例 44（2014 年）
制度框架内策略与"摆平"策略并用	案例 25（2017 年）

1. 刚性压制策略及其基本特征

在群体性事件治理中，刚性压制策略比较常见，主要表现为一些地方政府及官员滥用警力来处置一些本可化解或纾缓的群体性事件。具体而言，在某些群体性事件处置过程中，公安机关越出了维持现场秩序、制止过激行为、防止事态失控的本职，随意拘捕、滥伤无辜，封堵民众利益表达途径，压制正当的利益表达行为。这种一味的刚性压制策略不仅没有化解矛盾，反而激化了矛盾与冲突，甚至有些事件本来不是问题，就是由于滥用警力，反而使矛盾升级，演变成了群体性冲突。

近年来，刚性压制策略的弊端引起了政府的高度重视，其对滥用警力的行为进行约束和管控，这对地方政府在处置群体性事件中的用警行为产生了显著的影响。可以说，近些年，在群体性事件治理过程中，地方政府在刚性压制策略的运用上有一个显著的变化过程：单一的刚性压制策略逐渐减少，摆平策略与刚性压制策略并用的多元化治理策略逐渐增多，并且制度框架内策略开始为地方政府重视。这一明显的变化主要集中在 2008 年前后。这时候中央对群体性事件处理作出了重大调整，这既是社会矛盾和群体性冲突频发的客观情势使然，也与党和政府对群体性事件的认识逐渐客观和治理经验不断成熟有关。2003 年，群体性事件的称谓开始为官方和社会所普遍接受，其内涵也发生了显著的变化，即从早期突显"群众闹事""治安事件"的特征到现在对"人民内部矛盾"性质的强调。20 世纪 90 年代末，随着改革的不断深入，我国社会矛盾和问题开始尖锐起来，群体性事件频繁发生，其规模和对抗性程度不断加大。尤其是 2008 年至 2012 年出现了系列震惊全国的重大群体性事件，如 2008 年贵州瓮安事件、2008 年云南孟连事件、2010 年安徽马鞍山事件、2012 年江苏启东"7·28"事件、2012 年四川什邡事件等，成为影响社会稳定和谐的突出问题。如何积极预防、及时化解、妥善治理群体性事件成为党和政府必须解决的重点、难点问题。党和政府自上而下地开始对刚性压制策略进行反思，如果一味地刚性压制反而会激化矛盾，升级冲突。

在政府部门中，公安机关的主要职能是维护社会治安，妥善处置群体性冲突是其责无旁贷的职责，强有力的警务保障机制是必不可少的。但是警力、警械和强制措施都具有双刃剑效应。总之，用之得当，则能够有效化解冲突；用之不当，则可能滥伤无辜，激化矛盾。因此，从 2008 年开始，公安部明确强调，在处置群体性事件中，必须讲究政策、讲究策略、讲究方法，坚持"三个慎用"，包括慎用警力、慎用警械武器、慎用强制措施；坚决防止因用警不当、定位不准、处置不妥而激化矛盾。[①]因为群体性事件在性质上属于人民内部矛盾，应通过法治、说服、教育、疏导等方式化解。警力具有强制、强迫的特征，应当慎用，坚决防止因用警不当、定位不准、处置不妥而激化矛盾，坚决防止发生流血伤亡事件。然而，慎用并不等于不用，公安机关的主要任务是维护现场秩序，化解矛盾，制止过激行为，防止局势失控。对于冲击机关、打砸抢烧、机械对抗或以暴力行为参与冲突的人员，需要果敢使用警力，控制事态发展，防止冲突升级和扩散，维持社会秩序。因此，一方面要对地方政府和官员动用警力的行为进行限制和监督，并加大惩罚力度，使其不敢滥用警力处置群体性事件；另一方面，赋予地方公安部门抵制滥用警力的制度保障，合理分配调动警力的权限。正如孟建柱部长所说的，"要严格请示报告制度，凡调用警力参与重大非警务活动的，必须逐级上报、

---

① 孟建柱：《深入学习实践科学发展观　做党的忠诚卫士和人民群众的贴心人》，《求是》2008 年第 21 期。

严格审批"。

2000 年出台的《公安机关处置群体性治安事件规定》（以下简称《规定》），对群体性事件中政府动用警力的行为进行了明确而严厉的规范，使公安机关在处置群体性事件中有了具体的操作规程。《规定》第八条明确提出："要根据群体性治安事件的性质、起因和规模来决定是否使用、使用多少和如何使用警力，根据事态的发展情况来决定是否采取强制措施。要防止使用警力和强制措施不慎而激化矛盾，防止警力和强制措施当用不用而使事态扩大。""处置群体性治安事件现场的民警应当携带必要的警械装备，但不得携带武器；现场外围备勤的民警可以根据需要配备武器。使用警械和武器，应当严格依照《人民警察使用警械和武器条例》的规定。使用催泪弹和武器须经现场指挥批准。"为了防止地方政府滥用警力，《规定》对动用警力的权限和程序也进行了明确的限制，"要严格请示报告制度，凡调用警力参与重大非警务活动的，必须逐级上报、严格审批"。《规定》第六条指出："调动警力 50（含）人以下的，须报经县（市、区）公安机关批准；调动 50 人以上 200（含）人以下的，须报经地（市）公安机关批准；调动 200 人以上的，须报经省（自治区、直辖市）公安机关批准；跨地区调动的，应当报共同的上级公安机关批准。"也就是说，当地方官员要求公安部门出警处理群体性事件时，公安部门还必须得到上级公安部门的批准，而不是地方官员一个电话就出警，动辄就把公安机关推到第一线，更不能用专政的办法对待人民群众。当这些制度落实后，依法、合理、妥善使用警力的要求就得到真正落实，慎用警力就从原则走向实践。这有利于遏制滥用警力的倾向，促使地方政府官员在第一时间到达现场、多做耐心细致的化解工作，用法治、协商、教育、疏导的方式来妥善处理群体性事件，更好地维护社会的稳定和谐。

可见，2008 年以来，刚性压制策略在理念上逐渐从"对立思维"向"合作思维"转变，在原则上从滥用警力向慎用警力转变，在目的上从打压、报复向维持秩序、防止冲突蔓延和升级上回归。这主要体现在两个方面：一是在刚性压制策略与制度框架内策略的组合中，刚性压制策略的主要目的是维持现场秩序、防止事态失控，为采取制度框架内策略、依法依规化解矛盾和冲突赢得时间并提供威慑作用；二是在刚性压制策略与"摆平"策略的组合中,刚性压制策略为采取"拖延""关系维稳""限制自由"等所谓的"摆平"策略保驾护航。

官方对群体性事件的应对和处置原则及方法的变化,对地方政府的刚性压制策略产生了明显的影响,刚性压制策略呈现出明显的转型特征(见表4-3)。原来是在"对立思维"下,更多是出于打压、报复的意图而采取刚性压制策略。现在使用刚性压制策略的主要目的在于稳定局势,恢复正常的社会秩序,而不是打压或攻击对方。比如,在事态开始恶化时,政府会调用警察来维持秩序,甚至用高压水枪、催泪弹等方式来驱散人群,但其目的不具有伤害性,而是在于防止事态的恶化。用基层工作人员的话来说,政府在维稳工作中是谨慎和理性的,只能是"热问题冷处理,干着急不发火,走直路拐活弯儿,尽量不和老百姓发生正面冲突"。在使用警力的程序和原则上,转型前地方政府动辄就把警察推到第一线,地方官员一个电话就可以随意调用警力,因此,在群体性事件治理中,滥用警力的倾向和现象比较普遍。事实上,这种滥用警力的行为往往激化了矛盾和冲突,并不利于冲突化解。转型后,强调慎用警力原则,实施严格的出警请示报告制度,依法、合理、妥善使用警力则能够防止矛盾升级,为依法依规化解冲突赢得时间。

表4-3 刚性压制策略的转型及特征

维度	特征	
	转型前的刚性压制策略	转型后的刚性压制策略
管理思维	敌我矛盾中的对立思维	人民内部矛盾中的合作思维
管理原则	滥用警力,地方官员一个电话就出警,动辄就把警察推到第一线	"三慎"原则、严格的出警请示报告制度和调动程序、加强对地方政府用警的监督
主要行为模式	暴力打压、报复	维持现场秩序、化解矛盾、制止过激行为、防止事态失控
预期效果	压制正当的利益表达、封堵利益表达途径、往往激化矛盾和冲突	为采取制度框架内策略、依法依规化解矛盾和冲突赢得时间并提供威慑作用

2. 制度化、法治化策略及其特征

公共冲突治理的根本之道在于法治化、制度化。对当前我国社会矛盾和冲突频发的转型期而言，更是如此。党的十八届三中全会指出，改进社会治理方式，坚持依法治理，加强法治保障，运用法治思维和法治方式化解社会矛盾。因此，在制度框架内依法依规化解社会矛盾和冲突，让民众诉求表达从体制外转到体制内、从偏激回归理性，是当前我国群体性事件治理策略转型的基本目标。但是迈向这一目标的策略转型过程并非是线性的。依据表 4-2 的分析，在单纯的刚性压制策略向制度化、法治化策略的转型中，出现了制度框架内策略、制度框架内策略与刚性压制策略的组合、刚性压制与"摆平"策略的组合、"摆平"策略、制度框架内策略与"摆平"策略的组合等多元化的策略。其中，制度框架内策略与刚性压制策略的组合属于制度化、法治化策略范畴，与当前我国公共冲突治理策略转型的目标是一致的。

不同策略的区别在于警力是否明显地介入或出现在事发现场。虽然仅仅使用制度框架内策略没有明显地动用警力，但警力作为维持社会秩序的底线力量始终是存在的，只不过没有出现在事发现场；而制度框架内与刚性压制策略虽然派出警力前往事发现场，但警力保持相当克制，只限于维持现场秩序，防止事态失控，为依法依规化解冲突赢得时间并提供威慑作用。可见，这两种策略类型的区别仅仅是形式上的，一个靠前，一个靠后；一个在场，一个缺场。但是，靠后并不意味着"落后"，缺场并非"缺位"。因此，仅仅使用制度框架内策略和制度框架内与刚性压制的策略组合在本质上是一样的，都是在制度框架内、依法依规地化解社会矛盾和冲突，可以归为一类，即制度化、法治化的治理策略。这种策略是指地方政府作为属地管理的责任主体，从维护民众的根本利益、有效回应民众的核心诉求出发，积极主动地履行社会管理职能，在制度框架内，动员体制内资源，依法依规地化解社会矛盾和冲突，以实现社会和谐稳定与长治久安。这种策略包含以下几方面的特征（见表 4-4）。

表 4-4　制度化、法治化策略及特征

维度	基本特征
策略类型	单一的制度框架内策略、制度框架内与刚性压制的策略组合
主观态度	积极、主动履行属地管理的职责
管理理念	依法、依规治理
识别标准	以民众利益诉求的迫切程度为首要权重
管理目标	诉求表达，矛盾纠纷化解的制度化、规范化、法治化，社会深层次的和谐稳定
资源动员	体制内的资源、手段
具体行为	在制度框架内，通过协商、沟通、合作等方式，依法、依规地化解矛盾和冲突
预期效果	能够有效化解社会矛盾和冲突，促进社会和谐、稳定发展

3. 以"摆平"为主的策略及其特征

根据表 4-2 的分析，在地方政府公共冲突治理策略中，比较常见的是以"摆平"为主的策略，主要包括单一的"摆平"策略、刚性压制策略与"摆平"策略的组合、制度框架内策略与"摆平"策略的组合这三种类型。其中，在刚性压制与"摆平"的策略组合中，能够依法、妥善、谨慎地使用警力，主要目的是维持现场秩序、制止过激行为、遏制冲突升级，从而为"摆平"策略保驾护航。因此，在这一策略组合中，刚性压制策略是辅助性的，"摆平"策略是主导性的。在制度框架内策略与"摆平"策略的组合中，政府试图通过制度框架内策略，依法、依规化解矛盾和冲突，但是有些矛盾是由长期积压的历史遗留问题带来的，故阻力较大，往往难以推进。在这种情况下，"摆平"策略就成为地方政府的理想选择。因此，在这种策略组合中，"摆平"策略仍是占据主导地位的。本研究将上述三种策略类型称为以"摆平"为主的治理策略。在公共冲突治理中，"摆平"策略是具有特定内涵的概念，地方政府在处理社会矛盾和群体性冲突事件时，既绕开法律和制度，也不直接使用强制性手段，而是动用体制外的资源，运用拖延、走形式、限制自由、关系维稳等方式予以应对和处置，即为"摆平"策略。在公共冲突治理中，地方政府的"摆平"策略具有以下几方面的特征（见表 4-5）。

表 4-5 以"摆平"为主的策略及其特征

维度	基本特征
策略类型	单一的"摆平"策略、刚性压制策略与"摆平"策略的组合、制度框架内策略与"摆平"策略的组合
主观态度	消极、被动地履行属地管理的职责
管理理念	人治、管控、封堵
识别标准	以是否超出可控范围或危及社会稳定的程度为首要权衡标准
管理目标	确保不触及社会稳定的底线,至少要保证在地方主政官员任期内"不出事"
资源动员	体制外的资源、手段
具体行为	拖延、走形式、限制自由、关系维稳等
预期效果	立足于属地社会短暂的、表层的稳定

第一,地方政府作为属地社会管理的主体,消极、被动地履行职责。长期以来,我国的社会发展相对落后于经济发展,与经济快速增长形成鲜明对比的是社会矛盾、问题凸显。进入新世纪,虽然中央调整了发展政策,推进经济社会协调发展,加强社会建设,创新社会管理,使社会更加和谐,但是社会经济结构与社会结构不协调的问题依然存在。从激励与考核角度看,具有属地管理优势的地方政府,在发展经济上依然保持着较高的积极性与热情,但是在社会管理上则呈现出一些消极、被动、避责的应对特征。

2008 年贵州瓮安事件(案例 12)、2008 年云南孟连事件(案例 36)是重经济发展、轻社会管理的典型案例。在 2008 年贵州瓮安事件中,多年的磷矿资源开发导致当地空气、水资源严重污染,影响了当地居民的基本生活。此外,伴随着大规模的矿产资源开发,移民安置、房屋拆迁工作中侵犯群众利益的事情时有发生。当地民众对这些问题反复投诉、上访,而当地政府消极作为,甚至无视民众的合理诉求。这反映出当地政府在社会管理、民生福祉、生态环境等公共服务供给上的消极、应付的特征。在 2008 年云南孟连事件中,当地胶农与一橡胶公司围绕橡胶收购价格和林权归属的矛盾与纠纷由来已久。而当地政府无视胶农的合理诉求,并没有及时主动排查本地社会不稳定因素,更是疏于防范,并在胶农与橡胶公司之间明显偏袒后者。这体现出当地政府在面对民众利益诉求时消极的特征。

此外，情绪宣泄类群体性事件由偶发的、日常生活的小事而演变为大规模的群体性冲突，其背后是普遍的失衡的社会心理，重经济发展、轻社会管理，贫富差距、官员腐败等引发的仇富、仇官心理在社会上蔓延，这是由社会建设长期滞后于经济发展，地方政府重经济发展而轻社会管理，社会管理得不到应有的重视所致。

第二，在公共冲突管理理念上，某些地方政府在社会管理上依然沿袭"稳定压倒一切"的思维定式和"管控"模式，对改革和发展中出现的社会矛盾和冲突更多的是从"封堵"的角度进行思考和应对，依法行政更多地停留在制度设计层面。2004 年湖南嘉禾事件（案例 6）、2004 年四川汉源事件（案例 11）、2016 年武汉洪山区强拆事件（案例 9）具有典型性。在 2004 年湖南嘉禾事件中，当地政府打出"谁影响嘉禾一阵子，我就影响他一辈子"的口号。在 2004 年 10 月四川汉源事件中，政府要修建水电站未征求民众意见，农民失去土地被迫拆迁，当地政府又未按照移民政策对失地农民进行补偿安置，利益受损的农民聚集走上工地阻止工程建设，拒绝拆迁。这是汉源事件的主要原因。但是，在事发时，当地政府及其官员的第一反应却是寻找利益受损农民"有组织、有预谋、有计划"的证据，既不调查事件起因，也不安抚群众，而是急于给事件定性，试图通过抓几个带头闹事者来迅速"摆平"事件。据调查，此次强拆未发布正式的拆迁公告，未获得拆迁许可。

第三，在识别标准上，地方政府往往依据群体性事件是否超出可控范围、是否越出社会稳定的"红线"来选择性地应对、处置和回应。转型时期，基层社会矛盾和问题不断增多，属地责任和基层治理能力的相对短缺，使得基层政府总是面临着解决不完的社会问题。在此情况下，基层政府一般会采取选择性的政府议程设置。对一些极有可能短时间内爆发的、具有恶劣影响的并有可能升级扩散为大规模群体性冲突的事件，地方政府往往会选择及时回应；对另外一些扩散能力低、难以形成群体性效应的事件，地方政府通常会回避。因此，一些地方政府并不是以民众利益诉求的迫切程度而是以是否超出可控范围或危及社会稳定的程度为首要权衡标准。

案例 27、28、29、30、33、34 具有典型性。案例 27、28、29、30 是环境类群体性事件，案例 27 是 2012 年四川什邡事件、案例 28 是 2012 年江苏启东"7·28"事件、案例 29 是 2014 年广东茂名 PX 事件、案例 30 是 2014 年浙江杭州中泰事件。这些事件是由于环境污染或环境治理矛盾和纠纷而引发的，涉及人数多、规模大，并且环境权益诉求强烈、坚定而不容妥协，因此，如果当地政府不做出正面的积极回应，极有可能在短时间内演变为严重的群体性冲突，超出可控的范围。因此，当地政府及时行动，试图通过"强塞""关系维稳""安抚""限制自由"等手段，试图"摆平"可能发生的超出控制范围的群体性冲突事件。其中，最为典型的是案例 29，该事件是发生在广东省茂名市的因芳烃（PX）项目引发的环境群体性冲突事件。在冲突过程中，市民采取上访、集会、游行、阻路等方式表达抗议，政府采取了"走形式""强塞"等"摆平"策略。案例 33、34 是情绪宣泄类事件，案例 33 是 2006 年四川大竹事件，案例 34 是 2009 年湖北石首事件。这两起事件短时间内从普通的非正常死亡事件迅速地演变为大规模人员聚集的纠纷，当地政府如果不及时回应，将酿成严重的冲突事件，超出可控范围，引发恶劣的社会影响。因此，当地政府试图通过"推诿""走形式"等手段，试图"摆平"事件，防止冲突超出可控范围。

第四，在管理目标上，不触及社会稳定的底线，至少要保证在地方主政官员任期内"不出事"。随着中央对建设社会主义和谐社会的重视，社会稳定成了地方政府必须高度重视和承担"一票否决"责任的重大任务，成为地方政府不敢触及的底线。然而，新的社会矛盾和问题不断增多，而旧的社会矛盾和问题又没有完全化解，新旧矛盾交织，增加了治理上的复杂性和艰难性。对有些社会矛盾和问题而言，很难在短时间内通过制度化的方式解决。因此，对于地方主政官员而言，采取"摆平"策略，在其任期内确保"风平浪静""不出事"，就成为理性的选择。

这种情况在征地拆迁纠纷、资源边界纠纷和环境冲突中比较典型。如 2012 年四川什邡群体性事件（案例 27）、2014 年广东茂名 PX 事件（案例 29）、2014 年浙江杭州中泰事件（案例 30）等环境类冲突，这些事件往往伴随着较大规模的工程项目的选址和建设，整个事件的时间跨度一般比较长，有的多达几年以上。在事情发生之初，由于对纠纷的严重性估计不足，当地政府常常疏于防范。一旦冲突发生后，一些地方政府反应迟钝，消极回应，表面上答应暂停施工，走法定程序，给群众一个满意的答复，而实际上并没有作为，施工照样进行。在此情况下，民众与政府、企业出现了反复拉锯与博弈场面。在此过程中，矛盾往往是愈演愈烈，政府公信力不断流失。

第五，在资源动员上，动用体制外的资源和手段。"摆平"策略就是地方政府及其工作人员不顾法律、法规的约束，动用体制外的资源和手段来处理矛盾和冲突的行为。从地方政府使用的资源和手段的性质上讲，"摆平"策略属于体制外的、制度框架外的。众所周知，依法行政是政府行为的基本准则，是在政府治理领域贯彻依法治国基本方略的必然要求。随着法治政府建设的不断深入，法律和制度成为区别政府治理的行为、资源和手段是体制内还是体制外、是制度框架内还是制度框架外、是合法还是不合法的主要标准。在国家治理体系中，地方政府承担着维护社会稳定与和谐的重要职责，拥有合法的资源和手段来履行职责，理所当然地应在法律和制度框架内化解社会矛盾和冲突。但是，在上述案例中，"摆平"策略比较常见。实际上，这是一种体制外的资源动员行为。

第六，在具体行为上，主要有拖延、隐瞒、利益补偿、走形式、限制自由、关系维稳等。这些具体的行为模式皆属于体制外的资源动员，立足于将社会问题和矛盾控制在属地管理的范围之内，至少没有触及社会稳定的底线或者在地方主政官员任期内"不出事"。拖延是指在冲突治理中，当地政府及其工作人员不正面回应问题甚至无限期地推迟对问题的解决。欺瞒是指用欺骗、隐瞒、不告知、不公开的方式回应民众的需求或掩盖可能存在的社会问题。利益补偿主要指地方政府用金钱或利益补偿的方式对闹事民众进行安抚以换取对实际问题的解决和暂时的社会稳定，其实是地方政府在社会管理中逃避责任。走形式是指地方政府及其公务人员以"走过场"的方式来回应民众需求和社会问题，仅仅是形式上例行公事，但并没有真正去解决问题。限制自由是指为了阻止民众上访和闹事，当地政府动用公权力监视民众的行踪、限制抗争者的行动自由。关系维稳是指负责维稳的政府工作人员通过与抗争者维持良好的私人关系，对民众进行安慰，让民众放弃采取过激的行为，但是该方式并没有真正解决问题，其实是一种消极的策略。

从表4-2的分析来看，在地方政府公共冲突治理中，"摆平"策略比较普遍，往往是与刚性压制策略或制度框架内策略并用，单一使用"摆平"策略的较少。典型的如2014年广东茂名PX事件，市政府初期采取了"走形式"的方式，短时间内进行密集的宣传并将相关信息"强塞"式地告知民众；后期，市政府进行了项目论证，落实了群众的知情权、参与权。

第七，从预期效果来看，立足于属地社会暂时的、表层的稳定。地方政府采取"摆平"策略来化解社会矛盾和冲突，这在很大程度上表明，一些地方政府在满足民众需求上要么资源不足要么意愿不足。这种消极的社会管理行为并没有将社会长期的稳定作为预期目标，只是为了满足短期的、表层的平静而采取的权宜之计，严重偏离了正当性、合法性、信任、责任等公共价值，不利于社会深层次的和谐稳定。2011年云南绥江水电移民群体性事件（案例15）就是典型的例子。

该事件发生在地处川滇交界处的云南省昭通市绥江县，是因水库移民对安置补偿标准不满而引发的群体性事件。2011年3月25日，正是绥江县启动移民人口身份界定、移民安置意愿调查和签订工作预定完成日期。当天上午，部分移民陆续向县城移民安置区的B、C区进场路口、南岸镇金沙江大桥、老城区回头湾等路段聚集，设置路障，将进出县城的主要路口阻断。11时，一位欲往县城的丰田车主欧某与聚集的移民发生冲突。13时左右，云南建工集团绥江项目部的一位工作人员陈某及其驾驶的私家车被堵在路口。之后，事态开始恶化，聚集的人员越来越多。事发后不久，市委和市政府立即投入了警力，但保持了克制、慎用，围绕解救被困人质和恢复交通展开了长时间的谈判与对峙，直至29日16时30分，路障被清除完毕，交通恢复正常。这起长达5天4夜的群体性事件得以平息，其间并没有发生明显的过激冲突。事件发生后，绥江县政府将移民人口身份界定、移民安置意愿调查和签订的完成日期推后一个月，定于4月底之前完成。但移民反映的主要诉求仍然悬而未决。

需要指出的是，在地方政府公共冲突治理策略的选取上，"摆平"策略常常与刚性压制策略或制度框架内策略并用，尤其是"摆平"与刚性压制策略并用的情况比较常见；并且在这些案例中，"摆平"策略起着主导作用，刚性压制策略起辅助作用。本研究选取的案例大多是近些年发生的、影响力较大的典型案例，除此之外，还有许多群体性事件由于被地方政府较好地"摆平"而没有引起社会的广泛关注。这就说明了地方政府的"摆平"策略是比较常见的，并且在短期意义上具有一定的冲突治理效果。

四、"参与-回应"视角下非制度化的策略偏好及原因分析

对地方政府公共冲突治理策略的研究，不能仅仅停留在静态层面，还必须从动态层面进行分析，这两者结合起来，才能获得一个全面的、完整的解释。为此，本研究引入"参与-回应"的视角，来分析地方政府在与民众的策略互动及博弈过程中的偏好及原因。

（一）"参与-回应"视角下政府与民众的策略博弈

公共冲突治理过程其实就是民众与政府之间策略博弈的过程。其中，民众扮演着参与者的角色，地方政府承担着回应者的角色。基于各自策略的不同，"参与-回应"过程呈现出如下阶段性特征。

1. 民众体制内参与—政府潜在或象征性回应

在这个阶段，民众作为抗争方通常采取体制内的策略来表达诉求。一些地方政府由于受传统的管制思维的影响或受"体制性迟钝"所限制，抑或囿于对地方经济发展的利益考虑，往往对民众的利益诉求回应不及时，重视程度不够，处于潜在回应或象征性回应阶段。这种策略博弈情形在本研究所选案例中比较普遍，这种回应不及时是导致矛盾积累、激化和冲突爆发的重要原因之一。如 2014 年广东茂名 PX 事件、2014 年浙江杭州中泰事件、2016 年海口秀英区暴力拆迁事件等较为典型。在这些事件发生之前，民众采取体制内的途径进行利益表达，但当地政府的

回应通常是消极的、象征性的，并没有直面民众反映的问题和利益诉求。

2. 民众体制外参与—政府被动回应阶段

在体制内途径无法实现利益诉求的情况下，那些利益受损的民众常常产生挫败感和怨恨情绪，遂铤而走险，不断升级抗争策略，其利益诉求表达会从体制内途径转向体制外途径。经验研究表明，在"领袖人物"的动员和号召或者社会媒体的引导下，民众通常会采取体制外的集体行动。那些非直接利益相关者或潜在参与者也会加入进去而成为积极抗争的参与者，从而扩充了群体性事件的人数和规模。此时，不断发酵和演变的群体性事件逐渐逼近暴力冲突的临界点，这也是考验政府能力和智慧的关键时刻。从表 4-2 分析来看，当地政府采取"摆平"与刚性压制策略组合的情况比较多，根据事态发展是否超出可控制范围选择性地应对，如案例 4、6、8、10、11、12、14、27、28、29、30、33、34、36、37、42、44 等。除此之外，还有地方政府采取制度框架内的行为策略，如案例 5、13、16、17、21、22、23、24、26、41、43、45 等。

3. 暴力冲突爆发—政府主动回应阶段

在民众的抗争策略从体制内向体制外升级的时候，是制止和化解矛盾和冲突最为关键的节点。如果"摆平"策略使用不当，往往会导致矛盾的逐渐积累和民众抗争策略的继续升级，双方的博弈程度会迅速地越过临界点，那么，公开的暴力冲突就不可避免了。民众的利益诉求和不满情绪最终会以这种公开冲突的非理性方式展现出来。关于暴力冲突临界点的触发因素应值得我们关注。几乎在所有的群体参与性冲突中，都存在一个或多个不容忽视的临界点。所谓临界点就是指引燃暴力冲突的触发因子，说明在高度激愤的人群中，人们的非理性行为很容易为外界情况所刺激，一个偶发的事件就会引发民众采取暴力行为。再者，民众对政府的信任态度也至关重要。相关研究表明，民众向政府表达意愿的策略选择，是以对政府的信任为基础的。如果他们对党政组织充分信任时，往往采取"沟通性"行为；如果对党政组织的信任尚未完全丧失时，往往采取"逼迫性"行为；当不再信任地方党政组织时，就会采取"敌视性"行动。公开的冲突爆发后，迫于社会稳定和上级问责的压力，当地政府开始采取主动姿态、密集回应民众诉求。当务之急，是使民众参与从体制外转向体制内，尽快恢复社会秩序，通过理性沟通协商的方式化解矛盾和冲突。此时，当地政府迅速改变上一阶段的"摆平"策略或刚性压制策略，直接回应民众的核心利益诉求，比如环境类群体性事件中的责令污染企业停业停产，并启动调查、追责程序，或公开承诺暂时不会启动 PX 项目或迁址或永远取消 PX 项目。对于妥协策略，应理性看待。聚集起来的民众，其理性和可控性都处于脆弱状态，如果政府还是采取强硬、高压姿态，极容易激化矛盾。因此，做出一定的妥协是必要的。冲突中的民众诉求，很多是超出法律和政策规定的，比如在征地拆迁类群体性事件中，民众漫天要价，甚至本来不是拆迁补偿范围内的民众也要求获得赔偿，那么在这样的情况下，政府妥协其实是对体制外表达途径的逆向激励，从而弱化常规治理的作用。但是现实中，有些地方政府为了尽快平息冲突，习惯通过花钱买稳定的方式来回应民众诉求，这其实是"摆平"策略的延续。这种做法虽然能够取得短期的良好绩效，但是并不利于社会矛盾和冲突治理的法治化、制度化。总之，政府的主动和密集回应，让民众看到了希望，事态逐渐平息，民众抗争从体制外回归体制内，社会秩序得以恢复。

（二）地方政府的策略偏好及原因分析

依据表 4-1 对典型案例的分析，我们可以看到，作为参与方的民众，更偏好于体制外的抗争策略。这种策略偏好在实际层面上成为民众表达利益诉求和维护自身权益的重要途径。民众之所以偏好体制外的抗争策略，其原因是多方面的。首先，体制内的冲突化解途径存在功能上的局限性。无论是上访信访，向人大代表、政协委员反映，还是司法途径，民众很难获得满意的结果。大量案例表明，在群体性事件的初期阶段，民众首选的是体制内的行为策略，但由于没有得到有效的回应，才更多地选取了体制外的途径进行抗争。其次，选择性的政府议程设置和"体制性迟钝"。随着社会矛盾和冲突的增长，政府的治理雄心与治理能力和技术手段的脱节愈发明显。这使得地方政府在化解社会矛盾和冲突时普遍采取了选择性的政府议程设置，而非普遍性的政府议程设置。而选择性的政府议程设置进一步强化了基层政府"体制性迟钝"的弊端。民众寻求体制外抗争策略恰恰是针对这种"体制性迟钝"而采取的强制性的政府议程设置，即通过"闹事"，以争取政府对其问题的关注和解决。最后，"不闹不解决，小闹小解决，大闹大解决"的不良示范效应强化了民众对体制外行为策略的偏好心理。

同样，表 4-1 的分析表明，作为回应方的地方政府，其在应对公共冲突中更偏好于制度框架外的"摆平"策略。地方政府之所以偏好制度框架外的"摆平"策略，其原因也是多方面的。

首先，近年来中央加强了对地方使用刚性压制策略的限制，强调慎用武力。近年来，随着社会矛盾和冲突治理经验的不断积累，党和政府已经认识到滥用警力对处置群体性事件带来的负面作用，并开始强调慎用警力。2000 年出台的《公安机关处置群体性治安事件规定》，对群体性事件中政府动用警力的行为进行了明确而严厉的规范，使公安机关在处置群体性事件中有了具体的操作规程。2008 年开始，公安部部长就明确强调，在处置群体性事件中，必须讲究政策、讲究策略、讲究方法，坚持"三个慎用"，即慎用警力、慎用警械武器、慎用强制措施；坚决防止因用警不当、定位不准、处置不妥而激化矛盾。[1]党的十八届三中全会通过的《中共中央关于全面深化改革若干重大问题的决定》明确提出，"坚持依法治理，加强法治保障，运用法治思维和法治方式化解社会矛盾"[2]。在中央的调控政策下，刚性压制策略开始向维持秩序、制止过激行为、遏制冲突升级上回归，并作为"摆平"策略的一种辅助手段而发挥作用。因此，在应对突发棘手的公共冲突事件时，地方政府更多地使用制度框架外的"摆平"策略也就不足为奇了。

其次，在政府绩效考核中，社会建设、社会治理指标相较于经济建设指标，具有不易测量、绩效显示度低的特点。一些地方政府和主政官员在履行社会治理职能时，或许仅能守住任期内"不出事"的底线，很难带来高于底线的正向激励效应，而把更多的精力和资源用于能够带来

---

① 孟建柱：《深入学习实践科学发展观 做党的忠诚卫士和人民群众的贴心人》，《求是》2008 年第 21 期。

②《中共中央关于全面深化改革若干重大问题的决定》，载于中共中央文献研究室编：《十八大以来重要文献选编》（上），北京：中央文献出版社 2014 年版，第 539 页。

显著政绩的经济发展上。此外，经验表明绝大多数群体性事件或者属于历史遗留问题，或者是利益纠纷事件，通过制度框架内方式予以处理往往需要付出高额的成本。因此，在诸多因素的作用下，地方政府和主政官员更愿意使用制度外的"摆平"策略来化解公共冲突事件。

基于以上分析，我们可以看出，民众在公共冲突事件中偏好体制外的行为策略；地方政府更愿意采取制度框架外的行为策略。因此，非制度化的策略博弈成为当前转型期中国社会公共冲突治理的主要行为模式。在群体参与性公共冲突事件中，民众与地方政府间的策略互动与行为模式的非制度化和冲突治理的"灵活性"不同。"制度化"和"灵活性"是冲突治理中要遵循的两个基本原则。"制度化"是将利益关系、行为表达、对抗和处置方式与限度用制度的方式予以规范，将制度作为冲突化解的基本准则。"灵活性"意味着在冲突处置过程中，依据冲突方的各种诉求标的与行为表现，较为灵活地、有针对性地采取多元的处置策略。策略的"灵活性"并不是完全抛开制度、法规、公共伦理的束缚，而另辟蹊径。理解这一点，对于我们正确认识公共冲突的非制度化策略博弈及其有效性，具有重要的意义。

五、非制度化策略博弈视角下公共冲突治理的有效性分析

学术界对当前中国社会公共冲突治理的有效性以及由此而引发的社会稳定的探讨，曾有两种截然相反的观点。一种观点认为，随着改革开放由"普遍受益期"过渡为"利益分化期"，中国社会进入了社会矛盾和冲突的凸显期，基层社会情绪日益政治化，网络批评倾向于政治归因，个体事件容易发展为群体事件，法律事件容易发展为针对公共组织的事件，中国社会基层治理不佳甚至失效问题日益严重。[①]另一种与之相反的观点认为，中国虽然处于社会矛盾和冲突凸显期，但中国政府能够有效地予以处置和化解，中国社会总体上是世界上最稳定、最具活力的国

---

① 张静：《中国基层社会治理为何失效？》，《文化纵横》2016 年第 5 期。

家。①这两种观点各执一端，在中国思想界和社会日常生活中产生了不容忽视的影响，甚至二者之间的分歧在某种程度上影响着执政者对中国未来发展的判断。对这些观点进行深入分析，我们就会发现，这些结论主要是从宏观上对中国社会发展一定历史阶段的总结和概括，主要是理论上的讨论和推导。既少有具体经验事实的支撑，也缺少对当下中国社会现实中具体问题的深入观察、分析和思考。而当前中国社会的公共冲突事件及其互动主体的行为策略，通过其经验的观察视角以及所携带的社会政治信息则能够弥补上述不足。如果说群体参与性的公共冲突事件是观察中国社会稳定趋势和政府冲突治理能力的论域，那么冲突中行动主体的策略动机、目标定位、行为逻辑和博弈边界则是研判社会稳定和公共冲突治理有效性的窗口。

第一，从行为策略动机来看，虽然很多抗争者把矛头直接或间接指向当地政府，地方政府事实上由冲突中中立的"第三方"转变为当事方或抗争对象，但是出发点主要是因经济纠纷、环境权益等引发的利益之争，而非权力之争。这表明，虽然冲突中抗争策略具有偏激性、暴力性，但并没有改变冲突事件仍属于人民内部矛盾的性质。从总体上来看，我国社会转型期频发的群体性冲突事件绝大多数仍属于人民内部矛盾的范畴，主要是由体制转轨和社会转型过程中利益矛盾和纠纷引起的。改革开放以来，我国经济、社会结构发生了深刻变革，利益关系日益呈现出主体多元化、博弈复杂化、差距扩大化、矛盾和冲突多样化的态势，不同层次的群体在改革中的资源占有、利益获取和社会地位方面的差距越来越显著。改革从"普遍受益期"进入"利益分化期"，有些群体在改革和市场竞争中利益受损，其生活境况开始恶化。伴随着贫富差距持续拉大和部分官员的腐败行为以及官僚作风，一些群众相对剥夺感、仇富、仇官的心理开始滋生和蔓延。利益受损的民众在体制内途径无法实现利

---

① 这种观点最具有代表性的是"中国模式论"者，如北京大学中国与世界研究中心的潘维教授，他认为中华人民共和国 60 年取得了震惊全球的进步，走出了一条自己独特的发展道路，包括政治、经济、社会三个子模式的中国模式呼之欲出。浙江大学人文学院的何文清教授同样认为，中国模式具有两个基本的特点：一是政治稳定，这是中国与其他国家相比独一无二的中央集权的政治稳定；二是经济自然繁荣。（参见支振锋、臧勖：《"中国模式"与"中国学派"——"人民共和国 60 年与中国模式"学术研讨会综述》，《开放时代》2009 年第 4 期。）

益诉求的情况下，遂铤而走险采取了群体性事件这一偏激性、极端化的形式进行利益表达、宣泄不满和维护权益。过去一个时期，这种行为策略的偏激性甚至暴烈程度都在加大，但是这只是矛盾表现形式和解决方式的激烈程度，并没有从根本上改变群体性事件性质上仍然属于人民内部矛盾的基本判断，其对抗性加大，并不意味着已经转向敌我矛盾，党的十八大报告再次作出了"社会矛盾明显增多"的基本判断。

第二，从策略目标定位来看，其差异性大大减弱了暴力冲突持续的可能性。在当前社会快速转型期，由于政府过多地涉入社会矛盾和冲突以及民众动辄找政府的依赖心理，使得地方政府往往成为民众抗争的对象。即使冲突事件本身与政府并无直接关系，不满的民众也会采取多元化的策略向地方政府抗争，以间接实现其目标。地方政府与抗争民众就成为公共冲突中最常见的当事方。因此，双方在行为策略的目标定位上存在着明显的差异性。由于属地管理和属地责任的制度安排，在群体性事件治理中，地方政府的策略目标主要在于：尽快息事宁人，恢复正常秩序，避免冲突扩散和升级；尽量在私下和小范围内解决问题，避免媒体的介入和炒作，以免引起社会舆论。对于地方政府主要领导而言，他们要守土尽责，保一方平安，确保在自己任期内"不出事"，在其职责范围内尽可能小范围内解决，尽快平息事态；对于不在其职责内的，则尽量不介入。作为冲突事件的参与者，民众并不具有相同的目标。从行为策略的动机来看，这些参与者可以分为两类。一是利益攸关者，这类人与事件有着直接的利益关系，其核心成员在利益诉求较一致的群体性事件中充当着组织者的角色；在非直接利益冲突事件中则是引致冲突的当事方，或者与当事方有着地缘、业缘、血缘关系的非直接利益相关者。二是非直接利益的附和者或围观者，这类群体与利益攸关者的主要区别在于，他们不是事件的发起者，不是主要诉求的提出者，而是由于类似的经历、遭遇，出于同情、怜悯、认可、"鸣不平"等心理和情感去声援、助力，或者是出于看热闹的心态围观。因此，在公共冲突中，地方政府与民众的策略在目标上具有明显差异性，这与一般冲突事件中竭尽全力以战胜对方的策略目标定位不同，这种差异性大大减少了冲突爆发的可能性与持续性。

　　第三，从策略逻辑上看，民众的抗争行为是针对政府采取的强制性的议程设置。多元的、历史的、相互交织的矛盾在转型期的中国不断积累。由于政府总是面临着一些需要解决的社会问题，其治理雄心与治理技术和治理能力相脱节的现实，使得地方政府在处理社会问题时不得已而坚持选择性地解决原则，而非普遍主义的政府议程设置。在此情况下，部分民众层层升级自己的抗争策略，把抗争行为本身的目标构建为地方政府和主政官员无法回避的社会稳定、政府形象等问题，以此博取政府的关注和对问题的尽快解决。虽然在冲突中可能会有"打、砸、抢、烧"等暴力行为，但本身并没有政治诉求。

　　第四，从博弈边界的角度看，行为策略与技术手段的运用存在着默认的边界范围。应星教授通过对 20 世纪 90 年代"大河移民"上访事件的研究，认为移民与地方政府在围绕着上访、"闹事"的互动中存在着一条隐秘的话语和行动边界。民众在"诉苦"中不能怀疑既有权力支配秩序的合法性，授予地方政府动用暴力的借口；地方政府对"闹事"采取慎用武力的态度，对民众诉求进行适度的妥协，以尽可能快地恢复社会秩序。①时至今天，虽然民众维权和抗争的内容和形式发生诸多变化，有了新的重要特征，但互动的边界依然存在，并且边界弹性随着双方的互动不断发生着伸缩和调整。一方面，高层政府对群体性事件的性质（由早期的聚众、非法事件转变为由人民内部矛盾引发的群体性事件）认定和维稳方式（由直接的暴力压制转变为慎用暴力和依法化解）的转变，基本上认可了民众的利益表达权利以及为表达权益而采取抗争行动的权利。这样基层民众的集体抗争行为获得了一个"默许"的空间，这一"默许"空间的存在构成了地方政府的行动边界。另一方面，民众在社会抗争中具有相对明确的规则意识。无论这些规则是正式的，还是非正式的，他们都非常在意。这些规则构成了民众抗争策略的行动边界。抗争者非常关注国家的政策导向，在进行利益表达时尽力遵循国家制定的规则或"默许"的非正式规则。比如民众在体制内诉求受阻的情况下，才会采取体制外的策略。在运用体制外策略中，既要避免政府的刚性压制，又要

---

　　① 中国社会科学院社会学研究所编：《中国社会学年鉴（1999—2002）》，北京：社会科学文献出版社 2004 年版，第 213-214 页。

层层升级策略的力度，以获取政府对其问题的尽快关注。

基于以上分析，我们可以看出，群体参与性的公共冲突是一种特殊的利益诉求和情绪表达行为，是政府治理转型中民众对政府采取的一种强制性的政府议程设置，是转型期民众与政府在当代中国独特的社会权力运作机制中的互动表现。它虽然会带来社会治理结构的变迁，但不会造成社会政治结构的重大变化，也很难形成长时间的、影响全局的社会运动。我们有理由认为，虽然当前中国步入了社会矛盾和冲突凸显的时代，但中国社会总体上是稳定的，政府公共冲突治理具有宏观上和整体上的有效性。

然而，非制度化策略博弈的偏好，给地方政府公共冲突的有效治理带来了不利影响，从而形成微观和局部性上公共冲突治理有效性的结构性困境，不利于中国社会的长期稳定。

如上所述，公共冲突治理是行为策略的博弈过程，策略是行为主体（民众、地方政府）在特定情境下的社会行动。按照韦伯的分析，任何一项有效的社会行动都具有工具理性和价值理性的意义。对公共冲突治理有效性的分析，可以纳入工具理性与价值理性的框架之中。工具理性与价值理性是韦伯在研究社会主体的行动取向时提出的概念。"工具理性的，它决定于对客体在环境中的表现和他人的表现的预期；行动者会把这些预期用作'条件'或者'手段'，以实现自身的理性追求和特定目标。价值理性的，它决定于对某种包含在特定行为方式中的无条件的内在价值的自觉信仰，无论该价值是伦理的、美学的、宗教的还是其他的什么东西，只追求这种行为本身，而不管其成败与否。"[①]从韦伯的分析中可以看出，工具理性关注手段之于目的的合理性，手段的选取是通过精确的计算和严格的逻辑推理而获得的，不太关心行动本身的意义与价值，功利目的和技术手段是其本质特征；价值理性关注行动本身的合目的性，强调行动必须具有向善的意义与价值。公共冲突行为策略的有效性既要符合工具理性，又要满足价值理性。

---

①［德］马克斯·韦伯：《经济与社会》（第一卷），闫克文译，上海：上海人民出版社 2010 年版，第 114 页。

在公共冲突中，由于体制内的表达途径难以获得令人完全满意的回应，地方政府在冲突治理中采取了选择性的政府议程设置，所以民众为了实现自身的利益诉求，便寻求体制外的行为策略，将自己的抗争目标构建为地方政府不得不关注的社会稳定、政府形象等问题，以此"逼迫"政府对其问题的关注和解决。因此在现行体制下，体制外的抗争策略对民众利益诉求表达而言是有效的，是符合工具理性的，但是这种有效性是以理性、合法、公平、对政府的信任等价值标准的递减甚至丧失为代价的。对作为冲突治理主体的地方政府来说，由于通过制度框架内的方式化解冲突往往需要付出高额的成本。在地方主政官员的任期制、"一票否决"制，以及地方政府考核体系中社会治理指标绩效显示度低等多元因素的影响下，地方政府偏好制度框架外的行为策略，这也是符合工具理性层面的有效性标准。但是这种非制度化的行为策略不注重策略本身与过程的正当性，动用体制外的资源或手段去平息事态。

总之，虽然非制度化的行为策略及其博弈并没有影响到政府公共冲突治理宏观上和整体上的有效性。但在微观层面，这种非制度化的行为策略及其博弈，导致地方政府冲突治理的有效性存在着结构性的困境。这种结构性的困境主要有如下表现。第一，公共冲突中行为策略的有效性仅仅停留在工具理性的效率层面。体制外的抗争策略是民众对政府采取的强制性的政策议程设置，迫使其迅速解决问题；地方政府非制度化的策略是为了迅速平息事态，恢复秩序，皆是依据工具理性的效率标准而做出的策略选择。第二，有效性的价值理性标准存在耗散、递减甚至丧失的风险。从效果上看，这种非制度化的策略博弈只是实现了地方主政官员任期内短暂的表层平静，没有触及社会治理深层次的和谐稳定目标，也忽视了治理策略作为一种公共管理行为本身的正当性、合法性、公平、信任、责任等价值标准。第三，冲突各方对非制度化行为策略的偏好心理，既强化了非制度化策略互动与博弈的常态化，也加剧了策略的工具理性与价值理性的排斥与背离，而不是融合。

六、策略的制度化——提升地方政府公共冲突治理有效性的根本之道

在制度框架内将公共冲突中的利益表达、行为策略、对抗方式与限度等予以明确规范，将制度作为化解冲突的根本原则，实现公共冲突行为策略的制度化转型，是突破地方政府公共冲突治理有效性的结构性困境，提升政府冲突治理能力的根本之道。

（一）将"疏导"作为公共冲突治理制度化建设的战略选择

"封堵"和"疏导"是冲突治理制度化建设的两种战略选择。"封堵"战略是努力遏制冲突的出现，或者对已经出现的冲突设法使之处于压抑状态，不让其表达出来。"疏导"战略以社会深层次的和谐稳定为目标，通过制度化的渠道，使冲突能量释放出来，既消除冲突的消极影响，又发挥冲突的正向功能。因为"一致与冲突都是社会存在的两种基本动力。稳定与变迁是社会存在的两种基本形式。冲突是社会结构固有成分；冲突引起社会变迁，社会变迁排除冲突的消极影响"①。

随着改革的深入，中国社会已经步入社会矛盾和冲突的凸显期。社会冲突并不可怕，可怕的是缺少正确的冲突治理战略和有效协调与化解冲突的制度。"冲突制度化的社会更稳定，整合程度更高，这种社会系统允许对立的要求迅速而直接地表达出来，能够通过消除不满的根源而不断调整自身的结构。"②然而，在当前中国社会冲突多发的时期，政府面临着"封堵"与"疏导"战略的两难选择：一方面，社会冲突能量积聚与以往相比到了比较严重的程度，地方政府在冲突治理中面临着前所未有的压力；另一方面，冲突治理制度化建设本身需要一个较为长期的过程。冲突治理的紧迫性与冲突治理制度化建设的长期性的现实困境，使得"封堵"战略成为地方政府公共冲突治理的无奈选择。虽然"封堵"

---

① 宋林飞：《西方社会学理论》，南京：南京大学出版社 1997 年版，第 321-322 页。
② [美] L.科塞：《社会冲突的功能》，孙立平等译，北京：华夏出版社 1989 年版，第 114 页。

战略可以保证短期内冲突不至于对现存秩序造成很大的冲击，但冲突能量的不断积聚可能会在某个"临界点"突破政府管制能力的高限，以至于造成无可挽回的重大损失。因此，突破"封堵"与"疏导"战略两难选择的困境，实现从"封堵"战略向"疏导"战略的转型是地方政府公共冲突治理走向制度化的前提和基础。

（二）将社会主义民主法治作为公共冲突治理制度化建设的基本内容

从经验层面上看，目前中国社会的公共冲突主要是基于经济利益诉求，对现存的政治制度和社会结构并无根本性的改变意图，并呈现弱组织化特征。以群体性事件为主要形式的公共冲突主要属于人民内部矛盾的范畴。按照马克思主义的基本观点，社会矛盾和冲突产生于新时期的社会关系和社会结构之中，是改革开放以来社会阶级阶层关系和利益关系变化的产物。随着改革的深入，中国社会从改革"普遍受益期"过渡为"利益调整期"，利益竞争的加剧使得新的人民内部矛盾涌现，有的转化为对抗性矛盾，导致群体参与性公共冲突的发生。对于人民内部矛盾引发的公共冲突，要用民主和法治的方法予以解决。这一宝贵的治理经验是在我们党长期执政中形成的，并在新形势下不断丰富和发展。

发展社会主义民主和法治，是解决社会矛盾和冲突，促进社会和谐的重要制度保证。社会治理的本质是对人民主体地位的尊重。实施民主的过程，既是民众参与社会事务、表达利益诉求的过程，又是协调利益关系、消弭冲突、凝聚共识的过程。协商民主是现阶段中国特色社会主义民主政治的重要形式和发展方向，也是有效化解社会矛盾冲突，最大限度实现社会和谐的治理机制。在公共冲突治理中，要创新协商民主的实践形式，形成有效的协商机制。各级政府与民众之间围绕公共问题、公共事务、公共政策或社会矛盾、利益差异、意见分歧等，开展民主恳谈、公开听证、决策咨询、多边对话、网络听证等形式的行政协商。在基层民主自治过程中，民众围绕社区事务进行居民论坛、公民评议、社会议事、党群议事等形式的社会协商。

与民主治理紧密相连的是法治建设。党的十八届三中全会提出，"坚持依法治理,加强法治保障,运用法治思维和法治方式化解社会矛盾"①。法律途径作为化解纠纷的终极手段,能避免矛盾久拖不决,法院作为超然于当事方的中立机构,能避免官民间的直接冲突。司法诉讼给予公民一个便捷、有效的表达途径,同时也避免了"政府屈从民意"的无奈和尴尬。2009年最高人民法院在《关于依法保护行政诉讼当事人诉权的意见》中坦言:"只有畅通行政诉讼渠道,才能引导人民群众以理性合法的方式表达利益诉求,最大限度地减少社会不和谐因素,增进人民群众与政府之间的理解与信任。诉讼渠道不畅,必然导致上访增多,非理性行为加剧。"因此,应当充分发挥法律在公共冲突治理中的应有作用,把公共冲突治理纳入法治化、规范化的轨道。

(三)将社会主义核心价值观作为公共冲突治理制度化建设的价值引导

落实社会主义核心价值观的指导作用,是地方政府公共冲突治理制度化建设的必然要求。党的十八大以来,在以习近平同志为核心的党中央的坚强领导下,各地区各部门积极运用法治思维和法治方式化解社会矛盾和冲突,强化以富强、民主、文明、和谐,自由、平等、公正、法治,爱国、敬业、诚信、友善为主要内容的社会主义核心价值观在化解公共冲突和维护社会稳定中的指导作用。这为地方政府解决社会矛盾和冲突指明了方向。但同时也要看到,与推进社会治理现代化的要求相比,把社会主义核心价值观融入公共冲突治理还任重道远。有些地方政府在公共冲突治理中偏好制度框架外的"摆平"策略,而罔顾行为策略本身的正当性、合法性,明显背离社会主义核心价值观的要求。地方政府在公共冲突治理中要承担起倡导社会主义核心价值观的责任。在日常矛盾和纠纷化解中,注重体现鲜明的价值导向,使符合社会主义核心价值观的行为得到倡导和鼓励,违背社会主义核心价值观的行为受到制约和惩处。在公共冲突的应急处置中,地方政府的行为策略要充分体现公平正义、民主法治、社会责任等价值要求,注重治理策略的工具理性与价值理性的融合与统一。

---

① 《中共中央关于全面深化改革若干重大问题的决定》,载于中共中央文献研究室编:《十八大以来重要文献选编》(上),北京:中央文献出版社2014年版,第539页。

第 五 章

政府信任对公共冲突治理有效性的影响

政府是公共利益的代表，是公共冲突治理的核心主体。现实经验表明，公共冲突治理的有效性既不能只靠政府的"强权力""刚性手段"的威慑，也不能仅仅依赖一味地妥协而勉强维系，而必须以政府尤其是承担实际治理职能的地方政府与民众之间的信任关系为基础。当前，中国正处于社会转型的关键阶段，社会结构快速变动、利益关系复杂多元、思想观念深刻变化、行为方式日渐多样，使得各种社会矛盾和冲突交错频发，给社会有序运行与稳定和谐带来了一定的威胁。人类社会发展经验和治理实践表明，一个国家的现代化进程，在很大程度上取决于政府能否有效地进行国家治理。而公共冲突治理是国家维持社会稳定、促进社会和谐发展的重要手段。从某种意义上讲，公共冲突治理作为国家有效治理的一种形式，是我国成功实现现代化的前提条件，应当引起学界和实务界更多的关注。从现有的研究来看，学者们大多将公共冲突有效治理不足的原因归结为"观念落后、策略粗暴、结构单一、机制僵化"等方面。这些分析固然有道理，但并没有涉及公共冲突有效治理更深层次的结构，即作为公共冲突治理基础的"信任"。

一、政府信任：公共冲突治理的隐性结构与重要资源

一般而言，政治社会的运行具有密不可分、相互作用的两层结构：一是政治社会行为，是社会运行的外显部分，被称为外显结构；二是政治社会心理、文化，是隐藏于政治社会行为之下的内在部分，被称为隐

性结构。前者是后者的反映，后者对前者具有一定的指导作用。公共冲突是政治社会结构的固有现象，政治社会结构的结构特性也适用于公共冲突及其治理。

就公共冲突治理的外显结构而言，主要表现为抗争方与地方政府的策略行为等，比如民众的"闹大策略"、地方政府的"维稳策略"；就隐性结构而言，主要表现为双方的动机、认知、情感、理性算计等心理层面，集中体现为信任。可以说，地方政府公共冲突治理中的信任关系是冲突治理中最深层的结构，对公共冲突发生、演变、升级、化解等具有重要作用，是影响公共冲突治理有效性的基础性因素。因此，政府信任问题理所当然地应成为地方政府公共冲突治理研究的重要议题之一。

在现代社会治理和公共冲突治理中，政府信任与权力、法治、责任等资源一样成为一种重要而稀缺的治理资源。在传统农业社会，维系人际交往和政府与民众之间关系的基本上是一种习俗型信任，在"皇权不下县"的权力结构中，这种习俗型信任关系在农业社会治理中发挥着重要的作用。人口流动日益频繁的工业社会则形成了以理性、规则和工具性为显著特征的契约型信任关系。而在正向人类走来的后工业社会，则逐渐生成了一种合作型信任。后工业社会是一个合作的社会，正在生成的合作治理需要得到信任的支持，政府信任是合作治理的前提，有了政府信任才会形成合作治理。[1]因此，政府信任成为一种重要的治理资源，对维系社会的有序运行起着日益重要的作用。

一般而言，政府信任是对政府与公众之间互动关系的描述性概念。刘建平等认为，"政府信任是指民众在与政府组织的互动过程中形成的一种对政府组织能否承担公共责任、实现公共利益与目标的主观感知和判断，这种主观感知和判断影响民众对政府的情绪和民众对政府的行为反应"[2]。政府信任是"政府+信任"的复合，涵盖了民众与政府之间的积极方面的信心、系统性支持、合法性认可以及消极方面的不满、疏远、

---

① 张康之：《行政伦理的观念与视野》，北京：中国人民大学出版社 2008 年版，第 205-218 页。
② 刘建平、周云：《政府信任的概念、影响因素、变化机制与作用》，《广东社会科学》2017 年第 6 期。

不合作甚至对抗。从行为角度看，信任的实质是一种风险性决策①，也就是说，彼此的信任度对政府与民众各自的行为选择会产生关键性的影响。综上学者对政府信任的理解，我们认为政府信任首先是政府与公众之间心理上的预期和评价，反映的是政府与公众之间的关系状态。其次，政府信任源于信任方对受信方的可信度评估。最后，政府信任是双向的、互动的，既包括政府对民众的信任，也包括民众对政府的信任，政府与公众互为信任方和受信方。由此可以认为，政府信任是信任方与受信方，即政府与民众在互动及合作过程中的心理预期、理性认知、情感认同、价值评价等主观因素的相互影响和相互作用，其实质是政府对社会和民众利益诉求做出回应性基础上的合作互动期待，及其对各自下一步行为决策的影响和预示。一般来讲，只有在政府信任的基础上，才会有官民的合作行为，如果失去了政府信任，民众就会采取不合作策略，冲突就难以避免了。

政府信任是影响公共冲突治理有效性的重要因素。对公共冲突的有效治理而言，最关键的是恢复和重建冲突方的信任关系，在此基础上通过沟通、协商来寻找满足各方利益诉求的共赢方案。就政府信任与公共冲突治理的关系而言，如果民众对政府保持必要的信任，他们一般会采取合理合法、和平的参与途径和行为策略，即使在危急时刻也能够相信、配合政府；如果民众与政府之间失去了基本的信任，那么民众就倾向于采取体制外的、非和平的行为策略，这样矛盾和冲突就容易升级。

二、案例选取与分析框架

政府信任是影响改革冲突治理有效性的关键因素之一。政府信任对我国地方政府公共冲突治理的有效性产生了什么样的影响？其作用机制如何？当前我国公共冲突治理中的政府信任现状如何？是否存在信任困境？如何提升政府信任以促进公共冲突的有效治理？针对这些问题，我们将通过案例分析的方法进行分析和解释。

---

① 张书维、宋逸雯、钟爽：《行为公共管理学视角下政府信任修复的双过程机制》，《上海大学学报（社会科学版）》2020 年第 6 期。

　　案例选取与第二章所选取的案例是一致的。典型案例分为 9 种类型：土地征用类、拆迁纠纷类、资源边界纠纷类、劳资冲突类、医患纠纷类、环境污染类、情绪宣泄类、行政执法冲突类、维权抗争类。从每种类型中选取 5 个具有代表性的案例，共计 45 个案例作为分析的对象。从我们选取的典型案例来看，这些事件一般都带有暴力抗争和群体冲突特征；规模越大，参与人数越多，其暴力和冲突的特征越明显。我国一般将 100 人作为群体性公共冲突事件严重程度的分界线。因此，入选本研究的 45 个经典案例，其规模都在 100 人以上。总的来说，这些典型案例为我们分析政府信任对公共冲突治理有效性的影响及其作用机制提供了重要的线索。

　　在公共冲突治理中，政府信任是政府与民众在互动与博弈过程中彼此心理上的行为预期，随着信任度的变化其行为策略也会发生相应的变化。

　　通过对大量案例的经验分析，我们发现在当前体制下，民众作为公共冲突事件的抗争方，有两类显著的行为策略。一类是体制内的行为策略，主要包括上访与信访、请愿、投诉与举报，向主流媒体、人大代表、政协委员反映和司法途径等。这种策略是在法律制度的框架内进行的，往往表现为个体的或社区集体的理性抗争。如江苏启东民众抗议排海工程事件（案例 28），在该事件初期阶段，民众个体或团体多次致信市长信箱，或向司法机关申请项目信息公开，或向法院提起行政诉讼。厦门 PX 事件（案例 26）是因 2007 年 3 月两会期间中科院院士赵玉芬等 105 位全国政协委员联名的"迁建提案"而浮出水面的。这些群体性事件有一个共同的特点，即在事发前，民众普遍采取体制内的策略来表达诉求，尤其倚重上访信访、请愿诉讼等方式。甚至在有些案例中，民众以这种方式进行了长达几年的抗争。如云南孟连事件（案例 36）中的当事方勐马镇胶农与橡胶公司的矛盾和纠纷早在事发前两年就已经浮出水面，胶农采取上访、诉讼等多种体制内的行为策略，但没有得到满意的回应。另一类是体制外的行为策略。随着事态的升级，如果民众的权益诉求在体制内得不到有效的回应，民众会转而寻求体制外的行为策略。这种行为模式往往会突破法律的底线而引发暴力冲突，对相关人员的生命财产、社会稳定和公共安全造成不利影响。依据暴力程度，可以划分为两种类型。一是零暴力或低暴力的抗争方式，如"集体散步"、公开集会、游行示威、围堵党政机关、阻碍交通、扰乱秩序等。如厦门 PX 事件（案例26）、安徽六安教师讨薪事件（案例45）中民众相对理性、平和的"集体散步"、示威抗议。二是高暴力的抗争方式，如打砸抢烧、冲击党政机关、破坏厂房设备、机械对峙等。如安徽池州事件（案例35）。

地方政府在应对环境群体性事件时有三类显著的行为策略。一是用制度框架内的方式，依法、依规地处理。如厦门 PX 事件（案例26）中，在民意的推动下，厦门市政府依法启动公众参与程序，通过公正、透明的区域环境评估和公众座谈会等形式，征求广大市民意见。厦门市政府坦诚公布百分之九十几的市民反对率，成功地树立了制度框架内依法、依规化解社会冲突的典范。二是刚性压制手段，如对上访群众实行"拦、堵、截、抓"，甚至拘留等，或者动用警力对集会民众实行强制措施等。三是"摆平"策略。按照郁建兴等教授分析，所谓的"摆平"策略，是"更多的情况下，地方政府既没有使用制度框架内的方式，也不是直接地借助强制性手段，而是运用拖延、利益补偿、隐瞒、限制自由等方式处理社会抗争事件"。"摆平"策略有一些明显的特征：地方政府较为被动、消极地履行社会管理职能；根据对特定社会抗争事件是否超出管辖范围的可能性估计，选择性进行应对；在应对社会抗争事件时，运用拖延、利益补偿、隐瞒、限制自由等方式，尽量实现属地社会表面上的暂时稳定。①

在公共冲突治理中，政府与民众所采取的行为策略以及策略的转化往往是以政府信任为基础的。从矛盾产生、民众抗争、政府回应，到冲突爆发、冲突处置和冲突化解，政府的信用能力以及民众对政府的信任态度都会发生不同程度的变化。一般来讲，如果民众对政府持有较高的信任态度和信用评价时，往往采取体制内的"沟通性"策略来表达利益诉求，在法治框架内与政府进行博弈和互动；若民众对政府持有较低的信任或者随着冲突升级丧失了对政府的信任，不再相信政府解决问题的

---

① 郁建兴、黄飚：《地方政府在社会抗争事件中的"摆平"策略》，《政治学研究》2016 年第2 期。

诚意和决心，那么就会从体制内行为策略转向体制外的行为策略，采取零暴力或低暴力的方式，或者直接诉诸高暴力的抗争策略。这就逐渐越出了法律的底线，冲突逐渐升级，超越了临界点，极易引发不同程度的暴力冲突。同样，地方政府在公共冲突治理中所采取的行为策略，通常也随着政府对民众的信任态度而发生变化。当政府不信任民众表达利益诉求的正当动机，认为他们是受到别有用心之人的煽动或蛊惑，往往就会采取刚性压制策略。若政府不信任民众的理性行为能力，认为民众是故意闹事，往往就会采取敷衍塞责的"摆平"策略。如果政府对民众的利益表达动机、理性行为能力、公共责任意识具有较高程度信任，就会采取制度框架内的行为策略，依法、依规地化解矛盾和冲突。因此，政府信任与政府和民众所采取的行为策略及策略的变化存在着较为紧密的关系。（如表 5-1）

表5-1　公共冲突治理中政府信任与行为策略选择的关系

类别	信任度	策略
民众对政府的信任度	高	体制内策略（信访、请愿、投诉、向主流媒体、人大代表、政协委员反映和采取司法途径）
	低	零暴力或低暴力的抗争方式（如集体散步、公开集会、游行示威、围堵政府机关、阻碍交通、扰乱秩序等）
	失去信任	高暴力的抗争方式（打砸抢烧、冲击党政机关、破坏厂房设备、机械对峙等）
政府对民众的信任度	高	制度框架内的方式策略（依法、依规处置）
	低	"摆平"策略（拦、堵、截、抓，拘留）
	失去信任	刚性压制策略（动用警力实行强制措施）

政府信任对公共冲突治理有效性的影响是通过行为策略表现出来的。我们可以构建一个政府信任、行为策略与公共冲突治理有效性之间的关系分析框架。（见图 5-1）这一分析框架解释了在公共冲突治理过程中政府与民众之间信任度的变化和高低程度对策略选择及其冲突治理有效性的影响。在公共冲突治理过程中，基于地方政府与民众对彼此信任

度的不同，各自大概会有四种不同的基本选择策略，并且在双方行为策略的博弈互动中，冲突治理有效性会呈现出无效、低效和有效三种状况。

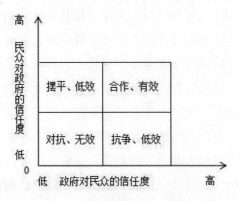

图 5-1 政府信任、行为策略与冲突治理有效性的关系框架

"合作、有效"：主要指政府与民众互信度都比较高，双方倾向于采取合作方式，采取体制内途径来化解冲突。在这种情况下，政府与民众的互动与博弈就呈现出互信、合作、有效的状态。

"摆平、低效"与"抗争、低效"：主要指政府或民众一方对另一方信任度较低，政府倾向于采取"摆平"策略，民众倾向于零暴力或低暴力策略，我们将这两种策略称为冲突策略。在这种情况下，政府与民众的博弈就呈现出政府信任度低、冲突、低效的状态。

"对抗、无效"：主要指政府与民众信任度趋向于零或者完全丧失，那么冲突策略转向暴力对抗。在这种情况下，政府与民众间的博弈就呈现出失信、对抗、无效的状态。

如图 5-1 所示，当政府与民众对己方和对方都表现出较高的信任时，就会倾向于采取合作的方式，来化解矛盾和冲突。民众方采取理性和合法的体制内途径表达利益诉求，政府方在制度框架内积极回应民众的诉求，双方表现出较高的信任度，并在此基础上进行有效的沟通和协商，既能够防止矛盾激化为激烈的暴力对抗，有效地化解冲突，也有利于消除冲突双方的根本性矛盾，转化公共冲突产生的结构性因素，使社会矛盾和冲突在源头上得到化解和治理。因此，在政府与民众较高互信基础上的合作策略，会使公共冲突治理具有较高的有效性。如果政府或民众的任何一方对对方信任度较低，就很有可能从合作策略转向冲突策略。冲突策略可以分为两种情况。一是民众对政府的信任度低而政府对民众的信任度较高。在这种情况下，随着民众对政府信任度的降低，民众就会从体制内的策略转向体制外的策略，由于政府对民众还保持着较高的信任度，对民众的行为选择依然保持着克制、理性的态度，所以冲突还没有激化到暴烈对抗的程度。因此，民众采取的大多是体制外的低暴力或零暴力的行为策略，最常见的就是所谓的"闹大"的策略，即随着体制内表达途径受阻，政府化解问题的诚意和能力难以取信于民众，民众遂"闹事"游走在法律的边缘，以争取政府对其问题的关注和解决。有学者将之称为"问题化策略"①，其实质是通过零暴力或低暴力的抗争策略，将目标建构为"影响社会和谐稳定""政府形象"等地方政府不得不面对的问题，以此"逼迫"政府对自己的问题的关注和解决。二是政府对民众信任度低而民众对政府的信任度较高。此种情况下，政府大多采取所谓的"摆平"策略②，"摆平"策略是应星于20世纪八九十年代在对大河移民上访的研究中提出的一个分析性概念。有研究者从此概念获得灵感，总结和分析了近些年来某些地方政府在社会抗争中使用的拖延、限制自由、关系维稳、花钱买稳定等行为方式，并将之称为"摆平"策略，③这是一种介于刚性压制策略和制度框架内策略之间的策略类型。如果政府与民众中任何一方对对方信任度较低，那么在民众的零暴力或低暴力策略与政府的"摆平"策略的互动与博弈的过程中，则倾向于向暴力对抗策略的转化。在这种情况下，政府与民众的信任度极低或者说完全丧失。一方面，民众对政府解决问题的诚意持怀疑态度或者不相信政府在冲突治理中能保持公正，尤其是政府卷入其中的冲突事件，如拆迁征用类群体性事件、环境污染类事件、劳资纠纷类事件等。另一方面，

---

① 应星、晋军：《集体上访中的"问题化"过程》，载于中国社会科学院社会学研究所编：《中国社会学年鉴（1999—2002）》，北京：社会科学文献出版社2004年版，第213-214页。

② 应星：《大河移民上访的故事》，北京：生活·读书·新知三联书店2001年版，第152页。

③ 郁建兴、黄飚：《地方政府在社会抗争事件中的"摆平"策略》，《政治学研究》2016年第2期。Deng Yanhua and Kevin J. O'Brien. 2013. "Relational Repression in China: Using Social Ties to Demobilize Protesters," The China Quarterly, 215:533-552. Cai, Yongshun2010. Collective Resistance in China: Why Popular Protest succeed or Fail. New York: Standford University Press.

政府对民众的动机和取向持怀疑态度，不相信民众的理性行为能力，认为民众集体行动会发生骚乱，危害社会稳定，那么，政府就可能趋向于采取刚性压制策略。可见，随着相互间信任度的降低或者丧失，在一个偶然事件或因素的触发下，政府与民众间的博弈就从冲突策略转向对抗策略。大量的群体性公共冲突案例表明，某种程度的政府信任危机是引发公共冲突的主要原因之一。

三、信任度的变化及其对策略和有效性的影响：基于案例的分析

在公共冲突治理中，政府信任对行为策略和有效性的影响，不能仅仅停留在静态层面，还必须从动态的层面进行分析，这两者结合起来才能获得一个全面、完整的解释。为此，我们引入"参与-回应"的分析视角。

（一）"参与-回应"视角下政府信任、策略选择及有效性分析

公共冲突治理的过程其实是政府与民众之间的"参与-回应"过程，民众扮演着参与者的角色，政府承担着回应者的角色。我国大量的公共冲突案例表明，在公共冲突治理过程中，伴随着"参与-回应"的阶段性转化，政府与民众间的信任关系也在发生变化，并影响着各自行为策略的选择（如表5-2）。随着策略的转变与升级，政府与民众之间的博弈就从潜在的冲突向公开的冲突、从零暴力或低暴力向高暴力转变，那么公共冲突治理的有效性就呈现出边际递减的状态。应当说，这是政府信任对公共冲突治理产生重要影响的实然逻辑。为了更为直观展现政府信任对公共冲突治理有效性的影响，我们将政府信任的变化与行为策略的选择及其变化结合起来进行研究。

表5-2　"参与-回应"视角下政府信任对公共冲突治理有效性的影响

类型	编号	事件	政府信任			民众抗争策略	政府回应策略	有效性
			民众体制内参与	体制外冷暴力或低暴力	体制外的高暴力			
征地纠纷类	1	2010年广西苍梧林水村征地冲突事件	较高	低	不信任	AbB	×	低
	2	2011年广东乌坎事件	较高	低	不信任	AbB	×	低
	3	2012年河南项城征地冲突事件	较高	/	不信任	bB	×	低
	4	2014年昆明晋宁征地冲突事件	较高	低	不信任	AbB	△×	低
	5	2014年甘肃陇西征地冲突事件	较高	低	信任	b	√	较高
拆迁纠纷类	6	2004年湖南嘉禾强制拆迁事件	较高	低	不信任	AbB	△×	低
	7	2008年甘肃陇南拆迁事件	一般	低	不信任	AB	×	低
	8	2009年贵阳暴力拆迁事件	一般	低	不信任	Ab	√×	低
	9	2016年武汉洪山区强拆事件	较高	低	不信任	A	△	低
	10	2016年海口秀英区暴力拆迁事件	一般	低	不信任	bB	△×	低
资源边界纠纷类	11	2004年四川汉源事件	一般	低	不信任	AbB	△×	低
	12	2008年贵州瓮安事件	一般	低	不信任	AbB	△×	低
	13	2009年云南陆良"8·26"群体性事件	较高	低	信任	AbB	√	较高
	14	2010年陕西榆林横山群体性事件	较高	低	不信任	AbB	△×	低
	15	2011年云南绥江群体性事件	较高	低	不信任	Ab	√×	低

类型	编号	事件	政府信任			民众抗争策略	政府回应策略	有效性
			民众体制内参与	体制外冷暴力或低暴力	体制外的高暴力			
劳资纠纷类	16	2008年重庆出租车罢运事件	较高	低	信任	Ab	√	较高
	17	2008年深圳工人讨薪事件	较高	低	信任	Ab	√	较高
	18	2009年吉林通钢事件	低	较低	不信任	bB	×	低
	19	2014年东莞裕元鞋厂工人罢工事件	较高	低	信任	Ab	√×	高
	20	2016年黑龙江双鸭山矿业集团职工集体讨薪事件	高	低	信任	Ab	√×	高
医患纠纷类	21	2009年福建南平"6·21"医患冲突事件	较高	低	信任	Ab	√	高
	22	2010年张家港"11·28"医患冲突	较高	低	信任	Ab	√	高
	23	2011年江西上饶"医闹"事件	较高	低	信任	Ab	√	高
	24	2014年湖南岳阳"8·20""医闹"事件	较高	低	不信任	AbB	√	低
	25	2017年山东惠民"6·15""医闹"事件	较高	低	不信任	AbB	√△	低
环境冲突类	26	2007年厦门PX事件	较高	低	信任	Ab	√	较高
	27	2012年四川什邡事件	较高	低	不信任	AbB	△×	低
	28	2012年江苏启东"7·28"事件	较高	低	不信任	AbB	△×	低

续表

类型	编号	事件	政府信任			民众抗争策略	政府回应策略	有效性
			民众体制内参与	体制外冷暴力或低暴力	体制外的高暴力			
环境冲突类	29	2014 年广东茂名 PX 事件	较高	低	不信任	AbB	△×	低
	30	2014 年浙江杭州中泰事件	较高	低	不信任	AbB	△×	低
情绪宣泄类	31	2004 年重庆万州事件	低	/	不信任	B	×	较低
	32	2005 年安徽池州事件	低	/	不信任	B	×	较低
	33	2006 年四川大竹事件	低	/	不信任	B	△×	较低
	34	2009 年湖北石首事件	低	/	不信任	B	△×	低
	35	2010 年安徽马鞍山事件	低	/	信任	B	×	高
行政执法类	36	2008 年云南孟连事件	高	低	不信任	AbB	△×	较低
	37	2009 年江西南康事件	高	低	不信任	AbB	△×	低
	38	2010 年昆明事件	低		不信任	B	×	较低
	39	2011 年广东增城事件	低	/	不信任	B	×	低
	40	2014 年海口三江镇事件	高	/	不信任	B	×	低
维权抗争类	41	2008 年广州丽江花园社区业主维权事件	高	高	信任	Ab	√	高
	42	2012 年河南安阳非法集资事件	高	低	不信任	AbB	△×	低
	43	2014 年黑龙江肇东教师集体罢工事件	高	高	信任	Ab	√	高

类型	编号	事件	政府信任			民众抗争策略	政府回应策略	有效性
			民众体制内参与	体制外冷暴力或低暴力	体制外的高暴力			
维权抗争类	44	2016年B市Q区S小区业主维权事件	高	低	不信任	Ab	△×	低
	45	2018年安徽六安教师集体讨薪事件	高	高	信任	Ab	√	高

注：民众抗争策略："A"表示体制内策略；"b"表示体制外冷暴力或低暴力；"B"表示体制外的高暴力策略。政府回应策略："√"表示制度框架内的策略；"△"表示"摆平"策略；"×"表示刚性压制策略。

如表 5-2 所示，政府信任与政府和民众策略的选择有着较为密切的关系。一般而言，在民众抗争过程中，其对政府的信任经历了一个由高到低，再到不信任这样一个递减的过程，其行为策略也经历了由体制内途径到体制外的零暴力或低暴力，再到高暴力的演变过程。这样的案例共计 32 个，占所选取案例的 71.1%。其中，有 8 类案例比较特殊，其在矛盾刚刚出现时，民众对政府的信任度就比较低，这类事件以情绪宣泄类冲突为主，包括 2009 年吉林通钢事件、2004 年重庆万州事件、2005 年安徽池州事件、2006 年四川大竹事件、2009 年湖北石首事件、2010 年安徽马鞍山事件、2010 年昆明事件、2011 年广东增城事件。在这类事件中，民众抗争没有经过体制内或体制外的零暴力或低暴力的阶段，突然直接升级为高暴力。当然，其社会后果之严重也是很明显的。

从作为回应方的地方政府来看，随着政府对群体性事件性质的认知变化，政府对民众的信任态度有着显著的变化过程。我们知道群体性事件是具有中国本土化特征的概念，在早期阶段，我国政府强调群体性事件的违法性、暴力性和危害性，带有比较浓厚的"敌我矛盾"和"阶级斗争"色彩。那么，基于这种认识，地方政府往往采取刚性的压制策略来应对和处置群体性事件。随着对群体性事件认识的深化，我国政府将其定性为人民内部矛盾，主要是由物质利益引起的，那么对其治理就应该采取合理合法的制度框架内策略，而对刚性压制策略采取较为严格的限制。如党的十八届三中全会通过的《中共中央关于全面深化改革若干重大问题的决定》明确提出，"坚持依法治理，加强法治保障，运用法治思维和法治方式化解社会矛盾"①。这种策略上的变化其实反映的是政府对民众集体维权行为由不信任到信任的转变，以及对群体性事件的认识更加客观、理性和务实。政府对民众信任的质变对地方政府公共冲突治理策略的选取上产生了显著的影响。从表5-2来看，2008年以来地方政府在处置群体性事件时，很少直接使用刚性压制策略，体现了慎用武力的原则。

从政府与民众"参与-回应"的过程来看，政府信任对公共冲突治理有效性的影响是十分显著的。从表5-2来看，因民众对政府失去信任而引发暴力冲突，使得公共冲突治理低效甚至无效的案例有32个，其余的13个案例分为两种情况：一是刚开始的时候对政府的信任比较高，但是随着矛盾不断积累和事态发展，尤其是在体制内利益表达途径受阻或没有取得预期效果的情况下，民众对政府的信任度逐渐降低，遂转向体制外的零暴力或低暴力的抗争策略。此时，民众与政府的互动与博弈尤为关键，如果政府采取适宜的回应策略，则能够重建民众对政府的信任，缓和本已激化的矛盾，公共冲突治理取得明显的效果。案例5、13、16、17、19、20、21、22、23、26、41、43、45皆属此类。二是在矛盾初期阶段，民众对政府的信任就比较低，此时民众没有经过体制内的利益表达途径，直接诉诸体制外的高暴力。此时，政府采取紧急措施，积极回应民众诉求，尤其是采取了能够迅速平息民愤的策略。如2010年安徽马鞍山事件（案例35），在冲突爆发后，相关领导及时到达现场，与民众沟通对话，当即免去肇事者的职务，并依法当场予以拘留，迅速缓解了群众的激动情绪，防止事态朝着更为恶劣的方向发展。但是这种情况在现实的公共冲突治理中比较少见。

值得注意的是，在公共冲突治理中，民众对政府由信任到不信任的

① 《中共中央关于全面深化改革若干重大问题的决定》，载于中共中央文献研究室编：《十八大以来重要文献选编》（上），北京：中央文献出版社2014年版，第539页。

转变往往有一个"触发因子",有学者将之称为"激活边界事件",该因子通常是不起眼的和很偶然的,但是能够点燃趋向攻击的愤怒情绪。如2009年吉林通钢事件(案例18)和2005年安徽池州事件(案例32),都有一个"触发因子"迅速点燃了民愤。因此,我们可以把"触发因子"或"激活边界事件"的时刻称为公共冲突治理的危机点,其既有向极端暴力方向转化的可能,也有向重建信任和缓和冲突方向发展的可能,关键取决于政府的回应策略和应急处置能力能否挽回民众对政府的信任。与以上政府信任急剧下降形成鲜明对比的是2007年厦门PX事件(案例26),厦门市委、市政府准确把握住了民众的核心诉求,及时回应,迅速宣布PX项目缓建,并立即启动"公众参与"程序,充分倾听市民意见。厦门市委、市政府亲民、务实、民主、开放、包容的态度和工作作风,使得本已开始减弱的政府信任能力,开始快速反弹回升,整个冲突治理过程是在理性平和、良好沟通与协商的氛围中进行的,留下了成功化解公共冲突的经典范例。

(二)社会矛盾激化与政府信任的流失

基于上述案例的实证分析,我们可以看出政府信任危机已经成为公共冲突爆发的催化剂,并对公共冲突治理有效性产生了基础性的制约作用。社会矛盾和冲突产生于一定的社会结构和社会关系之中。在计划经济体制下,中国社会结构和社会关系比较简单,一般被称为"两个阶级、一个阶层",即工人阶级、农民阶级和知识分子。在中国共产党的领导下,中国人民站了起来,建立了新中国。全国人民沉浸在建设社会主义新中国的喜悦之中。中国共产党开天辟地的功绩有目共睹,其政绩合法性尤为显著,获得了全国人民的认同、拥护和爱戴。一般而言,政府信任与政治合法性密切相关,政治合法性高,政府信任能力就强。

改革开放之后,随着社会主义市场经济体制的建立,中国社会结构和利益关系日益多元化和复杂化。据中国社会科学院政治学研究所的调查:改革开放至党的十八大以前,由于改革开放和社会主义市场经济体制的深入发展,中国社会的阶级阶层结构发生了广泛而深刻的变化,社会成员流动性加大,呈现出多元化、多层化的利益关系格局。在这样的经济社会结构背景下，人民内部矛盾突出表现为物质利益冲突。其中，贫富矛盾、劳资矛盾、官商矛盾、官民矛盾以及城乡矛盾、中央地方矛盾等最为社会关注，贫富矛盾、官民矛盾和劳资矛盾被认为是最为突出的三大人民内部矛盾。①由于我国实行的是政府主导的工业化、市场化和城镇化的发展模式，许多公共冲突本来起因于私人矛盾和利益冲突，第三方干预（主要指政府）是冲突化解的基本途径，但是以政府为主体的第三方干预并不总是能够顺利地化解冲突，有时甚至使冲突升级转化为冲突各方与干预方之间的冲突。这表明在中国社会转型期，地方政府已经深深卷入到公共冲突之中。由于贫富分化、官员腐败、征地拆迁、失业下岗、劳工权益、环境权益等引发的社会矛盾和公共冲突不断增加，这些矛盾集中指向政府，转化为对抗性矛盾的可能性加大。②

　　20 世纪 80 年代中国经济改革虽然触及某些群体的既得利益，但总体上带来的是绝大多数人的普遍受惠。但是从 90 年代开始中国经济改革从普遍受惠期进入迅速的利益分化时期，贫富差距持续拉大。据国家统计局统计，1978—2009 年，全国城乡居民收入比由 1978 年的 2.57:1 扩大到 2009 年的 3.33:1，其间经历了"两降、两升"的过程。其中，1984 年为近三十多年我国城乡收入差距最低点，收入比为 1.84:1；2009 年收入差距达到最大，收入比为 3.33:1，③2010 年稍有缩小，为 3.23:1。在城乡差距扩大的同时，城镇居民之间的收入差距也在扩大。另有资料显示，我国城镇居民中最富有的10%的家庭与最贫穷的10%的家庭人均可支配收入差距约为 8 倍，有六成城镇居民的人均可支配收入达不到平均水平。④中国社会阶层结构的变动、贫富分化的加剧，在某种程度上固化了阶层流动，甚至出现了社会结构断裂、群体间鸿沟的迹象。有学者用所谓的"排斥性体制"来形容贫富分化所导致的社会阶层固化现象。贫富差距的持续拉大、对富人财产来源的普遍质疑以及炫富现象的蔓延则形成了"仇富心理"的客观基础。据权威机构调查，关于富人的致富方式，

---

① 房宁：《正确认识和处理新时期人民内部矛盾》，《政治学研究》2013 年第 6 期。
② 房宁：《正确认识和处理新时期人民内部矛盾》，《政治学研究》2013 年第 6 期。
③ 曹光四、张启良：《我国城乡居民收入差距变化的新视角》，《调研世界》2015 年第 5 期。
④ 房宁：《正确认识和处理新时期人民内部矛盾》，《政治学研究》2013 年第 6 期。

2.7%的人认为所有富人都是靠不正当方式致富的；17%的人认为大多数富人都是靠不正当方式致富的；41.4%的人认为一半富人是靠诚实劳动致富的；38.9%的人认为少数富人是靠诚实劳动致富的。可见，60%以上的民众对大多数富人致富方式的正当性持否定态度。①

改革开放至党的十八大，中国急剧的社会转型既带来了持续的贫富分化和对立，也导致相对严重的公权力失范和官员腐败。权力的公共性是政府信任和社会信任的基础，公权力腐败对政府信任和整个社会信任的毒害和腐化作用无疑是巨大的。

政府信任流失与20世纪80年代以来我国群体性公共冲突事件的频发和阶段性演进特征与政府信任流失有着密切的关系。于建嵘教授在对工农维权抗争为代表的社会冲突问题进行实证调研的基础上，对近三十年中国社会冲突状况进行了一个基本的描述：80年代末，中国的社会冲突经历了以知识精英为主体的进取性争权运动向以工农为主体的反应性维权活动的重要转变；20世纪末以来，中国又出现了一种特殊类型的社会冲突，即"社会泄愤事件"②。刘能教授通过大量的案例分析，认为中国社会过去三十年间出现了三次大规模的集体行动的浪潮：20世纪80年代中后期，以传统知识分子为主要参与者；90年代中后期以下岗工人和抗税农民等新的社会弱势群体为主要代表；21世纪以来以保卫环境和土地房屋产权的地方性居民为主流参与者。③因此，从20世纪90年代后期到21世纪前十年，无论是"社会泄愤事件"，还是弱势群体和环境维权抗争，其主要特征在于空间取向和暴力性。④该时段，我国群体性事件呈现出"易发""多发""频发"的三重增加态势。从1993年至2003年这十年间，群体性事件数量急剧上升，年均增长17%，从1994年的1万起增加到2003年的6万起，增长5倍多；并且规模从73万人增加到

---

① 沈杰：《"仇富心理"何以可能——对北京市和杭州市问卷调查资料的分析》，《北京青年政治学院学报》2010年第1期。

② 于建嵘：《抗争性政治：中国政治社会学基本问题》，北京：人民出版社2010年版，第5页。

③ 刘能：《当代中国转型社会中的集体行动：对过去三十年间三次集体行动浪潮的一个回顾》，《学海》2009年第4期。

④ 刘能：《当代中国群体性集体行动的几点理论思考——建立在经验案例之上的观察》，《开放时代》2008年第3期。

307 万人。其中，百人以上的由 1400 起增加到 7000 起，增长 4 倍多。[①] 2007 年全国各类群体性事件上升至 8 万余起，2008 年形势仍不容乐观，[②] 2009 年上访和群体性事件仍然呈现增多的态势。[③] 值得注意的是，该时期出现了一些暴力程度高、参与人数多、具有严重社会危害性和引起党和政府高度关注的群体性事件。一是具有明确利益诉求和利害关系的群体性事件，如 2009 年吉林通钢事件、2011 年广东乌坎事件、2012 年四川什邡事件、2012 年江苏启东"7·28"事件等；二是没有明确利益诉求和利害关系的群体性事件，即"社会泄愤事件"，如 2005 年安徽池州事件、2006 年四川大竹事件、2009 年湖北石首事件、2010 年安徽马鞍山事件。

因此，从我国群体性公共冲突爆发的阶段性特征来看，政府信任度低是一个不容忽视的重要原因。有学者指出，行为策略的选择以抗争者对政府权威和现行制度的信念为基础，反映了他们对于党和政府的信心和价值取向。他们对政府有什么样的信念和看法，就会采取相应的行动方式。当他们对上级党政组织充分信任时，就往往采取"沟通性"行动。当他们对上级党政组织的信任尚未完全丧失时，就有可能实施"逼迫性"行动。如果不再相信任何一级党政组织，他们就有可能发生"敌视性"行动。行为策略与其信念之间的这种关系，得到各类案例的有力支持。

（三）维权与维稳互动视角下的政府信任

在本质上，政府信任是政府信用能力的反映，即在多大程度上赢得民众对政府行为的认可与支持，是政府与民众之间良性互动与合作的心理基础。在走向治理现代化的语境和进程中，维权与维稳是我国政府与民众互动与博弈的主要体现。政府信任就是在维权与维稳的互动实践中形成的。良好的政府信任是维权与维稳在深层关系上的相互促进与耦合，

---

① 汝信、陆学艺、李培林：《2005 年中国社会形势分析与预测》，北京：社会科学文献出版社 2004 年版，第 235 页。

② 汝信、陆学艺、李培林：《2009 年中国社会形势分析与预测》，北京：社会科学文献出版社 2008 年版，第 10 页。

③ 汝信、陆学艺、李培林：《2010 年中国社会形势分析与预测》，北京：社会科学文献出版社 2009 年版，第 8 页。

而政府信任的恶化是由维权与维稳的相互对立与背离造成的。

1. 概念界定

维权，顾名思义是维护合法性权益的行为。在现代化国家治理中，民众通过适宜的途径维护自身的权益，是人民当家作主的重要内容和公民参与国家治理的重要形式，具有法理和道义上的正当性。社会主义市场经济体制的建立，催化了民众权利意识的觉醒，维权的取向愈加明显，动力更加强劲。从字面意义讲，维权的含义好像比较清晰，并且在群体性事件中，民众通常都是打着维权的旗帜，凭借着宪法和法律赋予的权利以及中央政策或领导人的讲话，将矛盾对准基层政府。但是，在现实情况中，"什么是维权"和"如何理解合法权益"则情况比较复杂，通常存在着争议。比如，法律法规前后矛盾引发的权益争议；地方政府难以落实中央政策引发的权益争议；等等。在本研究中，我们将暂时搁置这些争议，从广义上来理解维权，即"公民个体或集体为维护自身正当的权益而采取的要求政府或冲突对方承担权益实现责任的诉求表达行为"①。

维稳就是维护社会稳定，是政府为了稳定社会秩序、促进经济发展而采取的一项社会管理措施。不仅如此，在特定的历史阶段，维稳成为我国具有特定政治内涵的话语和制度运作逻辑，被称为"维稳政治"。如在从中央到地方设置的有"维稳办"、承担维稳职能的"信访办"；并且在实际的运作中，有维稳考核机制、问责机制以及落实中央维稳精神的政策性文件等。②学界对维稳的研究主要聚焦于当前维稳模式的特点、困境及其原因分析。除此之外，学者们在维稳目标上立足于"动态稳定"还是"静态稳定"③；模式上是"刚性维稳"还是"韧性维稳"，是"维稳"还是"创稳"④；策略上是"压制的""化解的"，还是"转化的"⑤。

---

① 许尧：《维权与维稳的内在逻辑及相互促进机制》，《甘肃行政学院学报》2017 年第 3 期。

② 魏治勋、白利寅：《从"维稳政治"到"法治中国"》，《新视野》2014 年第 4 期。

③ 俞可平：《动态稳定与和谐社会——访中共中央编译局副局长俞可平教授》，《中国特色社会主义研究》2006 年第 3 期。

④ 于建嵘：《当前压力维稳的困境与出路——再论中国社会的刚性稳定》，《探索与争鸣》2012 年第 9 期。

⑤ 常健：《中国公共冲突化解的机制、策略和方法》，北京：中国社会科学出版社 2013 年版，第 28-30 页。

关于这些不同的观点，我们在下文中有详细的论述。

2. 类型划分

从政府治理现代化的角度讲，政府与公民良性互动、维权与维稳相互促进是建立在构建良好的政府信任的基础上的。在公共冲突治理中，倘若民众采取合理合法的途径来表达利益诉求和维护权利，政府采取制度化和法治化的方式来回应民众诉求、化解矛盾冲突和维护社会稳定，那么政府信任就高，政府公信力就强。反之，政府信任就会在政府与公民、维权与维稳的关系对立甚至恶化中逐渐流失。很多案例表明，政府信任低则容易激化社会矛盾和冲突的积累与扩散，不利于公共冲突的有效治理；公共冲突的蔓延和冲突治理的低效则进一步加剧了政府信任的流失，由此在冲突治理与政府信任、维权与维稳之间形成了恶性循环。在现实生活中，尤其在正处于转型时代的今天，维权和维稳行为具有不同的类型，它们在互动与博弈中对政府信任的影响是不同的。因此，我们有必要对维权与维稳的具体行为作类型学上的细化。

从发生机制上讲，维权是特定个体或群体在享有的合法权利遭到他方侵犯或缺乏实现条件的情况下，具有伸张权利的意愿和能力，并采取了相应的行动，表现为各种维权行为。它由维权主体、原因、动机、能力和行动等要素构成。对于维权主体而言，至少需要明确三个问题。首先，维权的对象：向哪些主体表达诉求、不满或抗争。其次，维权的内容，即诉求的标的物，维权主体在表达诉求内容时，通常会存在策略性的考虑。最后，维权方式：通过哪些途径、手段表达诉求或实现权益。

在现实生活中，政府具有代表、实现和增进公共利益的义务。所以，民众维权首选的还是通过体制内的途径，向政府等公权力机构来表达利益诉求。当体制内途径受阻或无效，维权主体不再相信公权力机构，才转而寻求体制外的表达途径。一般而言，体制内途径都是合法的维权行为；体制外的途径则比较复杂。在群体性事件中，体制外途径一般有两种情况。一是体制外的零暴力或低暴力，这种情况虽然没有明显的违法特点，但属于非理性、不规范的参与行为，如"散步"、群体上访、静坐、堵路、制造事端等。这种类型的维权行为游离于法律的边缘。二是体制外的高暴力行为，具有明显的违法性，为法律所明确禁止，如打、砸、抢、烧。因此，依据维权方式和途径是体制内还是体制外或者是否合法，可以得到三种类型：

维权行为 A：体制内、合法的维权行为；

维权行为 b：体制外、不违法的维权行为；

维权行为 B：体制外、违法的维权行为。

与维权的行为主体主要是公民相比，维稳的主体则主要是地方政府。从公共冲突治理策略或手段上讲，维稳在目标上表现为两个层次：表层平静和深层稳定。表层平静是"指各种潜在冲突得到有效控制、没有形成公开冲突的状态"①。这种稳定观要么立足于社会绝对稳定并采取一切刚性压制手段，②要么满足于"不出事"、确保在可控范围之内、选择性应对的"摆平"策略。③其共同之处在于用"堵"的办法来应对社会矛盾和冲突，即简单的压制或"摆平"。深层稳定是指社会主体结构上，尤其在利益结构和利益关系上处于比较合理的状态，彼此之间没有产生大规模的对抗意愿和行动，然而这并不意味着社会表象上平静，甚至从表象上看有时是充满分歧和对立的，但这种分歧和对立能够在相互信任、协商与合作的氛围中，通过各种有效机制予以化解或转化。很明显，这是一种动态稳定观。而达到这种深层稳定和动态稳定主要靠"疏"的途径，即信任合作、协商谈判和各种有效的化解机制等。基于上述分析，我们可以得到两种类型的维稳方式：

立足于表面平静、"堵"的维稳方式：刚性压制策略、"摆平"策略；

立足于深层稳定、"疏"的维稳方式：制度框架内的策略。

3. 维权、维稳与政府信任的关系

有了"三种维权类型"与"两种稳定类型"的区分，我们可以就它们与政府信任的关系进行多案例分析。（见表 5-3）

---

① 常健、郑玉昕：《冲突管理目标的两个层次：表层平静与深层稳定》，《学习论坛》2012 年第 12 期。

② 崔玉开：《加强和创新社会管理 变被动"维稳"为主动"创稳"——访中国社会科学院教授于建嵘》，《行政管理改革》2011 年第 1 期。

③ 郁建兴、黄飚：《地方政府在社会抗争事件中的"摆平"策略》，《政治学研究》2016 年第 2 期。

表5-3 维权与维稳互动视角下的政府信任

类型	编号	事件	维权方式	维稳方式	政府信任	有效性
征地纠纷类	1	2010年广西苍梧林水村征地冲突事件	A→b→B	×	较高→低→不信任	低
	2	2011年广东乌坎事件	A→b→B	×	较高→低→不信任	低
	3	2012年河南项城征地冲突事件	b→B	×	较高→不信任	低
	4	2014年昆明晋宁征地冲突事件	A→b→B	△×	较高→低→不信任	低
	5	2014年甘肃陇西征地冲突事件	b	√	较高→低→信任	高
拆迁纠纷类	6	2004年湖南嘉禾强制拆迁事件	A→b→B	△×	较高→低→不信任	低
	7	2008年甘肃陇南拆迁事件	A→B	×	一般→低→不信任	低
	8	2009年贵阳暴力拆迁事件	A→b	△×	一般→低→不信任	低
	9	2016年武汉洪山区强拆事件	A	△	较高→低→不信任	低
	10	2016年海口秀英区暴力拆迁事件	b→B	△×	一般→低→不信任	低
资源边界纠纷类	11	2004年四川汉源事件	A→b→B	△×	一般→低→不信任	低
	12	2008年贵州瓮安事件	A→b→B	△×	一般→低→不信任	低
	13	2009年云南陆良群体性事件	A→b	√	较高→低→信任	较高
	14	2010年陕西榆林横山群体性事件	A→b→B	△×	较高→低→不信任	低
	15	2011年云南绥江群体性事件	A→b	√×	较高→低→不信任	低

类型	编号	事件	维权方式	维稳方式	政府信任	有效性
劳资纠纷类	16	2008 年重庆出租车罢运事件	A→b	√	较高→低→信任	较高
	17	2008 年深圳工人讨薪事件	A→b	√	较高→低→信任	较高
	18	2009 年吉林通钢事件	b→B	×	低→低→不信任	低
	19	2014 年东莞裕元鞋厂工人罢工事件	A→b	×√	较高→低→信任	高
	20	2016 年黑龙江双鸭山矿业集团职工集体讨薪事件	A→b	×√	高→低→信任	高
医患纠纷类	21	2009 年福建南平"6·21"医患冲突	A→b	√	较高→低→信任	高
	22	2010 年张家港"11·28"医患冲突事件	A→b	√	较高→低→信任	高
	23	2011 年江西上饶"医闹"事件	A→b	√	较高→低→信任	高
	24	2014 年湖南岳阳"8·20""医闹"事件	A→b→B	√	较高→低→不信任	低
	25	2017 年山东惠民"6·15""医闹"事件	A→b→B	△√	较高→低→不信任	低
环境冲突类	26	2007 年厦门事件	A→b	√	较高→低→信任	较高
	27	2012 年四川什邡事件	A→b→B	△×	较高→低→不信任	低
	28	2012 年江苏启东"7·28"事件	A→b→B	△×	较高→低→不信任	低
	29	2014 年广东茂名 PX 事件	A→b→B	△×	较高→低→不信任	低
	30	2014 年浙江杭州中泰事件	A→b→B	△×	较高→低→不信任	低
情绪宣泄类	31	2004 年重庆万州事件	B	×	低→不信任	较低
	32	2005 年安徽池州事件	B	×	低→不信任	较低
	33	2006 年四川大竹事件	B	△×	低→不信任	较低
	34	2009 年湖北石首事件	B	△×	低→不信任	低
	35	2010 年安徽马鞍山"6·11"事件	B	×	低→信任	高

类型	编号	事件	维权方式	维稳方式	政府信任	有效性
行政执法类	36	2008 年云南孟连事件	A→b→B	△×	高→低→不信任	低
	37	2009 年江西南康事件	A→b→B	△×	高→低→不信任	低
	38	2010 年昆明民众与城管冲突事件	B	×	低→不信任	较低
	39	2011 年广东增城事件	B	×	低→不信任	低
	40	2014 年海口三江镇事件	B	×	高→不信任	低
维权抗争类	41	2008 年广州丽江花园社区业主维权事件	A→b	√	高→高→信任	高
	42	2012 年河南安阳非法集资事件	A→b→B	△×	高→低→不信任	低
	43	2014 年黑龙江肇东教师集体罢工事件	A→b	√	高→高→信任	高
	44	2016 年 B 市 Q 区 S 小区业主维权事件	A→b	△×	高→低→不信任	低
	45	2018 年安徽六安教师集体讨薪事件	A→b	√	高→高→信任	高

注："A"表示体制内、合法的维权行为；"b"表示体制外、不违法的维权行为；"B"表示体制外、违法的维权行为。"√"表示制度框架内的策略；"△"表示"摆平"策略；"×"表示刚性压制策略。

基于上述分析，可见民众的"三种维权类型"与政府的"两种稳定类型"在互动与博弈的过程中，对政府信任会产生不同的影响，他们之间有着较为稳定的关系，我们称之为维权与维稳互动视角下政府信任再生产。

行为 A 与"表面平静"（"堵"的维稳策略）互动下的政府信任再生产：如果民众采取体制内、合法的维权方式（行为 A），政府立足于表面平静而采取"堵"的策略，那么，政府信任会逐渐流失，甚至引起政府信任危机。这种情况在选取的案例中只有 1 例，即 2016 年武汉洪山区强拆事件（案例 9），因为民众体制内利益表达受阻或受挫而产生对政府信任的怀疑，进而很有可能升级维权方式，朝着体制外不违法或违法的方式转化。所以，这种情况一般比较少见，在选取案例中占比很少。

行为 A 与"深层稳定"（"疏"的维稳策略）互动下的政府信任再生产：如果民众采取体制内、合法的维权方式（行为 A），政府立足于深层稳定而采取"疏"的策略，那么，民众就会对政府抱有基本的信任，一般不会引起政府信任危机。即使随着事态的发展会出现政府信任流失的可能，通过政府的努力，积极回应诉求，在制度和法治框架内采取协商、谈判、合作等疏导策略，也很快就会重建政府信任。在选取案例中没有出现这种情况。因为这种情况属于社会矛盾和冲突常态化解机制，在矛盾冲突升级之前已经为正式制度和非正式的民间调解机制所化解，所以没有出现在本研究所选的案例中。

行为 A→b 与"表层平静"（"堵"的维稳策略）互动下的政府信任再生产：民众从体制内、合法的维权方式升级到体制外、不违法的维权方式，地方政府主要采取"堵"的维稳方式，民众利益表达受阻，政府以"摆平"的策略为主，故意拖延，最后不了了之，看似社会秩序恢复了平静，实际上并没有真正解决问题，其结果是矛盾的不断积累，政府信任流失也就在所难免了。这种情况在所选取的案例中仅有 3 例，即 2009 年贵阳暴力拆迁事件（案例 8）、2011 年云南绥江群体性事件（案例 15）和 2016 年 B 市 Q 区 S 小区业主维权事件（案例 44）。

行为 A→b 与"深层稳定"（"疏"的维稳策略）互动下的政府信任再生产：民众维权从体制内、合法方式升级到体制外、不违法的维权方式，地方政府主要采取"疏"的维稳方式，及时回应民众诉求，启动民众参与程序，采取协商、沟通与合作的方式化解矛盾和冲突，则往往能够重建民众对政府的信任，防止民众维权方式和冲突升级。这种情况在选取案例中共有 12 例，即案例 13、16、17、19、20、21、22、23、26、41、43、45。

行为 A→B 与政府维稳策略互动下政府信任再生产：民众从体制内、合法的维权方式直接升级为体制外、非法的维权方式，地方政府往往只能采取刚性的压制策略，从而引发政府信任危机。这种情况在所选取案例中仅为 1 例，即 2008 年甘肃陇南拆迁事件（案例 7）。由体制内、合法维权直接升级至体制外、非法的暴力冲突，这种突发性往往超出了政府的判断。在这种不确定情况下，事实上政府没有机会采取"疏"的维稳方式。因此，这种情况很少见，没有出现在所选取的案例中。事实上，为了尽快把控或恢复失控的秩序，政府只能诉诸强制力的威慑作用，以便尽快与民众进行沟通和协商。

行为 A→b→B 与政府维稳策略互动下政府信任再生产：民众维权经历了从体制内、合法的方式到体制外、不违法的方式，再到体制外、违法的方式这一逐渐升级的过程，政府主要采取"摆平"或刚性压制的方式，立足于表面平静的"堵"的策略，导致矛盾不断积累，民众对政府失去信任，以致维权方式突破临界点而爆发冲突。这种情况较多，很多公共冲突基本都是沿着这一轨迹演化而来的。在所选取的案例中，此类冲突有 16 例。这类维权与维稳互动下的政府信任危机最为常见，是导致公共冲突治理有效性不高的最大制约因素。此外，这种互动在社会上还会引发消极的"模仿"效应，使得政府信任危机急剧蔓延，危害极大。

行为 b→B 与政府维稳策略互动下政府信任再生产：在政府信任比较低的情况下，民众维权往往会越过体制内、合法的方式，直接诉诸体制外方式，从不违法到违法一直到暴力冲突爆发。政府一般采取"摆平"或刚性压制策略，与行为 A→b→B 与政府维稳策略互动下政府信任再生产的情况比较类似。有所不同的是，前者在冲突爆发前当地政府信任生态就比较低，不容乐观，所以民众越过体制内、合法维权方式，直接采取体制外方式。而后者的民众对当地政府还保持应有的信任。这种情况在所选取案例中有 3 例，即 2012 年河南项城征地冲突事件（案例 3）、2016 年海口秀英区暴力拆迁事件（案例 10）和 2009 年吉林通钢事件（案例 18）。

行为 b 与政府维稳策略互动下政府信任再生产：民众直接采取体制外、不违法的方式进行维权，如果政府及时回应，采取依法化解、协商沟通的方式，则能够迅速平息民愤，一般不会引起政府信任危机。实际上，这种情况属于行为 A→b 与政府维稳策略互动下政府信任再生产的特例。在所选取案例中仅有 1 例，即 2014 年甘肃陇西征地冲突事件（案例 5）。

行为 B 与政府维稳策略互动下政府信任再生产：民众直接诉诸体制

外、非法的暴力方式，突发性、偶然性和不确定性极强，政府事实上很难预防和处置。此类暴力冲突一般是由于当地政府信任生态恶化所致，最突出的表现就是情绪宣泄类事件，在所选取的 5 个情绪宣泄类事件中，仅有 1 例属于例外。此外，还有 3 个行政执法类冲突事件：2010 年昆明民众与城管冲突事件（案例 38）、2011 年广东增城事件（案例 39）、2014 年海口三江镇事件（案例 40）。

上文对维权与维稳互动视角政府信任再生产作了较为详细的分析，为了更为直观地呈现政府信任，我们可以用表 5-4 表示上述分析。

表 5-4 维权与维稳互动视角下政府信任再生产

维权方式	与政府信任关系	
	表面平静/"堵"的维稳方式	深层稳定/"疏"的维稳方式
A	负相关	正相关
A→b/b	负相关	正相关
A→B/B	负相关	弱相关
A→b→B/b→B	负相关	正相关

可见，在公共冲突治理中，政府信任生态的涵养与维系从根本上有赖于以"深层稳定"为目标的"疏导"的策略，即"化解型维稳"。与之相对应的是以"表面平静"为目标的"堵塞"的策略，即"控制型维稳"。[①]对于公共冲突治理而言，控制型维稳和化解型维稳是两种最基本的方式或手段，但是二者有本质的区别，对政府信任的影响也不同。具体而言，控制型维稳目标定位于"不出事"或者出了事也别让上级或社会公众知晓，封锁消息是比较典型的追求表层平静的行为。其行为方式有"拔钉子"（打压核心抗议者或组织者）、"开口子"（利益补偿、关系维稳）、摘帽子（惩处相关官员）等。[②]这种以控制为主的思维，着力点不在于从源头上疏解矛盾和冲突，也无意于疏导民众怨恨、对立心理，而是从属地管理和主政官员的政治利益考量，不惜采取一切手段确保在其任期内不

---

① 张春颜、许尧：《公共领域冲突控制与冲突化解耦合模式研究》，《上海行政学院学报》2013年第 4 期。

② 许尧：《维权与维稳的内在逻辑及相互促进机制》，《甘肃行政学院学报》2017 年第 3 期。

出事。由于民众利益诉求没有真正解决，所以控制型维稳在根本上是不利于维系政府信任的。

化解型维稳目标定位于疏解冲突背后的结构性根源，尤其是利益关系，是比较典型的追求深层稳定的行为。其行为方式包括有效的利益表达机制、平等协商的化解机制、公开透明的民众参与、中立的第三方调解等。化解型维稳着力从根源上消弭冲突双方的紧张关系，培育主体间合作信任关系。因此，从根本上讲，良好的政府信任有赖于建立和完善化解型维稳模式。

四、公共冲突治理中政府信任缺失的原因分析

公众对政府日益增长的不信任成为政府治理面临的严重挑战之一。公共冲突既是政府信任危机的集中表现，也是政府信任危机突发、演化的催化剂。在公共冲突治理中，政府信任的流失存在着多种诱导性因素。

政府信任就像生态系统一样，是多种因素相互作用的结果，具有系统性和脆弱性，一旦破坏，具有修复上的艰巨性和长期性。在公共冲突治理中，政府信任的缺失是多种因素相互作用的结果，其原因如下。

（一）公权力腐败恶化政府信任生态

政府是代表人民行使公共权力的主体，公共权力的根本属性是公共性。确保公权力的公共性是政府取信于民、赢得民众信任和提高政府公信力的基础和前提。从这个角度上讲，如何强化对公权力的监督和制约，确保公权力的公共属性而非沦为私有私用，就成为维系良好政府信任的着力点。对此，我们取得了显著的成绩，也有过深刻的教训。根本之策在于制度建设。长期以来，我们党在治国理政的实践中，对我国制度的建设经历了一个不断深化和成熟的过程。有学者指出，世界上没有任何制度是绝对的好制度，也没有任何制度是绝对的坏制度。相比较而言，欧美国家的宪政体制从限制权力的角度进行设计，是一种保护型的防范体制；而中国的党政体制是基于信任性集权和赋权的促进积极行动体制，

而不是基于防范性分权和限制。①因此，我国制度优势是显著的，即我们常讲的"集中力量办大事"；但也有缺点，即对权力缺乏相对的防范和制约。正是由于疏于对公权力的防范和制约，在改革开放以来急剧的社会转型过程中，尤其是在党的十八大以前，我国的腐败现象相对严重。党的十八报告指出，"一些领域消极腐败现象易发多发，反腐败斗争形势依然严峻"②。可见，从1998年至党的十八大以前，我国公权力腐化和官员腐败一直位于比较严重的区间，公权力腐败是导致政府信任和社会信任流失、社会风气败坏的最大毒瘤。

（二）控制型维稳引发政府信任危机

控制型维稳表现在体制和技术两个层面。首先，从维稳体制上看，近四十多年来，我国政府维稳已逐步脱离"社会治安综合治理"和政法体制的总体框架，走向"全面维稳"体制。这种全面维稳的政府回应体制是一种"全员动员"的体制，在缺乏应有的法律指引和专业规范的条件下，只能在"压力型的运动式治理"的框架内运行。③各级政府以政治动员和行政命令的方式，在特定时期内调配一切资源，以解决一切突出的社会矛盾和问题。这种维稳方式秉持僵化的稳定观念，将市场经济体制下民众正常的利益表达与社会稳定机械地对立起来，往往为了追求一时之功效而不计成本，"一阵风""一刀切"的权宜之计和短期行为特征十分显著。其次，长时间以来，伴随着这种维稳体制的不断发展和完善，一些地方政府尤其是基层政府虽然形成了日益完备的维稳技术，但是其手段和策略带有政治性和行政性，往往忽视、扭曲法律的作用。④这种控制型维稳模式虽然不能一概否定，但是从长远来看，这种计划经济体制下形成的维稳体制已经不适应市场经济的要求，同样也不利于政府信任

---

① 燕继荣：《推进国家治理现代化须落实分权原则》，《中国党政干部论坛》2015年第3期。

② 胡锦涛：《坚定不移沿着中国特色社会主义道路前进，为全面建成小康社会而奋斗》，载于中共中央文献研究室编：《十八大以来重要文献选编》（上），北京：中央文献出版社2014年版，第4页。

③ 肖唐镖：《当代中国的"维稳政治"：沿革与特点——以抗争政治中的政府回应为视角》，《学海》2015年第1期。

④ 清华大学社会学系社会发展研究课题组：《利益表达制度化，实现长治久安——维稳新思路》，《理论参考》2011年第3期。

建设。追求一时之功效、权宜性、淡化法治的做法，并不能从源头上化解社会矛盾和冲突，也不能从根本上形成取信于民和维系政府公信力的制度化积累与法治化保障。

（三）公众有效参与的缺失导致政府信任流失

社会问题和矛盾最终演化为群体性事件的一个重要原因在于利益相关者理性合法参与途径的缺失，公众参与权、知情权没有得到足够的重视。以环境冲突为例，绝大多数环境类群体性事件一个共同的特点是，环境评估中缺少公众参与或公众有效参与不足，存在敷衍了事、"走过场"、搞形式等现象，并没有将公众参与落到实处。对于一些公众意见较大的项目，当地政府未及时采取座谈会、听证会等形式与公众进行沟通和协商。如江苏启东"7·28"群体性事件（案例 28），在排海工程评估阶段，政府委托专业环评机构进行环境评估。报告显示项目排污对环境的影响是在可控范围内的。问题是在环评过程中，民众并没有参与其中，并且环评信息迟迟不公开，也没有开启正常的渠道（如听证会等）让民众有效地表达诉求。看似进行了环评，但民众作为被动的接受者，并没有进行有效的参与。这为民众对政府的质疑、不信任埋下了"祸根"，实际上是政府失信问题上的"塔西佗陷阱"的体现。事实上危急时刻，公众有效参与的"在场"则能够起到化险为夷、化危为机的功效。如 2007年厦门 PX 事件（案例 26），当地政府一开始把公众意见排斥在外，但是由于赵玉芬院士在全国两会上的披露，引起了普遍的社会关注，当地民众参与的热情高涨起来，直接到市政府以"散步"形式进行利益表达，在此过程中，厦门市民众自信、理性、平和。厦门市政府在关键时刻选择"疏"而不是"堵"的策略，迅速启动公众参与程序，吸纳民众意见，通过协商沟通的方式化危为机，重建政府信任，树立了民众有效参与政府治理的典范。与之形成鲜明对比的是 2008 年云南孟连事件（案例 36），从该事件过程来看，当地政府从来没有启动公众参与程序，让冲突方坐下来就各自的利益进行协商沟通，以致民众彻底失去了对政府的信任，最终酿成了恶劣的暴力冲突。

（四）社会信用缺失虚化了政府信任

信任是社会良性运行和政府良善治理的黏合剂。良好的社会信用是维持社会秩序、促进社会整合与社会交往的重要资源。政府信用是社会信用的重要组成部分，社会信用的缺失显然也会危及政府信任。这主要表现在两个方面。首先，社会信用缺失意味着社会主体之间缺乏信任、协商与合作的意愿，那么在社会主义市场经济体制下，多元化的利益主体在日常交往中滋生的社会矛盾和冲突必然增多。从现实中的公共冲突事件来看，许多社会矛盾和冲突的起源就是因为日常生活中的小事情引发的，即所谓的"一阶冲突"。然而，由于社会信用缺失，这些社会矛盾和冲突又汇集到政府那里，需要公共权力的强制介入予以解决。但是在此过程中，民众的不信任心理、对政府中立性的质疑、"闹大"的行为逻辑导致"一阶冲突"向"二阶冲突"转化和升级。那么，社会信用的缺失就对政府信任产生了消极的影响。其次，在公共冲突治理中，社会主体的信用缺失。公共冲突的有效治理需要建立多元化的冲突治理结构，社会组织或社会个体如果能够取信于民，并参与冲突治理，则既能缓解政府与民众之间的紧张关系、减轻政府负担和节约成本，又能提高效率，其效果反而比政府单一主体化解冲突要好。但是，在现实中，社会主体的信用缺失非常普遍。各类专家、学者组织的"公民调查团"所提供的实施调查、鉴定、预测、分析等并不能得到社会大众的认可。[1]

（五）基层社会情绪政治化弱化了政府信任

大量的经验研究表明，最近几年社会治理领域中的基层社会情绪政治化倾向日益明显，主要表现为：网络环境政治气氛上升，网络问政活跃，网民倾向于将各种问题归因于政治解释；在社会冲突案例中，个人事件容易转化为多人参与的群体性事件，法律对抗容易转化为针对公共机构的对抗；大量主动卷入冲突的个人，与事件结果并无直接利益关系。[2]这表明与政治并无直接关系的、一些社会领域的事务或民众日常生

---

① 许尧：《中国公共冲突的起因、升级与治理——当代群体性事件发展过程研究》，天津：南开大学出版社 2013 年版，第 237 页。

② 张静：《社会治理：组织、观念与方法》，北京：商务印书馆 2019 年版，第 76 页。

活的私事，无论在归因解释还是诉求对象或解决途径上，都极易政治化。比如，情绪宣泄类群体性事件，该类事件具有参与者无明确的利益诉求、与最初引发的事件并无直接的利益关系、无组织性、诉求对象相对广泛等特征，但是在该类事件中，非特定的参与者常常将不满和怨恨最终集中在党政机关身上。这种政治化倾向的危害是显而易见的。一方面，在公共冲突情境下，民众情绪政治化容易导致理性危机，情绪容易激动并产生激烈反应，易导致冲突升级。另一方面，民众动辄政治归因的思维惯性和传导效应，在很大程度上加剧了政府与民众之间的紧张关系，严重弱化了民众对政府的信任。现实生活中大量的"二阶冲突"和民众"不闹不解决、大闹大解决，小闹小解决"的行为逻辑，即是这种情绪政治化的集中表现。

五、公共冲突治理中合作型信任及建构路径

不同社会形态中的信任呈现出不同的类型。在农业社会、工业社会再到后工业社会的更替中，信任分别经历了习俗型信任、契约型信任到合作型信任的演进过程。

（一）合作型信任：冲突治理的信任图景

习俗型信任是农业社会的信任形态，是建立在血缘亲情、朋友情谊、社会人情关系等熟人社会基础上的一种非正式的伦理性约束，基本从属于习俗的规范或满足于习俗的需要，信任与习俗融为一体化，故称为习俗型信任。传统的习俗型信任具有熟识性、直接性、狭隘性和关系简单等特征。近代工业化社会以来，习俗型信任呈现出衰减的趋势，取而代之的是生成于工业社会和陌生人社会中的契约型信任。如果说农业社会是熟人社会，那么，工业社会就是陌生人社会。在向工业社会过渡中，随着工业化、市场化和城市化的推进，维系传统农业社会信任关系的血缘、习俗、道德等规范逐渐式微，客观上需要在陌生人之间建立一种新型的信任关系，即契约型信任。它是通过缔结契约的方式，以契约为中介而建立互信的一种秩序关系。其特征有：非人格化，抽象掉了人的非

理性存在的方面，只信任规则；匿名性，将人掩藏在契约以及维护契约的规则的背后；工具性，可以计算并发展出人的行为选择策略。①但是，就政府与公众关系而言，由于二者实力过于悬殊，其实际上处于非对等的地位；政府作为公权力的行使者，在资源、信息等方面都拥有绝对的优势地位。因此，在多数情况下，公众因无奈不得不信赖政府，形成"被迫"的信任关系。②这种信任并非发自民众内心的认同与遵从，而是受外在力量的迫使，容易引发政府信任危机。

改革开放以来，我国经济转型和政府转型的双向互动推动了国家与社会关系的适度分离，一个不同于国家并具有自主性运作逻辑的社会空间开始成型并逐渐走向成熟。国家与社会的关系开始从扭曲向常态回归，并在我国国家与社会互动的实践中逐渐形成了具有本土化特色的话语体系。在此话语体系中，社会是具有多重身份叠加的公民个体权益的集合体或利益共同体，而国家则是对个体及其群体的权益做出制度性安排的保障系统。换句话讲，"社会喻于利，国家喻于权"。国家权力要凸显其公共性，要维护和保障公民的基本权益和社会权利。由此，政府与公民的关系亦发生了显著的变化，民众权利意识、独立意识和自主意识日益增强，并成为评判政府的主体性力量。正是社会转型和国家与社会关系的深刻变革，显著地改变了公众的需求结构，进而改变了他们的信任逻辑。③因此，对于政府治理而言，必须在协调和规范复杂人际关系和社会关系的基础上，通过合作共治进而实现良政善治。必须实现政府与民众之间的良性互动，构建合作型信任关系。

在公共冲突治理中，合作型信任是政府与民众之间相互信任的双向信任形态。具体而言，在良性互动与有效合作的实践中，不仅政府能够相信民众，民众也信任政府。信任是合作的前提和基础，合作是增进信任与促进信任的基本路径，合作与信任融为一体。在这种信任关系下，政府与民众的合作治理超越了简单的工具理性的诉求，而走向实质理性，

---

① 张康之：《在历史的坐标中看信任——论信任的三种历史类型》，《社会科学研究》2005 年第 1 期。

② 程倍：《契约型政府信任关系的形成与意义》，《东南学术》2005 年第 2 期。

③ 上官酒瑞：《现代社会的政治信任逻辑》，上海：上海人民出版社 2012 年版，第 337-338 页。

是理性与情感的统一。

合作型信任是培育和实现多元公共性的基础性条件，是应对多元化社会矛盾与冲突和提升公共冲突治理有效性的必要条件。改革开放以来，中国日渐进入了一个多元化的时代。多元化时代公共需求的满足和公共秩序的建构，要求不断突破以往由国家或者政府单一主体承载公共性的一元公共性格局，而不断发展出由多元主体共同建构公共性的新型多元公共性格局。然而在实践中，多元公共性却面临着较大的生长困境，主要表现为社会组织的"组织外形化""弱正外部性"和"偏向性生长"，那么社会组织作为主体而开创的公共性就存在明显的迷失、羸弱和失衡。①多元主体之间在合作与互动中信任的缺乏是导致这种困境的主要原因之一。因此，合作型信任就是构建多元公共性、有效化解社会矛盾和冲突以及促进社会稳定与和谐的基础性资源。

（二）公共冲突治理中合作型政府信任的建构路径

基于上述对合作型信任的分析，并结合当前我国公共冲突治理中政府信任缺失的现状及原因，我们认为合作型政府信任是提升政府公信力和有效化解公共冲突的理想信任图景。合作型政府信任应从多元路径进行建构。

1. 加大反腐力度，营造合作型政府信任的政治基础

为政清廉才能取信于民，秉公用权才能赢得人心。相反，公权力腐败和官僚主义是恶化社会风气和政府信任的"毒瘤"。"近年来，一些国家因长期积累的矛盾导致民怨载道、社会动荡、政权垮台，其中贪污腐败就是一个很重要的原因。"②一个廉洁高效的政府形象容易赢得广大民众的信任、支持和认可。而官员以权谋私、徇私舞弊、贪赃枉法、官僚主义作风严重，工作方式粗暴、蛮横最容易丧失公信形象。丧失民众信任的政府在处置和化解社会矛盾和公共冲突时，不仅不利于矛盾和冲突的解决，反而易成为民众发泄、仇恨和抗争的对象。经验研究表明，公

---

① 唐文玉：《社会组织公共性的生长困境及其超越》，《上海行政学院学报》2016 年第 1 期。

②《紧紧围绕坚持和发展中国特色社会主义学习宣传贯彻党的十八大精神》，载于中共中央文献研究室编：《十八大以来重要文献选编》（上），北京：中央文献出版社 2014 年版，第 81 页。

权力腐败以及官员不正之风是导致政府信任流失、官民矛盾激化和引发群体性公共冲突不可忽视的重要因素。因此，必须加大反腐力度，从根本上营造风清气正的良好政治生态，为构建合作型政府信任营造良好的政治生态环境。首先，广大党员干部要从思想上认识到腐败问题关系到党和国家的生死存亡，从根本上厚植政府信任的土壤。其次，坚持党要管党，全面从严治党，严肃党内政治生活，严明党的纪律，强化党内监督，发展积极健康的党内政治文化，全面净化党内政治生态。最后，建立健全决策权、执行权和监督权既相互制约又相互协调的权力结构和运行机制，从根本上确保政府权力的公共性。

2. 培养公众的理性认识与公共精神，夯实合作型政府信任的心理基础

社会的和谐稳定与良性运营离不开理性平和的社会公众心态和公共精神的彰显。不断涌现出的一些社会矛盾和冲突，在很大程度上既与公权力腐化、贫富分化、诚信不足等原因引发的社会心态的普遍失衡、偏激有关，也反映出市场经济条件下民众权利意识高涨而公共精神和社会责任薄弱有关。因此，理性平和心态与公共精神是社会治理共同体维系并良性运行的基本要素，是民众理性表达利益诉求和政府有效吸纳社会力量参与治理的前提条件，也是政府与民众在互动中增进合作和构建合作型信任的基础资源。理性认识和公共精神即公共理性，它是所有公共生活参与者的伦理约束，是现代社会公共领域的行为准则和道德风尚，是协调人与政治、人与社会、人与人之间文明关系的价值规范。公共理性作为现代公共领域的道德准则，能够引导公众自主地作出判断和选择，帮助公众形成理性品质，对信任的生成至关重要。

首先，培养公民崇法、信法、守法、用法的自觉心理。人类文明的演进历程表明：法律最能涵养和塑造公民理性平和的心态。如果公民能自觉运用法律途径理性平和有序表达诉求，而不是体制外的非理性抗争，那么就会逐渐厚植合作型信任的心理基础和人文情怀，社会矛盾激化为暴力冲突的可能性就会大大减少。其次，有序引导公民组织化参与，提高社会组织参与的能力和公信力。组织化参与能够减少公民的非理性行为，过滤个别极端化的观点言论，促进理性沟通与协商，对于构建合作

型政府信任是不可或缺的途径。最后，培育现代公共文化，增强公民的主体意识和公共责任，激发社会活力。这不是简单的政府放权就能实现的，而是需要从单向度的政府负责向"人人有责、人人尽责"转变，从单纯的多元主体共治向更具活力和凝聚力的社会治理共同体提升。因此，构建合作型政府信任需要激发公众的公共责任，并在此基础上形成基于公共精神和相互信任的合作治理模式。

3. 坚持动态稳定观，明确合作型政府信任的价值追求

古往今来，人类社会在对秩序与发展的追求与实践中更替和演进。可以说，秩序与发展是人类社会孜孜以求的永恒价值。从根本上讲，维持基本的社会秩序与稳定，才能实现迅速的社会发展，而经济社会的发展进步有利于在更高水平上维持稳定。秩序是发展的前提条件，发展则是稳定的基础，秩序与发展具有内在的一致性。然而，人类实践经验表明，两者的关系并非如此简单。秩序与发展的关系悖反是困扰人类社会、考验国家治理的常态命题，尤其是处在经济社会的迅速转型期，更是如此。亨廷顿关于"现代性孕育着稳定，而现代化过程却滋生着动乱"[①]的惊人洞见和邓小平关于"过去我们讲先发展起来。现在看，发展起来以后的问题不比不发展时少"[②]的深刻观察，讲的就是这个道理。

对于国家治理而言，关键的问题不是如何最大限度杜绝和抑制社会矛盾和冲突的发生，而是坚持合理的稳定观和构建科学有效的社会矛盾与冲突治理模式。如此，合作型政府信任才能落定在坚实的制度基础上。在这方面我们有过深刻的教训，也积累了可贵的经验，并且正在实现从僵化稳定观向动态稳定观、封堵型治理模式向疏导型治理模式的转型。可以说，我国在推动社会治理转型中，正确地处理了改革、发展和稳定的关系，创造了世所罕见的经济快速发展奇迹和社会长期稳定奇迹。[③]近年来，我国在探索中取得的进步确实是难能可贵的，也是符合现代社会

---

① ［美］塞缪尔·P. 亨廷顿：《变化社会中的政治秩序》，王冠华等译，上海：上海人民出版社2008年版，第31页。

② 中共中央文献研究室编：《邓小平年谱（1975—1997）》（下），北京：中央文献出版社2004年版，第1364页。

③ 《中共中央关于坚持和完善中国特色社会主义制度　推进国家治理体系和治理能力现代化若干重大问题的决定》，《人民日报》2019年11月6日。

治理要求的。要从观念上端正认识，稳定不是纹丝不动，那是传统的机械稳定观。市场经济、民主政治的发展和现代社会的多元流动需要的是一种动态稳定观，指的是在动态中实现过程的平衡。其与前现代稳定最大的区别是，允许释放对现实的不满，用疏导而非一味地压制去化解矛盾和冲突，即强调公民的参与和谈判、协商。

4. 拓宽公众参与途径，搭建合作型政府信任的支撑平台

合作型政府信任来源于政府与民众的互动实践，离不开公众的有效参与。古希腊伟大政治家伯里克利就说过，"最坏的事情莫过于在结果尚未适当讨论之前就匆匆地付诸行动"①。换句话讲，公众有效参与的缺失是引发政府信任危机的主要原因。上述案例分析表明，群体性事件之所以多发频发，成为困扰地方政府治理的最为头疼的事情之一，就是由于地方政府在公共决策过程中不公开、不透明和公众参与缺失。如 2012 年四川什邡事件（案例 27），因举行项目奠基典礼仪式，民众才知晓有个"钼铜多金属资源深加工综合利用项目"要开工建设。尽管审批手续和环评报告比较完备，有关污染问题也没有民众想象的那样严重。因此，在公共决策和社会矛盾与冲突化解过程中，必须落实公众的知情权、参与权、表达权和监督权，从而搭建合作型政府信任的支撑平台。首先，政府要转变居高临下、绝对支配的心态，要信任民众，相信民众的理性行为，保障公众的参与权、知情权和表达权；同时，民众要尊重政府，遵守法律，通过激发自身的主体意识和公共责任，积极参与社会治理。其次，要拓宽民众的参与渠道，通过走访、问卷、听证会、恳谈会、座谈会、咨询会等方式，实现政府与民众间沟通参与方式的多样化、常态化和制度化，让民众真正参与进来。最后，通过组织化方式，提高公众参与的能力和水平。相较于个体化参与，一方面，组织化参与能够减少个别激进观点，形成主流的理性意见，增强群体性行为的可预期性，有效防止群体矛盾向社会冲突的升级；另一方面，政府面对的不再是一盘散沙式的民众，可以提高治理的效率。②总之，在政府治理、社会调节和居民自治的良性互动中，在共建共治共享的社会治理格局中需要增强政府

①［英］戴维·赫尔德：《民主的模式》，燕继荣译，北京：中央编译出版社 2008 年版，第 1 页。
② 张凤阳：《科学认识国家治理现代化问题的几点方法论思考》，《政治学研究》2014 年第 2 期。

与民众互信，从而为构建合作型政府信任搭建坚实的实践平台。

5. 完善社会信任体系，构筑合作型政府信任的社会环境

社会信任是居民对当前社会生活、经济活动和政府等公权力部门的整体信任程度。从范围上讲，政府信任是社会信任的核心组成部分，社会信任构成了政府信任的外部环境，对政府信任具有重要影响。如果社会信任恶化，出现了危机，必然会向其他领域蔓延，影响社会稳定和经济平稳发展，最终也会转移和指向政府信任。而在党政主导的社会治理格局下，政府信任对社会信任具有重要的引领和塑造作用。政府信任在现代社会信任体系中居于主导地位。如果政府信任不良或发生了危机，必然会恶化社会信任生态，社会信任危机也会尾随而至。凭借良好的政府信任对社会治理加以引导，从加大社会主义核心价值观教育、完善社会信任机制和法治社会建设等方面综合施策，就能优化社会信任生态。因此，政府信任与社会信任具有相互影响、彼此形塑的密切关系。要加快社会信用体系建设，为构建合作型政府信任塑造良好的社会信任生态环境。首先，培育和践行社会主义核心价值观，将之转化为人们的情感认同和行为习惯。其次，优化征信体系建设，加大对社会失信人员的惩戒力度。社会失信损害了社会良知公俗，一旦蔓延成风，必将增加人际关系的不信任感，引发信任危机，影响社会秩序，挑战政府权威。最后，加快法治社会建设。社会不仅是法治的规范对象，更是践行法治的主体。法治社会建设可以有效地约束公权力，保障隐私权利，提高政府与社会成员的行为预期，从而为政府与公民间的信任提供稳定的保障。

第 六 章

冲突治理制度及其对公共冲突治理有效性的影响

制度建设是公共冲突治理的根本性建设。从根本性上讲，公共冲突治理有效性的提升和公共冲突治理能力的强化有赖于一套系统完备、科学规范、运转有效的制度体系，即公共冲突治理制度，也被称为公共冲突管理制度。党的十八届三中全会明确提出，"全面深化改革的总目标是完善和发展中国特色社会主义制度，推进国家治理体系和治理能力现代化"①。国家治理体系和治理能力是一个国家的制度和制度执行力的集中体现，国家治理能力的现代化是国家治理体系现代化顺畅运行的结果。②可见，国家制度和治理体系的现代化对于国家效能和治理能力具有决定性的作用。那么，公共冲突治理作为国家治理的重要组成部分，其有效性有赖于公共冲突制度效能的发挥，离不开公共冲突治理机制的运转顺畅和功能完备，是公共冲突治理体系和治理机制顺畅运行的结果。因此，只有建立一套完善的公共冲突治理制度体系，才能有效地预防、处置和化解各类社会矛盾和公共冲突，为深层次的社会稳定与和谐提供根本保证。

---

① 《中共中央关于全面深化改革若干重大问题的决定》，载于中共中央文献研究室编：《十八大以来重要文献选编》（上），北京：中央文献出版社 2014 年版，第 512 页。
② 任剑涛：《现代化国家治理体系的建构：基于近期顶层设计的评述》，《中国人民大学学报》2015 年第 2 期。

一、问题提出

以市场经济为基础的经济与社会转型过程，是由一种所谓的"双向运动"所支配的，即"力图扩展市场范围的自由放任运动，以及由此生发出来的、力图抵制经济脱嵌的保护性反向运动"①。改革开放以来，伴随着市场经济的发展和改革的不断深入，社会问题与矛盾逐渐凸显并呈现增多态势，在有些领域演化为公开的群体性冲突。

为了有效应对社会矛盾和冲突，为改革和发展提供良好的社会秩序和制度环境，党和政府高度重视社会稳定问题，在制度实践中逐渐形成了具有本土化特征的"维稳政治"体制。具体而言，"以政治意识形态为导向，把'秩序''稳定'等作为当下追求的高级乃至最高位序价值，以此为中心组织行政、司法工作，指向对象则是群体性事件、暴力恐怖犯罪等任何妨害社会稳定的集体性行为"②。"维稳政治"体制及其实践引发了整个社会的高度关注，学界针对该体制的形成、演化、特征、优劣等展开了广泛的研究。肖唐镖认为，近三十余年来，我国政府在回应民众抗争时，形成了独具特色的"维稳政治"，这是一种全面维稳、全面动员的政府回应体制。在缺乏应有的法律指引和专业规范条件下，政府回应一直在"压力型的运动式治理"的框架内运行。③于建嵘指出，我国社会稳定问题引发社会各界的广泛关注并对政府治理构成了一定的挑战，一方面固然与我国改革进入深水区，各种社会矛盾和冲突凸显有关；另一方面则反映出我国社会稳定结构与维稳体制存在一些根本性的制度缺陷和问题。这主要表现为社会秩序的刚性稳定以及与之相关的维稳运行机制。④清华大学社会学课题组提出，当前的维稳体制呈现出"运动方式

---

① ［英］卡尔·波兰尼：《大转型：我们时代的政治与经济起源》，冯钢等译，杭州：浙江人民出版社 2007 年版，第 18 页。

② 魏治勋、白利寅：《从"维稳政治"到"法治中国"》，《新视野》2014 年第 4 期。

③ 肖唐镖：《当代中国的"维稳政治"：沿革与特点——以抗争政治中的政府回应为视角》，《学海》2015 年第 1 期。

④ 于建嵘：《当前压力维稳的困境与出路——再论中国社会的刚性稳定》，《探索与争鸣》2012 年第 9 期。

与权宜之计的基本特征"，具体表现在处理社会矛盾的运动式方式、体制性防卫过当、机会主义与非规则化、社会矛盾终止机制的缺失等。①陈发桂等学者认为，我国维稳体制的"非理性"特征显著，主要表现为基层维稳运行朝着非理性方向发展、运行成本的高昂化、运行目标的短期化等。②改革开放以来，国家发展正规的治理结构，但同时也部分地继承了寓行政于正式与半正式机制相结合的治理方法与传统。③这些研究与分析从不同的侧面较为准确地反映了当前我国维稳体制的基本特征与缺陷。

总之，改革开放四十多年来，我国经济社会发展在取得巨大成就的同时，社会矛盾和冲突及其重要表现形式的群体性事件，也引起了政府和社会的高度关注。在改革开放不断深入的新时代，我国群体参与性的公共冲突与以往相比，出现了一些值得高度关注的新变化和新特点，主要表现为：一定地域内的"邻避运动"时有发生，重在宣泄不满的"阶层冲突"明显增多，围绕权利展开的"价值追求"初现端倪。④因此，面对社会矛盾和冲突的新情况，仅仅依赖临时性、运动式治理的措施难以奏效，必须抛弃传统的思维定式，强化公共冲突治理的制度建设，通过完善制度体系和强化制度效能，来提升公共冲突治理的有效性。

二、公共冲突治理对制度供给的需求

随着现代社会日益呈现出多元化、异质化特征，以及人们的权利意识和自主能力不断提升，社会矛盾和公共冲突呈现出愈加复杂的态势。作为一种极端化的表达途径，公共冲突已成为一种比较常态化的社会现象。民众选择公共冲突的表达要求日益强烈，公共冲突的表达方式也日

---

① 清华大学社会学系社会发展研究课题组：《利益表达制度化，实现长治久安——维稳新思路》，《理论参考》2011 年第 3 期。

② 陈发桂：《基层维稳的行动逻辑：从体制化运行到社会化运行》，《理论与改革》2011 年第 6 期。

③ 樊鹏：《中国社会结构与社会意识对国家稳定的影响》，《政治学研究》2009 年第 2 期。

④ 王赐江：《中国公共冲突演变的新趋势及应对思路——基于典型群体性事件的分析》，《中国行政管理》2015 年第 1 期。

益多元。尤其是在社会转型期，工业化、市场化、城镇化快速推进，不断积累的社会矛盾使公共冲突在发生规模、频度和强度上都呈现出急剧上升的态势。问题的关键不在于消灭冲突或堵塞冲突，而是让社会冲突在制度框架内得以解决，即公共冲突的制度化。这既可以有效抑制冲突的负面作用，也可以发挥冲突的正向功能。科塞指出：冲突制度化的社会系统允许对立的要求迅速而直接地表达出来，能够通过消除不满的根源而不断调整自身的结构，因此，其稳定性和整合程度更高。[1]基于稳定与制度化关系的经验性观察，亨廷顿认为，社会变迁本身并不会导致大规模的社会运动和革命，只有当一个社会中的社会变化不能被及时制度化时，社会变迁才会成为大规模社会运动甚至革命的温床。[2]

因此，从整个社会的良性运行出发，公共冲突治理的一个最基础的方式，就是通过建立和完善社会成员共同遵守的制度，将社会成员的行为规范化、预期化，使冲突得到有序的表达、协商、化解和整合。从社会治理角度讲，制度是规范社会成员行为的相对稳定的、可预期的规则体系。美国著名的政治学者杰克·奈特指出："各种不同制度有两个共同的特征：第一，它是一套以某些方式构建社会互动的规则；第二，这套规则必须为相关团体和社会的每个成员所了解。制度可以分为正式制度和非正式制度。正式制度靠外部实施，非正式制度则自我实施。无论是正式制度还是非正式制度，都会对社会互动结构产生影响，只是影响的程度和稳定时间有所不同。"[3]世界著名的经济学家道格拉斯·诺斯认为，制度就是"一个社会中的游戏规则，或者更正式地说，制度是人类设计出来调节人类相互关系的一些约束条件"[4]。

对公共领域的冲突治理而言，冲突治理制度最主要的功能，在于确定冲突各方相互关系的基本结构，确保合理和稳定的行为预期，减少行

①［美］L.科塞：《社会冲突的功能》，孙立平译，北京：华夏出版社1989年版，第114页。

②［美］塞缪尔·P.亨廷顿：《变化社会中的政治秩序》，曹海军译，北京：生活·读书·新知三联书店1989年版，第45页。

③［美］杰克·奈特：《制度与社会冲突》，周伟林译，上海：上海人民出版社2009年版，第2-3页。

④［美］道格拉斯·C.诺斯：《制度、制度变迁与经济绩效》，刘守英译，北京：生活·读书·新知三联书店1994年版，第3页。

为的偏激性和不确定性，引导各方采取合作协商的途径化解矛盾和冲突，从而确保正常的社会秩序。具体而言，在公共冲突治理过程中，有效的冲突治理制度至少可以从三个方面对冲突各方产生有效的约束力，使冲突行为、冲突过程和冲突结果趋向可预期性和确定性，从而提升公共冲突治理的有效性。

第一，公共冲突治理制度明确了冲突各方互动与博弈的必经程序，从而形成了稳定的行为预期。在日常生活中，人们通常是为了实现某种目标或获取特定的利益而行动，并且为了有效地实现这些目标或利益而选择适宜的行为策略。在相互依赖的冲突结构关系中，冲突一方的选择和行为预期通常被纳入另一方做出选择的重要考虑因素，因此，冲突各方的选择和行为预期会相互间产生重要的影响。而公共冲突治理制度是形成这些行为预期的基本来源，也是引导冲突各方行为策略的重要工具。相反，在缺乏稳定制度环境的情况下，有效表达利益诉求的途径、有序解决冲突的合法程序和公权力部门进行第三方干预的方式等都无从为冲突各方所知晓。在这种情况下，冲突各方更愿意扩大冲突以获取政府或社会的关注，或者凭借一己之力进行鱼死网破的抗争，或者借机发泄心中的怨恨，如情绪宣泄类群体性事件。

第二，公共冲突治理制度中的制裁、惩罚和追责等措施，意味着冲突各方对自己的违规行为要承担相应的法律责任，也就是说公共冲突治理制度具有明确的法律责任后果预期。我们知道国家制度是靠公权力来保障，并由政府强制实施的、具有法律效力的规则。"制度为理性行为人的计算提供两种重要的信息：一是对违规行为会有怎样的制裁；二是其他人可能的未来行为。这些信息会改变社会成员的合理行为，并进而改变冲突的结果。"[①]在缺乏稳定制度的情境下，紧张的对立关系和氛围，往往使得冲突各方无所顾忌甚至肆无忌惮地采取体制外的途径甚至暴力的方式。这就容易导致冲突不断转化和升级，加大了暴力冲突的风险。比如，我国群体性事件中具有本土特征的"不闹不解决、小闹小解决、

---

① 常健、田岚洁：《公共领域冲突管理的制度建设》，《国家行政学院学报》2013 年第 5 期。

大闹大解决"的行为逻辑，在很大程度上就是由于"制度空白、责任模糊"所导致的"法难责众"的趋同心理和从众效应。如果有稳定的制度环境，冲突各方就会对自己不理性、过激的或违法的行为及承担的责任和后果形成稳定的心理预期，从而谨慎地约束自己的行为，更倾向于采取合作、沟通和协商的体制内途径来化解矛盾和冲突。

　　第三，公共冲突治理制度的稳定性是增进冲突各方相互信任，尤其是政府信任的重要来源。信任是人际关系互动中心理上的合理预期和评价。在公共冲突过程中，冲突各方彼此都会依据对他方的行为预期来确定己方应当采取的理性应对策略。如果相互间的行为预期都在合理合法的范围内，那么冲突各方在进行行为策略的选择时一般都是比较理性的和克制的。因此，相互间的信任程度就比较高；反之，就会由于缺乏稳定的行为预期导致信任流失甚至信任丧失。在此情况下，伴随着冲突方不信任感增加，政府公信力不断降低，冲突能量也不断聚集，加剧了冲突蔓延和升级的风险。因此，只有为冲突关系中行动者提供理性的行为预期，才能维系冲突方相互间的信任关系，才能有效遏制冲突蔓延和升级，才能以合作与协商的方式为化解冲突提供良好的基础。制度最主要的功能就是为人们的理性行为提供稳定的心理预期，而公共冲突治理制度最主要的功能就是为冲突各方提供彼此行为选择及其结果的稳定的预期，并引导他们做出理性的选择。

　　因此，公共冲突治理制度建设对于有效应对社会转型期各类突发、多发、频发的矛盾和冲突具有极其重要的作用。正如有学者指出的："在中国社会的发展中，建立一个能在将大多数社会运动体制化的同时将极端行为边缘化的国家-社会关系，是实现长治久安的真谛所在。"①所以，公共冲突治理制度的供给及其效能的发挥，对公共冲突治理有效性具有决定性的影响。

---

① 赵鼎新：《社会与政治运动讲义》，北京：社会科学文献出版社 2006 年版，第 50 页。

三、当前我国公共冲突治理制度供给的现状：基于典型案例的分析

公共冲突治理制度是由各种不同性质、功能和形式的社会矛盾和冲突解决方式，相互协调互补，共同构成的矛盾和冲突化解与治理体系。任何国家和社会都会构筑一定的具有社会矛盾和冲突预防与治理功能的制度体系。

（一）理解我国公共冲突治理制度体系

社会问题和矛盾是整个社会在运行和维系过程中不可避免的现象，公共冲突治理制度的设计和运行正是为了有效地解决社会矛盾和冲突，而那些难以化解而又不断积累的社会问题和矛盾，在突破临界值的情况下，就会演变为公共冲突。

公共冲突治理制度就是依据社会问题和矛盾滋生、演变的过程性和阶段性特征，有针对性地设计和制定相关的制度和规则，并将制度不断地转化为治理效能的过程，即公共冲突治理的制度化。可见，公共冲突治理在制度设计上具有鲜明的过程导向。公共冲突治理制度是一个过程，是由一系列前后相继、相互衔接的体制、机制等环节构成的公共行政活动。因此，从社会矛盾和冲突的滋生、演变的阶段性特征来看，可以将我国公共冲突治理制度划分为社会矛盾和冲突的常规化解制度和冲突管理制度或冲突应急管理制度。我国的公共冲突治理制度就是由这些环环相扣的机制构成的制度体系，主要包括社会矛盾和冲突的常规化解机制，冲突管理的预警机制、冲突处置机制、协商机制、评估机制、问责机制、后续治理机制等，这些环节共同构成了公共冲突治理制度的立体结构，由此形成了一个完备、有效的公共冲突治理体系，缺一不可（如图6-1）。

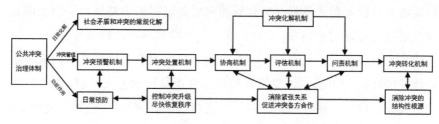

图 6-1　公共冲突的治理体系、机制与功能

　　从公共冲突治理主体的角度上讲，我国公共冲突的常规治理制度主要包括司法途径的社会矛盾和冲突治理机制、行政途径的社会矛盾和冲突治理机制以及社会途径的社会矛盾和冲突治理机制。司法的冲突治理制度是解决社会矛盾和冲突最正式、权威的途径。司法是社会公正的最后一道防线，是维护社会正义和化解社会矛盾和冲突的主阵地。行政的冲突治理制度在社会矛盾的化解过程中起着很重要的作用，如行政复议、信访等。需要指出的是，信访常被称为"行政信访"，是通过行政渠道或者更为确切地说是通过党政渠道来寻求权利救济和社会矛盾与冲突化解的一种方式。从我国公共冲突治理制度的演变历程来看，在"两类矛盾学说"①及其实践中，上访与上诉是代表着两种不同性质的社会矛盾及其解决机制，上访针对的是"人民内部矛盾"，即人民信访制度；上诉则针对的是敌我矛盾，即作为专政工具的司法制度。改革开放后，随着阶级斗争思想的退潮和中国共产党执政基础的扩大，敌我矛盾逐渐失去了存在的现实基础。同时，随着依法治国进程的推进，中央明确提出"创新有效预防和化解社会矛盾体制。坚持依法治理，加强法治保障，运用法治思维和法治方式化解社会矛盾"②。与此相应，司法的公共冲突治理制度功能开始回归本位，由阶级斗争的手段转变为依法治国的载体，法院

---

　　① 1957 年 2 月 27 日，毛泽东在最高国务会议第十一次（扩大）会议上作了题为"关于正确处理人民内部矛盾的问题"的报告，首次具体阐述了"人民内部矛盾"的性质、范围、原因和解决的方法。毛泽东指出："在我们面前有两类社会矛盾，这就是敌我之间的矛盾和人民内部的矛盾。这是性质完全不同的两类矛盾。"（参见《毛泽东选集》（第五卷），北京：人民出版社 1977 年版，第 364-365 页。）

　　②《中共中央关于全面深化改革若干重大问题的决定》，载于中共中央文献研究室编：《十八大以来重要文献选编》（上），北京：中央文献出版社 2014 年版，第 539-540 页。

日益成为我国社会矛盾和冲突化解的重要渠道；信访制度也不断地调适和改进以适应现实的需要。总之，就社会矛盾和冲突治理制度性质而言，上访与上诉经历了二元对立、相互分割向并行重叠、可供选择的权利救济途径的转变。[①]社会的冲突治理制度主要指基层的人民调解、农村社区的熟人调解以及一些社会组织对于冲突事项的调解等。[②]值得一提的是，由于中国儒家文化强调"中庸""和为贵"，政府在社会治理中非常重视调解的作用，地方政府在各地设立了"人民调解委员会""社会矛盾调解中心"等第三方调解机构，使许多社会矛盾和冲突化解在基层。由此，在我国历史上形成了具有中国本土化特色的人民调解制度，其由来已久，经久不衰，在国际上被誉为"东方经验"，是我国的一项创举。总的来看，冲突治理的常规化解制度是由司法的、行政的和社会的等多元化因素构成的纠纷解决机制。常规化解机制是维护社会稳定与有序的首道安全网，承担着大部分社会矛盾和冲突的化解功能。我国社会矛盾和冲突的常规治理制度突出了多元化纠纷解决机制的理念，强调诉讼与非诉讼、法律机制与社会机制、国家权力与社会自治、公力救济与社会救济及私力救济之间的协调互动，旨在实现国家、法律与社会的协同与"善治"。[③]

在我国，除了冲突常规化解机制，公共冲突治理制度的另一个重要组成部分就是应急管理制度，即公共冲突管理制度。一个完整的冲突管理制度是由冲突预警机制、冲突处置机制、冲突化解机制、冲突转化机制等构成。其中，协商机制、评估机制和问责机制属于冲突化解机制的内容（见图 6-1）。冲突预警机制是地方政府关于社会舆情、社会矛盾和社会风险的信息收集、分析、研判的制度。冲突处置机制是指地方政府在处置突发性群体性事件中的紧急应对机制，启动应急预案，以迅速平息事态，防止冲突升级，最大化减少损失。协商机制是指在公共冲突治理过程中畅通民众诉求表达渠道，通过对话、协商的方式来化解冲突。

---

① 张振华：《中国的社会冲突缘何未能制度化：基于冲突管理的视角》，《社会科学》2015 年第 7 期。

② 许尧：《中国公共冲突的起因、升级与治理——当代群体性事件发展过程研究》，天津：南开大学出版社 2013 年版，第 55 页。

③ 范愉：《多元化纠纷解决机制与和谐社会的构建》，北京：经济科学出版社 2011 年版，第 36 页。

评估机制是指对公共冲突事件进行专业性的评估和认证。问责机制是指对公共冲突治理中相关机构和人员履职情况进行的责任追究制度。冲突转化机制是指通过完善常规化的争议解决机制以及相关法律和制度变革，从社会结构上消除冲突的根源，防止类似冲突的反复。可见，公共冲突管理制度是由冲突预防、冲突处置、冲突化解和冲突转化四个渐进递进的层次及环节构成，它们分别承担着不同的治理功能，并被赋予了不同的治理目标。冲突预防是在社会矛盾萌芽、聚集的初期（冲突爆发前的潜伏期）或累积至临界状态之前，将其化解；冲突处置是控制冲突升级，尽快恢复秩序；冲突化解旨在消除误会，重建信任关系，双方合作协商出令彼此满意的解决方案；冲突转化是从深层次上转变造成冲突的结构性因素，主要指不合理的利益分配制度等。（见第三章表3-1）

（二）我国公共冲突治理制度的现状：基于典型案例的分析

制度供给现状是影响公共冲突治理有效性的关键因素。如何评估当前我国公共冲突治理的供给现状？这一现状对我国冲突治理有效性产生了什么样的影响？是否面临着结构性的困境？如果说这种结构性困境在很大程度上影响了冲突治理有效性的提升，那么其原因是什么？针对这些问题，我们将通过案例研究的方法进行分析和解释。

1. 案例选取

案例选取与第二章所选取的案例是一致的。典型案例分为9种类型：土地征用类、拆迁纠纷类、资源边界纠纷类、劳资冲突类、医患纠纷类、环境污染类、情绪宣泄类、行政执法冲突类、维权抗争类。从每种类型中选取5个具有代表性的案例作为分析的对象。需要指出的是，这些案例都是具有代表性的群体参与性公共冲突事件。这些案例的共性是常规化解机制无效，即体制内的途径无法满足民众的利益诉求，民众遂铤而走险，采取体制外抗争的策略。因此，通过分析这些案例，我们可以对公共冲突管理制度的现状进行评估。

为了更为直观地展现我国公共冲突治理制度对冲突治理有效性的影响，我们从社会矛盾和冲突的日常化解制度、冲突管理的预警机制、应急处置机制、协商机制、评估机制、问责机制、转化机制等环节进行评估，并就它们与公共冲突治理有效性之间的关系进行多案例分析。（如表6-1）如果某一环节的制度在社会矛盾和冲突治理中发挥了作用，我们就用"√"表示；如果某一环节的制度启用了但没有发挥作用，就用"×"表示；如果抗争者绕过日常化解制度，直接采取体制外的抗争策略，就用"○"表示。我们通过各种渠道搜集了有关这些案例的报道、新闻、访谈和学术论文，并进行了认真的研读和分析，在此基础上，作出判断。

表6-1　公共冲突治理的结构分析

类型	编号	事件	日常化解制度	冲突管理制度						有效性
				预警机制	应急处置机制	协商机制	评估机制	问责机制	转化机制	
征地纠纷类	1	2010年广西苍梧林水村征地冲突事件	×	×	×	√	×	×	×	低
	2	2011年广东乌坎事件	×	×	×	√	√	√	√	低
	3	2012年河南项城征地冲突事件	○	×	×	×	×	√	×	低
	4	2014年昆明晋宁征地冲突事件	×	√	×	×	×	√	×	低
	5	2014年甘肃陇西征地冲突事件	○	×	√	√	×	×	×	较高
拆迁纠纷类	6	2004年湖南嘉禾强制拆迁事件	×	×	×	×	×	√	×	低
	7	2008年甘肃陇南拆迁事件	√	×	×	×	×	√	×	低
	8	2009年贵阳暴力拆迁事件	×	×	×	×	×	√	×	低
	9	2016年武汉洪山区强拆事件	×	×	×	×	×	√	×	低
	10	2016年海口秀英区"4·30"强迁事件	○	×	×	×	×	√	×	低

续表

类型	编号	事件	日常化解制度	冲突管理制度						有效性
				预警机制	应急处置机制	协商机制	评估机制	问责机制	转化机制	
资源边界纠纷类	11	2004年四川汉源事件	×	×	×	×	×	√	√	低
	12	2008年贵州瓮安事件	×	×	×	×	×	√	×	低
	13	2009年云南陆良"8·26"群体性事件	×	√	√	√	√	√	×	较高
	14	2010年陕西榆林横山群体性事件	×	√	×	×	√	√	×	低
	15	2011年云南绥江群体性事件	×	×	√	×	×	√	×	低
劳资纠纷类	16	2008年重庆出租车罢运事件	×	×	√	√	√	√	√	较高
	17	2008年深圳工人讨薪事件	×	×	√	√	√	√	×	较高
	18	2009年吉林通钢事件	○	×	×	×	×	√	×	低
	19	2014年东莞裕元鞋厂工人罢工事件	×	×	√	√	√	√	×	高
	20	2016年黑龙江双鸭山矿业集团职工集体讨薪事件	×	×	√	√	√	√	×	高
医患纠纷类	21	2009年福建南平"6·21"医患冲突事件	×	×	√	√	√	√	×	高
	22	2010年张家港"11·28"医患冲突	×	×	√	√	√	√	×	高
	23	2011年江西上饶"医闹"事件	×	×	√	√	√	√	×	高
	24	2014年湖南岳阳"8·20""医闹"事件	×	×	×	×	×	√	×	低
	25	2017年山东惠民"6·15""医闹"事件	×	×	√	×	×	√	×	低

类型	编号	事件	日常化解制度	预警机制	应急处置机制	协商机制	评估机制	问责机制	转化机制	有效性
环境冲突类	26	2007年厦门PX事件	×	×	√	√	√	√	√	较高
	27	2012年四川什邡事件	×	×	×	×	×	√	×	低
	28	2012年江苏启东"7·28"事件	×	×	×	×	×	√	×	低
	29	2014年广东茂名PX事件	×	√	×	×	×	√	×	低
	30	2014年浙江杭州中泰事件	×	×	×	×	×	√	×	低
情绪宣泄类	31	2004年重庆万州事件	○	×	×	×	×	√	×	较低
	32	2005年安徽池州事件	○	×	×	×	×	√	×	较低
	33	2006年四川大竹事件	○	×	×	×	×	√	×	较低
	34	2009年湖北石首事件	○	×	×	√	√	√	√	低
	35	2010年安徽马鞍山事件	○	×	√	√	×	√	×	高
行政执法类	36	2008年云南孟连事件	×	×	×	×	×	√	×	较低
	37	2009年江西南康事件	×	×	×	×	×	√	×	低
	38	2010年昆明事件	○	×	×	×	×	√	×	较低
	39	2011年广东增城事件	○	×	×	×	×	√	×	低
	40	2014年海口三江镇事件	○	×	×	×	×	√	×	低

续表

类型	编号	事件	日常化解制度	冲突管理制度						有效性
				预警机制	应急处置机制	协商机制	评估机制	问责机制	转化机制	
维权抗争类	41	2008年广州丽江花园社区业主维权事件	×	×	√	√	×	√	√	高
	42	2012年河南安阳非法集资事件	×	×	√	×	×	×	×	低
	43	2014年黑龙江肇东教师集体罢工事件	×	×	√	√	×	√	√	高
	44	2016年B市Q区S小区业主维权事件	×	×	×	×	×	×	×	低
	45	2018年安徽六安教师集体讨薪事件	×	×	√	√	×	√	×	高

2. 冲突常规化解制度的现状

如前所述，在我国社会矛盾和冲突治理制度体系中，常规化解制度主要包括司法途径的社会矛盾和冲突治理机制、行政途径的社会矛盾和冲突治理机制以及社会途径的社会矛盾和冲突治理机制。在日常经济社会生活中，我国对社会矛盾和冲突是按照常规程序进行治理的，对社会矛盾进行有效的化解，让冲突能量得以合理的释放，使冲突各方有更多沟通、协商的机会与互动空间。

只有当常规化解机制无效，体制内的途径无法满足民众的利益诉求，民众遂铤而走险采取体制外抗争的策略，进而威胁到社会整体的安全和稳定时，政府才会采取刚性压制或强力控制为特征的应急管理措施。因此，在社会矛盾和冲突治理制度成熟的国家，常规化解是常态，是有效化解社会矛盾和冲突的基础，是维护社会安全与稳定的关键所在。而冲突管理或应急管理则是非常态。因此，一个有效的公共冲突治理制度体系应该是绝大多数社会矛盾和问题在常规化解制度的作用下就能够得到化解，只有少部分因社会矛盾逐渐积累，突破临界线而引发的公共冲突（当前在我国最典型的表现就是群体性事件），通过应急管理制度能够得到有效搁置而迅速平息，并将危害性降至最低。

然而通过对本研究所选经典案例的分析来看，其共性是常规化解制度没有发挥应有的作用，而导致民众采取体制外的抗争策略，社会矛盾和冲突也不断升级，有的演变为暴力性的群体性事件，有的在政府部门的及时干预和应对下而得到较为妥善的解决。其中，绝大多数案例是由于常规化解制度无效，没有发挥应有的作用，导致社会矛盾没有及时解决而不断积累，最终引发民众采取体制外的暴力抗争策略。在表 6-1 选取的 45 个案例中，此类案例有 33 例，占比 73.3%。

以上案例说明社会矛盾和冲突常规化解制度虽然成为抗争者首选的利益表达途径和维权手段，但是并没有起到应有的作用，剩余的案例是由于抗争者直接绕过体制内的常规化解制度，径直采取体制外的暴力策略而造成冲突。此类案例有 12 例，占比 26.7%。这类案例最典型的表现是情绪宣泄类群体性事件。如 2004 年重庆万州事件（案例 31）、2005 年安徽池州事件（案例 32）、2006 年四川大竹事件（案例 33）、2009 年湖北石首事件（案例 34）、2010 年安徽马鞍山事件（案例 35）。这类事件有一个共同的特征，即由偶发纠纷引起的，一般没有上访、行政诉讼等过程，从意外事件升级到一定规模的暴力冲突的时间极短，突发性极强。同时，这类事件没有明确的组织者，绝大多数参与者为非利益相关者，主要为围观者因被"类似情绪"感染，以发泄心中的不满或怨恨。这类事件的危害性和严重性是显著的，背后隐藏的是严重失衡的社会心理，尤其是"仇富""仇官"心态。这种失衡的心理在偶发因素的作用下，犹如开闸泄洪般爆发出来，成为群体性暴力冲突的驱动力量。

制度建构主义认为，制度是在满足现实社会需求中逐渐形成和调整的。我国公共冲突常规化解制度正是在应对社会矛盾和冲突的变化过程中建立并调整的。经过长期的改革和制度建设，我国已经建立起比较完善的社会矛盾和冲突治理制度，各领域的法律法规对社会矛盾和冲突具有一定的管理功能。正是由于这些制度安排，使得我国社会矛盾和冲突能够控制在可以承受的范围之内。但是由于快速转型期社会矛盾和冲突凸显，我国社会矛盾和冲突管理制度面临着严峻的挑战，并暴露出诸多明显的缺陷和问题。其中，值得关注的是我国社会矛盾和冲突治理制度体系的非均衡性，即过于强调应急管理，而对常规管理的重视不够。许多社会矛盾和冲突本应该通过日常化解机制就可以解决，但实际情况是日常化解制度并没有起到应有的作用，或者民众直接绕过日常化解机制而直接采取体制外的抗争方式。这种现象在表 6-1 中得以明显体现。

我们知道，当社会矛盾和冲突升级为大规模暴力对抗时，应急管理是必要的，这需要迅速启动冲突应急管理机制，有效遏制冲突升级。但是当社会矛盾和冲突还处于非暴力、和平的抗争阶段时，则需要常规化解制度切实发挥功效。有效的日常化解制度可以使社会矛盾和冲突在萌芽阶段就得以化解，防止社会矛盾升级为大规模的暴力冲突。对常规管理的忽视和对应急管理的过分强调具有明显的弊端。一是带来大量的"剩余事务"，即不断滋生、积累和升级的社会矛盾和冲突。这些日益增多的"剩余事务"事实上成为威胁社会稳定的潜在危险因素，给地方政府管理带来了巨大的压力和挑战。二是对传统的"管控型"政府管理模式的路径依赖。在认知上，这种管理模式只看到了公共冲突的消极作用而忽视了其正向功能，在管理理念上，过于强调"封堵"而不是"疏导"，采取一切手段，不惜投入大量人力物力财力进行维稳。这种做法既造成了极其高昂的维稳成本，并且效果上也事倍功半。三是不利于公民参与能力的培养和公共冲突制度化的形成。普遍存在的强调应急管理而忽视常规管理的倾向，对于民众而言，实际上是对体制外行为策略的诱导和"闹大逻辑"的强化。这使得公共冲突治理陷入了一种恶性循环，此即所谓的"越维稳越不稳"的困境。

总之，在我国社会矛盾和冲突治理制度体系中，常规化解制度功能不足是当前我国社会矛盾和冲突治理制度体系建设面临的最大的问题。充分认识常规化解制度的基础性作用，强化常规化解制度的效能，改变重应急管理而轻常规管理的失衡性，是完善我国社会矛盾和冲突治理制度的必由之路。

3. 冲突应急管理制度的现状

在我国，冲突管理制度由冲突预警机制、冲突处置机制、冲突化解机制（包括协商机制、评估机制、问责机制）、冲突转化机制等环节构成。冲突一旦爆发，应急管理制度必须快速启动。

预警机制是地方政府关于社会舆情、社会矛盾和社会风险的信息收集、分析、研判的制度。在社会矛盾和冲突的治理中，如果地方政府具备灵敏的预警机制和能力，就可以做到未雨绸缪，大事化小，小事化了，在矛盾和冲突的萌芽阶段将其予以化解。相反，如果基层政府存在着"体制性迟钝"、报喜不报忧、过滤信息等问题，将延误化解冲突的最佳时机，降低化解社会矛盾和冲突的效能。在当前我国社会矛盾和冲突的预警机制中，一个突出的问题是所谓的"预警失灵"，即在社会矛盾萌芽和聚集的初期，一些基层部门却表现出普遍的"体制性迟钝"——反应迟钝，信息失真，处置失当，往往陷入了"小事拖大，大事拖炸"的怪圈，暴露出预警机制的失灵和预警能力的欠缺。根据表6-1的统计分析来看，在40个典型案例中[①]，预警机制切实发挥功效的仅有6例，占比为15%；其余的34例皆属于预警机制失灵，比率为85%。事实上，当前我国公共冲突的主要形式是以经济利益诉求为主的组织化水平低下的群体性事件，从其产生和演变的过程来看，绝大多数案例尤其是以利益冲突为主要特征的群体性事件，一般都经历了"民意—民怨—民怒"的相对较长的发酵过程，并且在有的案例中，这一过程长达好几年的时间，比如2012年四川什邡事件（案例27）、2012年江苏启东"7·28"事件（案例28）。因此，绝大多数群体性事件是可以做到有效预防和预警的，并非不可前瞻控制。问题的关键还是基层政府在社会矛盾和冲突的萌芽与隐性阶段反应迟钝，出现了"预警机制不预警，应急机制不应急"的状况。当前，随着我国应急管理体制的不断完善，各级党委和政府都建立了一套线上线下相结合的社情民意、舆情舆论监测、信息报送和矛盾预警机制。但是当社会舆情初露端倪，可能激化矛盾并向公开冲突升级时，有些党政部门往往不能及时有效地发现、分析、研判、跟踪、监控、防范。换句话讲，这一套预警机制在一些基层社会治理运行中并没有发挥应有的作

---

① 需要说明的是，在表6-1中的9类案例中，情绪宣泄类比较特殊，此类事件突发性极强，往往从偶然事件升级到一定规模的冲突，过程非常迅速，并且事前也无蛛丝马迹可寻。因此，对于该类事件进行预警事实上是无法做到的。

用，呈现出明显的"滞后性"特征。预警机制的失灵和应急管理的"滞后性"一直为学者和民众所诟病，成为我国社会矛盾和冲突治理制度体系上最为薄弱的环节，亟须完善和强化。

在制度设计和运行上，紧随预警机制的是冲突应急处置、冲突化解和冲突转化机制，这三个方面是我国公共冲突管理中最核心的组成部分。"从公共冲突治理的深度着眼，可以将其分成三个不同层次：冲突处置、冲突化解和冲突转化。它们有着不同的目标、路径、手段、功能和要求，层次之间相互区别又相互依赖构成了公共冲突的立体结构。"具体而言，作为第一层次的冲突处置，主要目标是尽快控制冲突，防止冲突蔓延和升级；主要手段是打击暴力、惩罚肇事者、利益补偿、社会劝说、政治法律的惩罚等。基于对案例的分析，该环节最主要的问题是"滞后性"和过于依赖刚性的强制手段，在本研究选取的 45 个案例中，此类案例有 17 例，占比为 37.8%，如 2008 年贵州瓮安事件（案例 7）等。从政府应对时机来看，游行请愿过程是平息民愤、防止冲突的"黄金时间"，当冲突骤然升级和暴力冲突持续过程中，政府的应对就会比较棘手，往往处于进退两难的境地。不可否认，群体性事件基本上属于人民内部矛盾，基层政府在民众游行、静坐、示威等非暴力阶段一般采取组织警察维持秩序、静观事态发展等柔性手段和态度，强调慎用武力。但是慎用武力不等于不用武力，一旦发生暴力行为和事件性质变质，就应该迅速予以制止、遏制冲突升级、尽快平息事态和恢复秩序。然而，如果过度使用武力，同样会激化矛盾，引发冲突。我国社会转型、经济转轨是引发群体性突发事件的社会经济根源之一。伴随而来的社会分化加速、利益格局调整、价值观念冲突和社会心态失衡等很容易导致利益冲突，引发大量的群体性事件。这些群体性事件在性质上仍属于人民内部矛盾，应通过疏导教育、经济补偿、法治等方式解决，警力等刚性手段具有武力、强制特征，稍有不慎就会侵犯民众的合法权益，激化矛盾和冲突，应尽量少用、慎用，把握好使用的时机，防止滥用，减少盲目性。

冲突解决机制主要包括协商机制、评估机制和问责机制三个环节。协商机制是指通过协商、对话、合作的方式寻求能够满足各方利益、实现共赢的解决方案。作为化解冲突的一种方式，协商机制将冲突化解视为促进双方沟通和相互理解的过程。从当前我国突发性群体性事件的性质来看，其主要是为了进行利益表达而采取的极端化行动，属于人民内部矛盾的范畴。而利益是可以分割、补偿和协商的，是可以实现共赢与合作的。因此，协商机制作为冲突化解的基本路径，可以减少冲突治理成本，提高冲突治理有效性。然而，从表 6-1 中的案例来看，在选取的 45 个案例中，真正通过协商来化解冲突的比较少，仅有 18 例。可见，我国一些地方政府在公共冲突化解过程中依然习惯于运用传统的"管控型"政府管理模式，并产生了较强的路径依赖。这种治理理念将民众作为单纯的管理对象，而不是社会治理的参与者、合作者。这背后反映的是部分地方政府和官员对群体性公共冲突的参与者持有着明显的"对立思维"，于是在实践中采取了压制性做法，忽视了协商在冲突化解中的作用和优势。

评估机制是指冲突解决后，为了总结经验教训，针对冲突预警、冲突处置、冲突化解等各环节运行状况，查漏补缺、总结教训和提炼经验的制度环节。建立和完善科学的冲突评估机制对于修正应急管理预案的缺陷、提高冲突治理有效性、切实有效地推进冲突治理与改革具有不可或缺的重要作用。从案例来看，仅有少数案例对整个冲突治理过程进行科学严谨、客观透明的评估，评估机制是冲突治理体系的薄弱环节。同时，这些评估的少数案例具有规模大、暴力程度高、破坏性严重、社会关注和反响大、对地方主政官员进行严格的问责等特征。在这些因素的综合作用下，地方政府被动地对整个冲突事件及处置过程进行反思、总结和评估，以回应各方的关注，比如 2008 年贵州瓮安事件（案例 12）等。

当然，问责机制是必不可少的，其在群体性事件中得到较明显的体现。但是，问责机制的运行也存在着一些困境和问题。首先，在群体性冲突治理中，问责是在法律和制度的框架内遵循必要的程序，还是从缓和冲突的现实需要出发而由到达现场的上级领导做出一些临时性的决定，这本身就成为一个两难的命题。就冲突治理中的问责而言，大多数是政治性问责。官员问责很多是出于缓和事态和化解冲突的需要，缺少程序问责和事前问责。

转化机制是通过立法出台相应的法律、法规和政策，从根本上消除冲突的结构性因素，是公共冲突治理制度体系中一个不可缺少的环节。冲突转化机制强调，在制度设计上，社会成员间利益兼容而非对立或剥夺，要从制度上维护公正的社会利益关系，均衡地维护所有利益相关者的合法权益，为社会成员的和谐相处提供良好的制度环境，从根本上维持社会深层次的和谐稳定。在国家治理意义上，转化机制是不断发展与完善各领域制度体系的重要路径之一，具有不断修正和完善制度的累进作用。在公共冲突管理过程中，冲突处置、冲突解决和冲突转化是分属于不同阶段、承担不同功能的环节，它们之间更多的是互补而非替代关系。之于冲突治理的有效性，冲突处置、冲突化解和冲突转化具有各自相对独立的目标定位、价值理念、手段诉诸和实施主体。[①]它们既相对独立、相互补正，承担着各自阶段的冲突治理功能，又相互连接、前后相继，共同维系冲突治理体系的顺畅运转。

然而在公共冲突治理实践中，冲突处置、冲突化解、冲突转化这三个层次混淆和误用的情况比较常见。这主要表现为以下几个方面。第一，在冲突处置环节缺乏严格的执法意识和危机意识，效用和效率意识淡薄，不适当地将冲突化解和转化的理念和手段用于冲突处置的过程中。例如，在冲突处置阶段，要么过多地强调和谐与平衡，不适当地将精力过度用于劝解、说服和沟通、协商，而没有意识到，如果出现打、砸、抢、烧等严重违法活动时，在必要时应当机立断，采取强制性措施，以免贻误了控制冲突升级的最佳时机。第二，在冲突化解环节，缺乏协商、参与、合作意识，而是不适当地将冲突处置环节的对立压制理念用于冲突化解中。这种情况在 2008 年云南孟连事件（案例 36）的处理过程中有所体现。第三，在冲突转化环节缺乏广泛的公众参与，而是不适当地将冲突处置的价值理念和做法用于冲突转化过程中。比如在冲突转化环节，在对原来的相关政策、制度进行修正或出台新的政策法规的过程中，往往是政府单方意志的表达，与民众缺乏有效的沟通与互动，民众基本上被排斥在政策过程之外。在民众参与空白或不足的背景下，新政策的实施

---

① 常健等:《中国公共冲突化解的机制、策略和方法》，北京：中国社会科学出版社 2013 年版，第 28-30 页。本书第三章表 3-1 对冲突处置、化解、转化等环节的治理目标、理念、功能、主体等有较详细的介绍，在此不再赘述。

往往缺乏认同的基础。这说明公众有效参与的不足是冲突转化中的薄弱环节，在某种程度上成为从根本上消除冲突产生的结构性根源的障碍，亟待改进和强化。

四、当前我国冲突治理制度存在的主要问题

在计划经济时代，我国基于"两类矛盾学说"构建了相对分隔的二元冲突管理制度，初步形成了我国社会矛盾和冲突的常规化解制度。具体而言，建立信访制度以承担化解人民内部矛盾的任务，而司法制度则履行应对"敌我矛盾"的职责。这种根据社会矛盾的不同性质而建立的公共冲突常规化解制度，对化解当时的社会矛盾和冲突具有一定的成效，为巩固新生的政权和维护社会稳定发挥了重要作用。党的十一届三中全会以后，党和国家的工作重心实现了以阶级斗争为纲向以经济建设为中心的转变。随着社会主义市场经济体制的建立和发展，新的社会阶层不断涌现，为了扩大和巩固执政的社会基础，中国共产党与时俱进地将自己的执政基础从"两大阶级一个阶层"扩展为"最广大的人民群众"，不仅是工人阶级的先锋队，而且也是中国人民和中华民族的先锋队，并将之写入了十六大党章。在这样的背景下，二元化冲突管理制度的弊端逐渐显露出来，对经济和社会的发展产生了消极的影响。这主要表现在如下方面。

第一，常规公共冲突治理制度供给不足，在很多领域中，冲突治理制度缺位的现状比较普遍。特别是在社会生活领域，"中国社会规范较为欠缺，约束力较弱，也使社会生活的诸多方面缺乏必要的规范约束，从而导致一些公共冲突的发生和难以治理。如在教育、医疗、互联网等领域，就缺乏强有力的行业组织对从业者进行行为规范"①。以日常生活中的社区服务和物业冲突为例，看似存在着一个较为完整系统的社区管理法律制度体系，包括 2018 年新修订的《物业管理条例》《中华人民共和国城市居民委员会组织法》《城市街道办事处组织条例》等。然而，在这

---

① 常健：《简论社会治理视角下公共冲突治理制度的建设》，《天津社会科学》2015 年第 2 期。

些法律法规中,并未涉及如何化解社区服务与物业管理冲突的内容。①同时,当前我国一些领域的公共冲突管理制度权威等级比较低,仅是政府的条例、规章,甚至是一些临时性、权宜性的规定或通知,其权威性、规范性、稳定性不足,难以为有效化解公共冲突提供必要的权威基础和持续条件。

第二,公共冲突治理制度规范之间的结构关系不合理,不仅无法为社会矛盾和公共冲突的化解提供有效的制度合力,而且规范之间的"管理空隙""相互打架"和"相互推诿"的结构性矛盾,事实上已经成为矛盾和冲突滋生的重要来源。首先,这种结构性矛盾在公共冲突常规化解机制中有着明显的体现。以信访制度和司法制度的结构关系为例,改革开放以来,国家开始调整司法的功能,司法从阶级专政的工具转变为依法治国的载体,并成为解决人民内部矛盾和化解社会冲突的新阵地。信访和司法由相互分割转变为并立并存、可供选择的矛盾冲突化解和权利救济途径。然而,在实际运行过程中,尽管信访与司法在社会矛盾和冲突化解的功能上相互重叠,但二者有着迥异的运作逻辑。其一,信访制度是联系党和人民群众的制度,是国家为民众提供的政治参与渠道。因此,信访制度有着更为广泛的受理范围,可以受理行政复议和行政诉讼不受理的案件,司法程序所不能实现的正义仍然可以在信访制度中继续探讨。②其二,信访依据信访议题、信访者身份和规模以及他们对于社会稳定的潜在破坏性来决定其回应方式及程度。其本质上是一种触发机制,旨在引起上级对于特定事项的有选择性的介入,而不是一种依据普遍的规范来确保正义的方式。其三,信访还接受多种新形式的受理,可以低成本地进入和多次上访;而司法制度则有着明确和标准化的纠纷处理程序,处在司法体制中的当事人(法官与原被告)比处在信访体制中的当事人(访民与官员)受到更多限制。③在我国公共冲突治理体系中,信访与司法的不同运作逻辑和激励结构,使理性的民众普遍将上访看作优于

---

① 许晓芸:《法律确立与制度回应:城市社区管理的法律规制》,《新疆社会科学》2013年第1期。

② 田文利:《信访制度改革的理论分析和模式选择》,《社会科学前沿》2005年第2期。

③ 张振华:《中国的社会冲突缘何未能制度化:基于冲突管理的视角》,《社会科学》2015年第7期。

上诉的问题解决之道，因为中国冲突管理制度的形式建构提高了信访相对于司法的收益。所以，在日常的社会矛盾和冲突中，民众遇到问题往往不是走法律途径，而是直接诉诸堵路、非访、阻工、堵党政机关大门等"短平快"的非制度化的途径加以解决。但是目前的信访并不是可以制度化治理冲突的理想途径。从我国目前广泛实行的信访制度看，由于缺乏程序性和法律效力，信访制度难以有效地终止矛盾和纠纷，"与行政诉讼救济相较，信访救济最大的弊端也正在于它的非程序性和不确定性上。信访救济除宪法外没有具体的法律依据，《信访条例》中也缺乏一套清晰的、普遍适用的运作规则"①。因此，信访途径承担的纠纷和矛盾远远超出其所处理的能力限度，不仅导致了信访功能膨胀与异化，而且大量的社会矛盾和纠纷不断积累和堵塞，为群体性暴力冲突埋下了隐患。与此同时，许多本应通过司法途径解决的矛盾和纠纷并未进入司法渠道。而那些进入了司法渠道的矛盾和冲突，也由于受案范围限定、诉讼成本过高、行政干预、地方保护主义等因素的影响，而出现"立案难""审理难"和"执行难"等一系列问题。比如有些地方法院发文明确指出暂不受理集资纠纷、土地纠纷、安置补助、职工下岗纠纷等 13 类"涉及面广、敏感性强、社会关注"的案件。②

从冲突管理制度与民众抗争的互动来看，抗争者或者首先通过信访、司法等体制内日常冲突管理制度来表达利益诉求，或者绕过日常化解制度，直接采取体制外的抗争策略。前者在表 6-1 选取的 45 个案例中有 33 例，占比 73.3%；后者有 12 例，占比 26.7%。可见，公共冲突的爆发一般经历了从体制内、合法的方式到体制外、不违法的方式，再到体制外、违法的方式这一逐渐升级的过程。只有在体制内途径受阻或无效，抗争者不再相信公权力机构时，才转而寻求体制外的表达途径。也就是说，如果绝大多数社会矛盾和冲突能够通过日常化解制度解决，那么很多冲突就可以避免。对于当前正处于快速转型的中国社会而言，真正需要忧虑的并非滋生出了一定数量的社会矛盾和冲突，而是不断涌现的矛

① 应星：《作为特殊行政救济的信访救济》，《法学研究》2004 年第 3 期。
② 罗昌平：《广西法院不受理 13 类案件 涉嫌规避风险转嫁危机》，《人民日报》2004 年 8 月 12 日。

盾和冲突不能通过制度内的冲突治理途径化解。因此，现实生活中大量的公共冲突在本质上是社会冲突朝向偏离制度化方向发展的结果。这种偏离并非社会自发演变的结果，而是冲突管理制度形塑的产物。究其根源，在于信访制度与司法制度在处理社会矛盾和冲突上存在着较大的"衔接缝隙"和关系张力，导致以低组织化和非政治性诉求为基本特征的群体性事件的多发与频发，并显示出持续朝向偏离制度化方向发展的迹象，从而降低了公共冲突的治理效能。

其次，冲突管理制度中存在"结构性矛盾"的问题，其主要表现为冲突处置、冲突化解、冲突转化层次上的混淆。这三个层次存在层层递进关系，并非简单的并列。一般而言，冲突处置是公共冲突管理的第一个层次，其主要处于行政领域，实施主体主要是行政执法机关，目标定位于直接制止冲突，防止冲突升级或蔓延，价值理念是效用和效率，路径和手段是各种行政或法律资源。冲突化解是第二个层次，其主要处于社会领域，实施主体可以是行政机关，也可以是受信赖的民间组织，目标是寻找各方满意的解决方案，治理理念上强调程序公平，路径和手段是协商或谈判。冲突转化是第三个层次，其主要处于政治领域，实施主体主要是立法机关，目标定位于消除冲突产生的结构性根源，价值理念更加强调和谐与平衡保障，实现路径和手段是广泛的公民参与。但是，在实践中，三个层次间存在着明显的混淆、误用。一方面，在冲突处置层次上，一些地方政府执法意识淡薄，效率观念不强，而且不适当地将冲突化解和转化的价值理念及实施路径过度用于冲突处置，如在处置爆发的群体性事件时，过多地考虑和谐与平衡，将精力过度用于劝解和沟通，降低了冲突处置的效率，使得冲突得以迅速蔓延和升级。另一方面，在冲突转化层次上，缺乏广泛的公众参与，而且不适当地将冲突处置的价值理念和手段用于冲突转化，比如在制度的修改或政策制定过程中，缺少有效的公众参与，使新的制度、政策缺乏公众的认同。冲突治理层次上的混淆和误用，导致了我国公共冲突治理中的两难困境：强化冲突处置，会积累冲突能量，埋下更大规模冲突的隐患；不强化冲突处置，则会导致冲突迅速扩散或升级。①

第三，公共冲突治理制度设定的治理主体单一化格局难以形成冲突治理合力，不利于提升冲突治理的有效性。在我国公共冲突治理制度框架内，治理主体大体可以分为司法主体、行政主体和社会主体三种类型。司法主体是由司法机关及其工作人员来化解社会矛盾和冲突，如法院诉讼。司法是现代法治社会中最权威、最正式的冲突治理主体。行政主体是各级行政机关及其工作人员，其在社会矛盾和冲突治理中起着重要的作用，如行政复议、信访。社会主体包括各类社会组织、媒体、地方权威人士、民间精英等，这在很大程度上沿袭了中国"乡绅"社会的礼治传统。如今，很多民间纠纷都是在基层邻里之间得到化解的。从理论上讲，多元化冲突治理主体结构是现代化公共冲突治理的发展趋势，也是冲突治理制度化的必然选择。但是从当前我国公共冲突治理制度的主体设定及其运行来看，依然呈现出行政主体主导的单一化结构。从冲突治理角度看，这会导致两个意想不到的结果，一是司法机关与行政机关的一体化。1984 年我国各级法院用调解方法一审处理民事纠纷的比例高达66.4%，而裁定和判决分别只占 9.8%和 23.8%，之后，调解开始呈现下降趋势，2004 年法院以调解方式结案的一审民事案件比重下降至 31%。为了应对信访压力和确保"结案事了"，我国司法实践开始恢复调解的做法。2004 年最高法明确提出审理民事案件要"能调则调，多调少判"之后，调解延续十余年的走低的趋势被迅速扭转。2010 年以调解方式结案的一审民事案件上升至 38.8%，同类的判决则降至 31%。同时，司法实践中的调解突破了民事纠纷范畴，向各类司法实践中扩散。

第四，封堵型的冲突治理导向抑制了公共冲突的正向功能，推高了公共冲突治理制度运行的成本。改革开放后，"稳定压倒一切"的方针为改革发展创造了稳定的环境，其是针对特定的历史条件和环境而提出来的，并发挥了极其重要的作用。但是随着社会主义市场经济体制的建立、经济和社会结构的深刻变化、人们思想观念的变迁，"稳定压倒一切"的口号已超越了特定的历史条件和社会环境。然而，一些地方政府在实际

---

① 常健等：《中国公共冲突化解的机制、策略和方法》，北京：中国社会科学出版社 2013 年版，第 28-30 页。

操作中，依然延续了传统的做法并形成了严重的路径依赖，打着"稳定压倒一切"的口号并将其变成了无所不包的"超级容器"。政治、经济、社会、文化甚至居民生活中可能出现的所有问题都可被基层政府列为"不稳定因素"，在一些地方政府和官员的眼里甚至出现了"不稳定的幻象"。由此，社会稳定问题呈现出泛化的趋向。①受"稳定压倒一切"思维的影响，部分地方政府要么立足于社会绝对稳定并采取一切刚性压制手段，要么满足于"不出事"、确保在可控范围之内，采取选择性应对的"摆平"策略②。其共同之处在于用"堵"的办法来应对社会矛盾和冲突，即简单的压制或"摆平"。对此，有学者指出：经过"维稳"形塑的中国冲突管理制度应急管理的色彩相当浓厚。冲突爆发后，一些地方政府迅速将注意力转移到正在发生的冲突事件上，试图采取一切手段来控制冲突，而对冲突爆发前社会矛盾的产生、积聚以及正常诉求表达途径等，部分地方政府和官员始终没有表现出足够的关注、耐心、诚意乃至警觉，这样的管理立于"封堵"而忽于"疏导"，长于"冲突控制"而疏于"冲突化解"。③因此，在社会矛盾和冲突的化解与治理上，全面维稳体制呈现出封堵型的制度导向。这种导向的背后是一种机械僵化的稳定观。这种稳定观将民众正常的利益表达与社会稳定机械地对立起来，将社会上稍微的"风吹草动"皆视为对社会稳定的威胁。这种封堵型的制度导向没有将公共冲突视为可资利用以发挥其正向功能的能量，而只是将其作为一种消极的破坏性力量。事实上，矛盾和冲突作为社会运行的结构性

---

① 王赐江：《中国公共冲突演变的新趋势及应对思路——基于典型群体性事件的分析》，《中国行政管理》2015 年第 1 期。

② "摆平"策略最早可以追溯至应星教授在研究地方政府应对大河移民上访时生动形象的用语——"摆平术"。郁建兴等学者深受"摆平术"概念的启示，总结和分析了地方政府在社会抗争中的游离于刚性压制策略和法治策略的另一种策略类型——"摆平"策略，即运用拖延、利益补偿、隐瞒、限制自由、关系维稳、花钱买稳定等应对方式。后来，韩志明等学者提出党的十八大以来，我国群体性事件呈现出由增长到衰变的起伏态势，地方政府的应对策略经历了由"粗糙的摆平"向"精致的治理"的转变。这些术语皆是对这一概念内涵的不断深化和发掘。（参见应星：《大河移民上访的故事》，北京：生活·读书·新知三联书店 2001 年版，第 152 页；郁建兴、黄飚：《地方政府在社会抗争事件中的"摆平"策略》，《政治学研究》2016 年第 2 期；韩志明：《从"粗糙的摆平"到"精致的治理"——群体性事件的衰变及其治理转型》，《政治学研究》2020 年第 5 期。）

③ 常健、张春颜：《社会冲突管理中的冲突控制与冲突化解》，《南开学报（哲学社会科学版）》2012 年第 6 期。

特征，既具有显而易见的负向功能，也具有一定的正向功能。制度化的冲突对社会运行能够起到"减压阀""安全阀"的作用。在相当的程度上，通过容忍冲突和使冲突制度化，冲突能够作为一种重要的稳定机制并发挥积极作用。[①]对冲突功能和作用的理解，往往影响着公共冲突制度建设的基本导向。由于在现实生活中尤其是社会转型期，政府更加关注的是公共冲突的负向功能而忽视其积极作用，那么在制度设计上，其主要从冲突负面功能出发而缺乏对其正向功能的考虑，由此形成封堵型的冲突治理制度导向。封堵型的冲突治理导向，"一方面努力遏制冲突的出现，另一方面对已经出现的冲突设法使之处于压抑状态"[②]。

总的来看，在长期探索和实践中，我国公共冲突治理制度建设取得了长足的进步，冲突治理能力明显提升，为维护改革开放大局提供了基本的体制保障。但是，在社会矛盾和冲突日益凸显的转型期，我国公共冲突治理制度存在着上述问题。这些问题很容易诱使冲突各方形成不利于冲突化解的非制度的行为预期，阻碍冲突治理有效性的提升。因此，必须针对这些问题，改进我国公共冲突治理体系，强化冲突治理制度建设。

五、提升公共冲突治理有效性的制度化路径

社会矛盾和公共冲突的有效治理不能仅仅依靠临时性的措施和权宜之计，而必须要加强冲突治理的制度化建设。构建一套完善的公共冲突治理制度，是有效化解各类社会矛盾和公共冲突的基本路径。从根本上讲，冲突治理的制度化是维护社会深层次稳定与国家长治久安的治本之策。根据当前我国公共冲突治理体系的现状及存在的问题，我们认为强化和完善冲突治理制度化建设，应从以下方面着手。

---

① ［美］L.科塞：《社会冲突的功能》，孙立平译，北京：华夏出版社 1989 年版，第 24—41 页。
② 许尧：《中国公共冲突的起因、升级与治理——当代群体性事件发展过程研究》，天津：南开大学出版社 2013 年版，第 229 页。

（一）立足于"疏导"，将深层次稳定作为公共冲突制度建设的目标导向

在立足点和目标导向上，公共冲突治理的制度建设面临着两种截然相反的选择：首先，从规则设计的出发点讲，是立足于"封堵"还是立足于"疏导"？其次，从规则设计的目标导向上看，是追求暂时的"表面稳定"还是长久的"深层稳定"？所谓"封堵"就是努力遏制冲突的出现，或者设法让已经出现的冲突处于被压抑状态；"疏导"就是通过有效的制度和规则，让焦虑、不满、怨恨甚至敌对情绪得以释放、发泄，让利益诉求、矛盾和冲突通过合法的途径得以满足和化解，犹如淤塞的河流或阻塞的道路恢复畅通。显然，立足于"封堵"的制度设计，追求的仅仅是短暂的表层的社会稳定，因为冲突并没有化解，只是在强力作用下处于潜伏或压抑状态，随着冲突能量的不断聚集和发酵，极有可能爆发更大规模、更加激烈的冲突。而立足于"疏导"的制度设计，将冲突治理的目标设定为冲突的深度化解，有利于实现社会深层次的稳定与和谐。

当前急剧的社会转型和压力型体制的运作逻辑，使政府过于关注公共冲突的消极影响，因而公共冲突治理的制度设计和地方政府的行为逻辑上仍主要立足于"封堵"，在目标导向上更多的是追求社会的"表面稳定"。地方主政官员有任期制，因而更多只想确保在其任期内"不出事"。所以一些地方治理实践中，出现了"花钱买稳定""拖延""欺瞒""关系维稳"等所谓的"摆平"策略，其就是立足于"封堵"和追求社会"表层稳定"的体现。从应然角度讲，公共冲突治理制度建设应立足于"疏导"，追求深层次的社会稳定。但是，我国快速的社会转型和社会矛盾与冲突频发的客观现实，使得这一战略选择面临着较大的困境。我国公共冲突治理制度的运行现状存在着结构性缺陷和薄弱环节，其容纳社会矛盾和冲突的能力比较有限，缺乏足够的机制、规范和措施以疏导不断积聚的矛盾和冲突，并保证这一过程的有序和可控。而一旦措施失当，冲突能量很可能失去控制，威胁社会稳定和经济发展。因此，面对这种两难选择，一些地方政府往往不得不采用"封堵"的战略和压制措施，这显然是追求社会表层平静的短期行为。为了突破这种困境，实现向"疏导"和"深层次稳定"的转型，增量改革的路径是个不错的选择。"增量"是相对于"存量"而言的，"存量"是指在传统的社会矛盾和冲突治理中已经取得的经验和有益做法，要利用好。同时，在为经济与社会发展提供基本秩序的前提下，政府要利用好时机积极推进"疏导"和"深层稳定"的战略改革。首先，理性看待冲突，冲突是社会运行固有的现象，不仅具有负面作用，也有正向功能。在冲突治理制度设计中应将冲突作为一种可资利用的资源，这是实施"疏导"战略的前提。其次，抛弃敌对思维，在现阶段，我国群体性冲突主要表现为利益表达、不满宣泄和某种程度的价值追求，基本上属于人民内部矛盾的范畴。[1]基层政府动辄采取"敌我矛盾"的思维和做法，反而容易激化矛盾，使事态从"非对抗性"转向"对抗性"。最后，在充分发挥现有制度的冲突治理功能（"存量"）的基础上，通过渐进改革方式，鼓励地方政府创新，实施"疏导"和"深层稳定"的战略（"增量"），扩展冲突治理制度的功能空间。

（二）强化冲突日常化解机制，发挥应有的基础性作用

从内容上讲，公共冲突治理制度主要由常规化解制度和冲突应急管理制度两部分构成。我们知道，几乎所有的公共冲突都有一个社会矛盾产生、积累、发酵而后突破临界值到爆发的过程。那么在制度设计上，公共冲突治理要符合冲突的演变过程与规律，日常化解制度主要是针对冲突临界值前的社会矛盾和冲突，采取有效的日常化解制度以使社会矛盾和冲突在萌芽阶段就得以化解，防止社会矛盾升级为大规模的暴力冲突。而冲突应急管理制度主要是针对临界值后冲突，迅速遏制冲突升级，尽快恢复秩序。常规化解制度是前端，应急管理制度是后置。对于有效的冲突治理而言，我们强调前瞻性、预见性和预防性。这意味着必须强化冲突常规化解制度的功能和效用。这并不是说冲突应急管理不重要，而是两者各有偏重，在冲突演变的不同阶段要发挥好各自的作用。在公共冲突治理制度体系中，常规化解制度要发挥基础性作用，应急管理制度要履行兜底性功能，两者不可偏废。然而现实中，我国公共冲突治理

---

① 王赐江：《中国公共冲突演变的新趋势及应对思路——基于典型群体性事件的分析》，《中国行政管理》2015 年第 1 期。

制度最突出的问题是常规化解制度与应急管理制度的非均衡性，即过于强调应急管理，而对常规管理的重视不够。许多社会矛盾和冲突本可以通过日常化解机制就可以解决，但实际情况是日常化解制度并没有起到应有的作用，或者民众直接绕过日常化解机制而直接采取体制外的抗争方式。这样就导致了本末倒置、头重脚轻，冲突治理压力过大，基层政府不堪重负。

因此，必须强化常规化解制度建设。公共冲突治理的治本之策有赖于制度化，而实现公共冲突治理的制度化首先要做到常规化解的制度化。第一，完善多元化的常规化解机制，改变政府主导的单一治理结构。当前，我国社会矛盾和公共冲突常规化解机制的主体主要有司法主体、行政主体和社会主体，在常规化解体制的主体设定中，行政主体依然居于主导地位，政府主导的单一化治理结构会导致司法机关在处理公共冲突时缺乏独立性、政府过多地卷入冲突而丧失公信力、社会组织在冲突治理中缺乏充分的发展空间等弊端。而多元化的常规化解机制有利于形成协同与联动效应，提高化解能力，改善化解效果。因此，要建立和完善多元化的冲突常规化解机制，完善人民调解、行政调解、司法调解联动工作体系，建立调处化解矛盾纠纷综合机制。比如 2016 年，四川高院制定下发了《关于推进全省法院诉讼服务中心建设运用全面提档升级的意见》，就是依托法院而进行的社会矛盾和冲突常规化解机制多元化改革，效果比较显著。截至 2017 年 2 月，"四川 80%以上的法院依托诉讼服务中心设立了诉非衔接平台，有 103 个法院在诉讼服务中心设立了 506 个第三方调解工作室，吸引了 221 个第三方调解组织入驻，仅 2016 年就通过诉非衔接平台分流化解矛盾纠纷 75118 件，调成 43773 件。其中委派调解 19420 件，调成 10785 件；委托调解 9030 件，调成 5331 件；立案调解 46668 件，调成 27657 件。司法审查确认调解协议 8150 件"[1]。

第二，建立和完善社会矛盾和冲突终止机制。对于任何社会，冲突常规化解机制都需要一个对社会矛盾和冲突解决"到此为止"的终止机制，这是常规化解机制有效性的根本保障。当前，我国公共冲突治理之

---

[1] 四川省高级人民法院：《四川高院：多措并举，打造矛盾纠纷多元化解四川样板》，http://news.sina.com.cn/sf/news/2017-03-02/doc-ifycaafp1442252.shtml.

所以难以真正化解矛盾、解决纠纷，就是因为在实践中缺少一种事实上的终止机制或者终止机制软弱以至于无法发挥应有的作用，无论是信访还是司法界皆存在这样的问题。党的十八届三中全会明确提出："改革信访工作制度，把涉法涉诉信访纳入法治轨道解决，建立涉法涉诉信访依法终结制度。"①这有利于强化常规冲突化解的制度效能。第三，平衡推进表达渠道与互动平台建设。有效的冲突常规化解机制既需要畅通的表达渠道，也需要有对立观点的交流平台和冲突利益的整合平台，这两个平台统称为"互动平台"。当前，我国冲突常规化解制度建设呈现出表达渠道与互动平台的失衡，表达渠道迅速拓宽，而互动平台的建设却步履蹒跚，由此带来了社会矛盾和冲突的极化效应和对表达渠道的反压。因此，必须协同推进表达渠道与互动平台建设，尤其是要注意二者间的衔接与互补。②

（三）强化冲突预警（防）机制，提高体制灵敏性和预防性

将社会矛盾和冲突化解在萌芽状态，这是冲突管理的精髓，而要做到这一点，必须建立灵敏且对于任何冲突都有效的预警、预防机制，在矛盾和冲突的初始阶段，就能够迅速感知并采取有效的应对措施。这样有利于提高冲突治理的前瞻性和有效性。经验研究表明，绝大多数群体性事件产生的直接原因来自基层。基层政府作为预防和处置群体性事件的第一道防线，如果能够发挥预警和预防作用，很大程度上是能够将许多问题和矛盾消灭在萌芽状态的，不至于使矛盾升级并演变为公开的暴力冲突。然而，现实中确实由于基层政府的"体制性迟钝"，导致预警机制失灵，丧失了预防和化解的最佳时机，以至于形成了"事态失控—冲突爆发—震惊高层—迅速处置—事态平息"的演变轨迹，这是绝大多数群体性事件的共性特征。

因此，建立健全预警和预防机制是有效化解社会矛盾和冲突的关键

---

① 中共中央文献研究室编：《十八大以来重要文献选编》（上），北京：中央文献出版社 2014 年版，第 540 页。

② 常健等：《中国公共冲突化解的机制、策略和方法》，北京：中国社会科学出版社 2013 年版，第 256—265 页。

所在。首先，要畅通民意渠道，强化预警机制的基础。社会矛盾和冲突最初是以"社情民意""舆情舆论"的形式表现出来的，基层政府的"体制性迟钝"实质是对"社情民意"和"舆情舆论"的忽视和罔闻。畅通民意表达、加大舆情监测是有效预警和预防的体制保障。其次，完善多部门联动机制，提升基层政府的预警和预防能力。应该建立和完善宣传、公安、司法、信访、政府信息中心和应急办、媒体等多部门的信息通报共享机制、维稳工作联动机制、敏感和热点问题的调处机制、冲突事件应急处置机制等，真正做到发现早、判断准、行动快、处理妥和效率高。再次，完善社会稳定风险评估制度，增强冲突治理的前瞻性。将涉及民众切身利益的公共决策议题列入社会风险稳定评估的范围，对事项和议题可能引发的冲突、形式、等级、后果等进行充分的预测、评估和论证，并有针对性地加以防范。最后，提升党政干部尤其是基层官员的危机意识和责任意识，强化预警机制的"智力"资源供给。所谓预警机制，就是指体制以及体制中的人——党政干部尤其是基层干部对社会矛盾和冲突的感知灵敏和反应迅速。当前，一些基层干部缺乏应有的政治敏锐性、危机意识和责任意识，对所辖区的社会矛盾和问题心中无数，对老百姓反映的问题置若罔闻，不敢主动排查，事发前不能及时预警。这是产生"体制性迟钝"的人为因素。任何好的制度、机制必须落实到人的行动上，徒法不足以自行。因此，提高政府官员特别是基层公务人员的危机意识和责任意识，是强化预警机制的基本条件。

（四）厘清冲突治理各层次间的关系，提高制度体系的衔接性和均衡性

公共冲突治理制度并非铁板一块，而是由前后相继、具有各自特定功能的机制和环节构成的体系。这些机制和环节构成冲突治理的不同层次。首先，就整个公共冲突治理制度而言，其主要是由常规化解机制和冲突管理机制构成的制度体系，常规化解和冲突管理分别对应着不同的治理层次，即常规治理形态和非常规治理形态。有效的公共冲突治理制度要求两者之间要有合理的结构性关系。通常来讲，应以常规治理为主，非常规治理为例外；常规治理制度应发挥基础性作用，非常规治理制度

应起到兜底性作用。如果二者关系颠倒或错位，就会出现防御过度或治理不当。其次，就冲突管理制度而言，其主要是由冲突处置机制、冲突化解机制和冲突转化机制等具有递进关系的三个环节构成，这三个环节构成了冲突管理的三个层次：冲突处置、冲突化解和冲突转化。每个层次都有各自的治理目标、理念、功能、路径和手段。①它们之间是层层递进关系，并非简单地并列关系。因此，摆正三者之间的关系、各归其位、各尽其职，而不是错置或混淆，对于提高冲突管理的有效性至关重要。

然而，当前我国公共冲突治理制度体系既存在着层次或环节上混淆、倒置、错位的现象，也面临着各层次和环节间"缝隙较大"和"衔接滞后"的问题。因此，合理区分各层次间的边界、矫正层次间的错位、弥合各环节间的"衔接缝隙"对于强化冲突治理制度的效能至关重要。

第一，在制度设计上，改变目前普遍强调冲突应急管理的倾向，强化常规化解机制，促进冲突应急管理与常规化解之间的平衡。比如，强化社会组织等社会资源和力量在冲突化解中的作用，以减轻政治、行政力量在冲突治理中的压力。同时，对冲突应急管理的情形和处置方式进行更明确和严格的规范，发挥兜底作用，防止其泛化。

第二，厘清冲突处置、冲突化解和冲突转化间的层次关系，对各层次的目标、原则、功能、角色、手段等进行较详细的规范，避免层次的混淆、错置。强化冲突处置环节的执法意识，突出效率原则。比如，对于带有冲击机关、阻拦交通、哄抢财物、绑架扣押人质等行为的群体性事件，或者机械对抗、以暴力参与冲突的当事人，要果断使用警力，控制事态，遏制冲突扩散和蔓延。至于在何种情况下使用、使用程度和具体方式如何，则需要依据具体情况和相关法律而定。在冲突化解环节，要通过协商、沟通和合作的方式寻求令各方满意的解决方案，晓之以理、示之以法，消除紧张和误会，促进理解与沟通，重建信任与合作。在冲突转化环节，要突出社会深层次稳定与和谐的原则，从制度设计上，改变不合理的利益格局，消除社会矛盾和冲突产生的结构性根源，公平地

① 常健等：《中国公共冲突化解的机制、策略和方法》，北京：中国社会科学出版社2013年版，第28—30页。本书第三章表3-1对冲突处置、化解、转化等环节的治理目标、理念、功能、主体等有较详细的介绍，在此不再赘述。

保障公民的合法权益。事态平息，并不意味着问题的解决。公共冲突事件绝大部分都是起因于群众的实际要求和实际问题无法得到妥善的解决，同时也与法规制度是否合理、政府决策是否失误以及公务人员的官德、素质、能力、作风和责任心等因素相关。因此，各级领导机关要见微知著，做好方方面面的善后工作，化消极因素为积极因素，从根源上防止冲突事件的再次发生。

第三，弥合各环节间的"衔接缝隙"，提高各环节间耦合性。公共冲突治理是由一系列前后相继、相互衔接的体制、机制等环节构成的活动。如果各环节间衔接好，做到"无缝隙管理"，则体制运转就流畅，公共冲突治理效果自然就好。反之，就会由于"管理缝隙大"，衔接困难，而导致体制运转"梗阻"，治理效果自然就欠佳。所以，必须强化各环节之间的"衔接"和耦合，提高冲突治理效率。以冲突控制与冲突化解的衔接与耦合为例，有效的冲突治理不仅需要合理使用控制或化解手段，也需要有效综合使用控制与化解手段，实现二者的有效耦合。基于经验研究发现，虽然控制与化解的交互运用受到了重视，但是两种方式之间的互补运用程度尚不成熟，控制与化解的耦合度并不理想。因此，必须进一步优化冲突控制与冲突化解的耦合机制，在优化二者策略的基础上，明确冲突控制在冲突管理中的主导作用和冲突控制对冲突化解的保障作用，同时要进一步完善从冲突控制到冲突化解的政府引导机制。①

总之，深层次的社会稳定与国家的长治久安有赖于制度建设。构建一套完善的公共冲突治理制度，是有效化解各类公共冲突的基本路径。党的十八届三中全会明确指出：全面深化改革的总目标是完善和发展中国特色社会主义制度，推进国家治理体系和治理能力现代化。国家治理体系是一个国家制度和制度执行力的集中体现，两者相辅相成。简言之，国家治理能力从根本上讲是制度的治理能力，体现为制度的更加成熟、更加定型和更加有效。这为建立健全公共冲突治理制度、完善公共冲突治理体系和机制，提供了明确的指导性原则。循此思路，我们认为，公共冲突治理制度作为国家治理制度的重要组成部分，其治理能力和有效

---

① 张春颜、许尧：《公共领域冲突控制与冲突化解耦合模式研究》，《上海行政学院学报》2013年第 4 期。

性的提升有赖于两个方面：一是增强公共冲突治理制度容纳社会矛盾和冲突的能力；二是提高用制度化方式化解社会矛盾和冲突的能力。这两个方面相互协调、缺一不可。因此，公共冲突治理制度化是提高冲突治理有效性的宏旨要义。

第 七 章

地方政府公共冲突治理的演化逻辑与有效性提升

——基于"双向运动"的分析框架

党的十九届四中全会指出，"新中国成立七十年来，我们党领导人民创造了世所罕见的经济快速发展奇迹和社会长期稳定奇迹"①。这两大奇迹的取得分别对应着中国作为后现代化国家在改革开放和谋划经济社会发展过程中必须要面对的两大议题：经济发展和社会稳定。改革开放四十多年来，在经济快速发展与社会稳定有序的双重目标约束下，面对伴随着市场经济发展而涌现出的社会问题，我国政府在投入大量公共资源的同时，积极推进地方政府公共冲突治理的变革与创新。

2002 年党的十六大报告首次将"和谐社会"作为社会建设的主要目标，与此相适应，报告又将"社会管理"与"经济调节""市场监管""公共服务"并列为政府自身建设的重要内容。②自此，社会管理作为治国理政的一个关键性范畴，开始见诸党的权威性文件。2013 年党的十八届三中全会首次使用"社会治理"概念，并继续深化理论探索和实践创新，相继提出"共建共治共享的社会治理格局""共建共治共享的社会治理制度""人人有责、人人尽责、人人享有的社会治理共同体"等施政理念和政策倡导。可见，社会管理或社会治理的变革与创新，一直是近些年政府施政的主要议题之一。

公共冲突治理是我国社会治理的重要组成部分，受社会治理逻辑的

---

① 《中共中央关于坚持和完善中国特色社会主义制度、推进国家治理体系和治理能力现代化若干重大问题的决定》，《人民日报》2019 年 11 月 6 日。

② 中共中央党校教务部编：《十一届三中全会以来党和国家重要文献选编》，北京：中共中央党校出版社 2008 年版，第 457 页。

影响和制约。深刻的社会变迁倒逼社会治理的转型，同时也推动着地方政府公共冲突治理的转型。这部分主要从我国社会转型的背景出发，在我国社会治理转型逻辑的框架内，来分析我国地方政府公共冲突治理的演化逻辑与有效性提升。

那么，我国地方政府公共冲突治理转型是在什么的背景下启动的？动力机制如何解释？经过了怎样的过程？在哪些方面和何种程度上进行了重构？不同的阶段侧重点是什么？当前面临哪些挑战？如何应对这些挑战？本研究将这些问题"收敛"为公共冲突治理的转型逻辑，在借鉴波兰尼"双向运动"理论的基础上，构建一个理解我国地方政府公共冲突治理演化逻辑的分析框架，对改革开放四十多年来我国地方政府公共冲突治理的演化逻辑进行规范性分析。

一、公共冲突治理的演化逻辑："双向运动"的分析框架

20世纪50年代至改革开放前，中国凭借高度集中的计划经济体制完全取代了多元化的市场体系，建立了"全能国家"色彩浓厚的社会管控体制。与这种体制相一致，国家与社会关系呈现出由国家权力逻辑单方面塑造的重合模式。国家不仅完全控制了经济和社会领域，而且渗透了私人领域。市场主体的消失、社会主体的弱化和国家权力主体的超强控制是该时期社会冲突管控的基本格局。

改革开放以来，伴随着计划经济体制向市场经济体制的转变，市场机制在社会资源的获取、配置中发挥着越发重要的作用。一方面，为了适应和服务于经济体制改革，促进市场经济的良好运行，政府有意识地在机构、职能、管理方式上进行调整与改革，有选择性地从市场、社会领域退出，市场和社会获取了相对独立的发展空间。另一方面，市场经济的发展带来了人们生活方式和价值观念的变化，个体从全能国家的成员逐渐变成具有独立权益意识和自我意识的社会主体。市场经济的发展在创造经济自由的同时，也带来了社会自由和个人自由。个人和一些社

会组织开始在国家体制外获取更多的生存和发展资源。可见，1978 年以来，经济转型和政府转型的双向互动推动了国家与社会关系的适度分离。"其结果是，经济改革以来，其他三个领域（私人、市场、社会）开始在不同程度上'漂离'原来的国家控制，并呈现出不同形式的发展活力。"①

然而，中国经济、社会转型是双重的。市场经济的发展在取得长期经济高速增长、经济总量显著提升和人民物质生活明显改善等卓越成绩的同时，也伴随着社会和环境代价。在波兰尼看来，以市场经济为基础的经济与社会转型过程，是由一种所谓的"双向运动"所支配的，即"力图扩展市场范围的自由放任运动，以及由此生发出来的、力图抵制经济脱嵌的保护性反向运动"②。反向运动的特征是保护性立法和政府干预，其目的是保护人、自然和社会，使经济重新"嵌入"社会关系之中。波兰尼的"双向运动"理论从社会自我保护对自由市场经济反弹的视角，对国家与社会关系的演变和社会治理的变迁作出了开创性的分析，正如约瑟夫·斯蒂格利茨所言，"波兰尼所提出的问题和视野并没有丧失它的卓越性"③。

以"双向运动"理论为主要内容的国家与社会关系理论，可以解释四十多年来我国社会治理和地方政府公共冲突治理的演化逻辑。事实上，改革开放以来，在市场经济发展过程中发生的社会重建和公共冲突治理，正是在"双向运动"的张力中展开的。因此，本研究借鉴波兰尼的"双向运动"理论，立足于四十多年来中国社会管理或治理的经验场景，构建一个用于解释我国地方政府公共冲突治理及其转型逻辑的分析框架。理解这一分析框架主要有三条线索。一是市场经济的发展从根本上改变了中国的经济、社会结构，带来了国家与社会关系由重合向分离的转变，并孕育了个体、市场、社会和政府等多元化治理结构和治理主体。二是由于市场经济的发展总是伴随着社会和环境代价。因此，从 20 世纪 90 年代中期开始，市场化运动及其扩张实际上就遭遇"社会自我保护运动"

---

① 马骏：《经济、社会变迁与国家重建：改革以来的中国》，《公共行政评论》2010 年第 1 期。

②［英］卡尔·波兰尼：《大转型：我们时代的政治与经济起源》，冯钢等译，杭州：浙江人民出版社 2007 版，第 18 页。

③［英］卡尔·波兰尼：《大转型：我们时代的政治与经济起源》，冯钢等译，杭州：浙江人民出版社 2007 版，第 1 页。

的制约。三是"双向运动"及其对立和冲突，既给地方政府公共冲突治理带来了严峻的挑战，也是推动地方政府公共治理变革的驱动力量。为了更好地理解该分析框架，本研究选取市场化/社会自我保护运动、治理结构和主体、政策重心、治理特征等维度，来具体展现我国地方政府公共冲突治理的阶段性特征和演化逻辑。（如表7-1）

表7-1　理解我国地方政府公共冲突治理的演化逻辑："双向运动"的分析框架

时间	市场化/社会自我保护运动	国家与社会关系	治理结构和主体	政策重心	治理特征	演化逻辑
新中国成立至改革开放	—	重合	单一政府主体	阶级斗争、政治运动	国家对社会的超强控制	传统的公共冲突管控模式
改革开放至20世纪90年代中期	单向市场化运动，社会自我保护运动还未充分显现	由重合走向分离	私人、市场、社会、国家等多元领域和主体开始出现	以经济建设为中心，"亲市场"的政策导向	社会稳定问题引起决策层的重视，强调社会稳定的重要性	单向市场化运动倒逼机制下冲突管理的发轫逻辑
20世纪90年代后半期至2017年党的十九大	市场化和社会自我保护"双向运动"的驱动	国家与社会关系的持续分化与互动	多元化的治理结构和治理主体日渐成型	既要快速发展经济，又要维护社会稳定	创新社会管理，多元主体协同治理	"双向运动"张力中冲突管理向冲突治理的转型逻辑
2017年党的十九大至今	新"双向运动"，经济、社会的高质量发展	基于权力与权利的共生关系	人人有责、人人尽责、人人享有的社会治理共同体	社会治理重心向基层下移，尽可能把资源、服务管理放到基层	共建共治共享的社会治理格局	构建冲突治理共同体的均衡逻辑

二、地方政府公共冲突治理的演化逻辑：发轫、转型与均衡

从根本上讲，我国社会矛盾和冲突是我国阶层关系和利益关系变化的产物，是我国经济和社会结构巨大变动的结果。地方政府作为公共冲突治理的核心主体，会根据我国经济和社会结构的变化做出相应的调整。总的来看，改革开放以来，我国地方政府公共冲突治理逻辑表现出从发轫、转型到均衡的演化特征。

（一）路径依赖：单向"市场化运动"倒逼机制下地方政府公共冲突治理的发轫逻辑

从 1978 年经济改革到 20 世纪 90 年代末，中国经济、社会变迁主要是在市场化运动这个单向运动的驱动下进行的。[①]正如市场竞争倾向于扩展领域一样，市场机制的作用范围也不囿于市场本身。当市场机制向非经济领域扩张时，就形成了市场化运动。在中国经济改革早期，市场机制向社会、政治和文化等领域渗透，主张"效率至上"。因此，还不待市场经济发育成熟，社会就先行"市场化"了，[②]即波兰尼所说的市场社会——社会从属于市场，市场原则成为社会的主导原则，市场机制渗透到社会生活的各个角落。[③]

中国经济社会转型早期，之所以呈现出市场化运动"单向"发展的轨迹，是因为该时期只有"亲市场"的经济政策，而没有平衡市场化运动的社会政策。[④]社会发展的成功经验表明，社会政策是市场经济得以成功运行的基本条件。用波兰尼的话说，社会政策是用于抵制市场不断扩

---

① 马骏：《经济、社会变迁与国家重建：改革以来的中国》，《公共行政评论》2010 年第 1 期。

② 白钢、史卫民：《中国公共政策分析·2010 年卷》，北京：中国社会科学出版社 2010 年版，第 191 页。

③［英］卡尔·波兰尼：《大转型：我们时代的政治与经济起源》，冯钢等译，杭州：浙江人民出版社 2007 年版，第 15 页。

④ 岳经纶、郭巍青：《中国公共政策评论》（第 1 卷），上海：上海人民出版社 2007 年版，第 29页。

张的、防止经济脱嵌于社会的保护性反向运动。然而，在改革初期，由于"市场神话"的误导、对市场经济的负面影响缺乏足够的认识以及想要迅速改变贫穷落后的急切心理，我国将更多注意力用于追求经济增长速度上，"效率优先"明显受到重视，"兼顾公平"则相对滞后。同时，市场化改革被贴上效率的标签，开始侵入社会领域。以社会保障改革为例，随着计划经济向市场经济的转变，社会保障制度改革亦被提上政府议程。然而，由于缺乏明显的社会政策理念和市场化运动的影响，发展主义逻辑开始支配社会保障制度改革。一方面，国家从多个福利和服务领域退出，减少了社会福利和服务的供给；另一方面，强调社会福利和服务的商品化和市场化。①其结果是，我国保持较高经济增长速度和人民整体社会生活不断改善的同时，却出现了公共福利和社会服务不足的局面，公众在医疗卫生、教育、就业、住房等方面的基本需求未能得到有效满足。这不可避免地导致了较为严重的社会问题，影响了经济发展的可持续性。

单向市场化运动带来的经济与社会发展的结构性失衡、社会发展严重滞后于经济发展的局面和只有经济政策而无社会政策的公共政策格局，毫无疑问是不可能持续的。从 20 世纪 90 年代后期开始，市场经济的发展以及单向市场化运动带来的社会、环境问题逐渐凸显。虽然市场经济在创造效率和物质财富上具有不可替代的重要作用，但是自由放任的市场经济总是倾向于将一切商品化和市场化，包括劳动力和自然资源等。人们的生计和福利有赖于个人在市场竞争中的地位，贫富分化和弱势群体的出现在所难免。相关数据显示，中国基尼系数从 1984 年的 0.29 提高到 1995 年的 0.43，2002 又进一步上升为 0.45。城乡收入比率由 1995 年的 2.8 上升至 2002 年的 3.1。②此外，由于缺乏完备的社会保障体系，劳动者合法权益未能获得有效的保护；肆无忌惮的企业逐利行为，导致了对自然资源无节制的掠夺式开发和污染。诸如此类的社会和环境问题日益增多。随着社会问题和社会矛盾的凸显，从 20 世纪 90 年代起，在

---

① 岳经纶：《社会政策学视野下的中国社会保障制度建设——从社会身份本位到人类需要本位》，《公共行政评论》2008 年第 4 期。

② 李实、朱梦冰：《中国经济转型 40 年中居民收入差距的变动》，《管理世界》2018 年第 12 期。

市场化浪潮中利益最先遭受损失的农民和工人率先发起了抗争，频频引发的群体性事件开始形成一股不容忽视的力量，在有些地方形成了规模较大的群体性公共冲突。这既不利于社会稳定和经济发展，也给社会管理带来了严峻的挑战，地方政府面临着前所未有的社会矛盾和冲突时显得捉襟见肘，应对无力。

然而，由于在相当长的一段时期，无论是中央决策层还是地方执行层都认为，只要发展问题解决了，社会稳定问题就能迎刃而解。所以，面对多发频发的社会抗争事件时，地方政府确有捉襟见肘的窘迫状。在这样的背景下，政府开始实施的社会管理和维稳战略，呈现出对传统社会管控模式的路径依赖。由此，形成了单向市场化运动倒逼机制下地方政府公共冲突治理的发轫逻辑。

对传统社会管控模式的路径依赖，是"压力型体制"在社会管理领域的延伸和基层政府维稳中的应用。压力型体制是 20 世纪 90 年代末学术界提出的一个理解地方政府运行机制的概念：地方政府为了实现经济赶超和其他发展，完成上级下达的各项指标任务而采取数量化分解和高度物质化奖惩相结合的一套管理手段和方式。[①]随着社会问题的凸显和社会矛盾及冲突的加剧，压力型体制的运行机制必定会扩展到社会管理领域，从而进一步强化对传统社会管控模式的路径依赖。总的来看，该时期社会管理具有如下特征。第一，在管理理念上，强调"稳定压倒一切"和自上而下的管控，将民众利益表达与社会稳定机械地对立起来。第二，在应对社会矛盾和维护社会稳定上，地方政府通常采取"运动式"治理方式，即凭借政治动员和行政命令，集中一切力量和资源，用以解决比较尖锐和突出的社会问题。运动式的治理方式往往追求一时之功效，具有"治标不治本"的弊端。第三，地方政府被动的选择性议程设置与民众"问题化"的抗争策略之间的互动与博弈，常常导致"越维稳越不稳"的困境。面对不断增多和复杂的基层矛盾，部分地方政府处置原则通常不是采取普遍化的议程设置，而是采取拖延、妥协等策略。而民众作为抗争的一方，在正常诉求表达途径无效的情况下，采取"问题化"

---

① 荣敬本等：《从压力型体制向民主合作体制的转变》，北京：中央编译出版社 1998 年版，第 28 页。

策略，即倾向于通过将事情闹大的方式，将本源问题（民众所反映的问题）转化为当地政府不得不解决的社会稳定问题，以此逼迫当地政府对本源问题的关注和解决。20 世纪 90 年代农民的"依法抗争"和工人的"以理维权"即是如此。由此，形成了"不闹不解决、小闹小解决，大闹大解决"的循环。

可见，从 1978 年经济体制改革到 20 世纪 90 年代末，中国的经济、社会转型主要是在单向市场化运动的驱动下进行的。单向市场化运动在扩展市场机制作用空间的同时，也带来了日益严重的社会问题。由此，给地方政府公共冲突管理带来了"两难"困境：一方面，现实社会问题的凸显和社会矛盾甚至冲突的激增，给地方政府冲突管理带来严峻的挑战；另一方面，建立与市场经济发展相适应的公共冲突管理制度既绝非易事，也需要一定的时间。面对"两难"困境，地方政府的理想选择只能是强化对传统社会管控模式的路径依赖，由此呈现出单向市场化运动倒逼机制下地方政府公共冲突管理的发轫逻辑。

（二）公共冲突治理：市场化与社会自我保护"双向运动"张力中的转型逻辑

正如波兰尼所言，市场经济的发展必然伴随着两种反向运动：市场化运动及其带来的、来自社会的、作为反制力量的社会自我保护运动。这两者并立运行就形成了所谓的"双向运动"。进入 21 世纪后，伴随着市场经济发展的社会和环境问题逐步彰显，初露端倪的底层民众抗争已经演变为各类中国版本的"社会自我保护运动"。这主要表现为决策者在治国理念和施政重心上对社会管理的重视和社会政策的出台。党的十六大以来，随着科学发展观与和谐社会新理念的提出，社会建设和社会管理开始进入中国公共决策议程。2004 年党的十六届四中全会明确指出，"加强社会建设和管理，推进社会管理体制创新"[①]。自此，社会管理作为治国理政的一个关键性范畴，开始见诸党的权威性文件。2005 年党的十六届五中全会关于国民经济和社会发展"十一五"规划的建议明确提

---

① 中共中央党校教务部编：《十一届三中全会以来党和国家重要文献选编》，北京：中共中央党校出社 2008 年版，第 558 页。

出："更加注重社会公平，使全体人民共享改革发展成果。"①2007 年党的十七大报告进一步强调，"加快推进以改善民生为重点的社会建设，要健全党委领导、政府负责、社会协同、公众参与的社会管理格局，健全基层社会管理体制"②。2012 年党的十八大继续沿用"社会管理"的提法，而紧接着 2013 年党的十八届三中全会首次提出"社会治理"概念，这是社会治理理念的重大创新，为社会治理现代化指明了方向。2017 年党的十九大报告进一步提出"提高保障和改善民生水平，加强和创新社会治理，打造共建共治共享的社会治理格局"③。与这些理念相一致，政府的施政重点开始从经济政策转向社会政策。④这预示着中国社会已经进入了"双向运动"的时代。

就治理转型意义而言，"双向运动"既是促进我国社会管理和公共冲突管理转型的驱动力量，也给社会管理和冲突管理转型带来了"双重挑战"：一方面，市场经济的发展带来了物质财富的显著增加，更加坚定了党和政府繁荣市场经济和完善市场经济体制的决心和信心，这是市场化运动持续推进的基本理据；另一方面，市场经济的发展深刻地改变了中国的经济关系和社会结构，而经济、社会结构的变革是社会矛盾产生和积累的根源。在特定条件下尤其是社会快速转型期，不断激化的社会矛盾很可能引发社会冲突。有效地应对社会矛盾和冲突及其构成的挑战，积极回应社会领域的利益诉求，变革和创新社会冲突管理，是中国社会自我保护运动的价值诉求。然而，市场化运动和社会自我保护运动的利益驱动及运行逻辑是不同的，在很多情况下是抵牾甚至是冲突的。通俗地讲，就是既要推动经济快速增长，又要维护社会稳定与和谐。

因此，在平抑市场化与社会自我保护"双向运动"的张力中，形成了由社会冲突管理向社会冲突治理的转型逻辑。在当前中国治理话语体

---

① 中共中央党校教务部编：《十一届三中全会以来党和国家重要文献选编》，北京：中共中央党校出社 2008 年版，第 655 页。

② 中共中央党校教务部编：《十一届三中全会以来党和国家重要文献选编》，北京：中共中央党校出社 2008 年版，第 748-750 页。

③ 习近平：《决胜全面建成小康社会 夺取新时代中国特色社会主义伟大胜利——在中国共产党第十九次全国代表大会上的报告》，北京：人民出版社 2017 年版，第 49 页。

④ 岳经纶、郭巍青：《中国公共政策评论》（第 1 卷），上海：上海人民出版社 2007 年版，第 29页。

系中，一个基本的共识是将"偏重于政府单一主体管控社会事务的模式"和"强调多元主体和机制协同治理的探索"分别概括和表述为社会管理和社会治理。这种话语体系的变迁，不仅蕴含着从社会冲突管理走向社会冲突治理的连续性特征，更凸显出二者质变性的差异。这主要体现在为了适应市场经济发展所带来的经济、社会结构的变迁而做出的社会冲突治理结构的重组和制度变革。如表 7-1 所示，随着市场经济发展和国家与社会持续分化，国家、市场、社会多元领域的边界逐渐清晰，每个领域都孕育出各自的行动主体。在国家领域，党及其领导下的政府是关键的行为主体；在市场领域，市场组织是主要的行动主体；社会领域中的行动主体主要有社会组织和公众等。这些多元的行动主体都是现代社会所孕育的自主性的力量。虽然它们在各自的领域内展现出不同的治理机制和利益追求，但在整个社会治理场域中也具有合作共治的价值诉求。因此，社会冲突治理意味着在满足多元主体合法权益的前提下，构建多元主体协同治理的格局，最大化地整合、吸纳多元力量，致力于现代社会复杂问题的有效解决。

从公共冲突管理向公共冲突治理转变的过程中，政府进行了积极的实践探索和制度创新。对此，我们可以做一个概观式的总结。一是民生导向的改革。民生是人民幸福、社会和谐之基，是社会治理的根本之策。从根本上讲，绝大部分社会矛盾和冲突是民生问题，是底层民众和弱势群体无法享有基本的公共服务、社会分配不公而造成的官民、阶层关系紧张而引发的。因此，党的十七大以来，政府一直强调"以保障和改善民生为重点创新社会管理"，向社会领域加大公共资源的投入，实施以保障和改善民生为主要内容的社会政策，加快形成覆盖城乡、可持续的基本公共服务体系，从而夯实和巩固社会善治与社会和谐稳定的物质基础。坚持民生导向的社会治理改革，将解决民生问题贯穿社会管理实践的始终，是从社会管理向社会治理成功转型的基本经验。二是管理导向的改革。许多社会抗争事件是由政府管理不善、执法不当造成的。为此，政府自身进行了大量的改革，主要包括以下几方面。（1）结构性改革。完善基层治理机制以及社会矛盾和冲突化解机制，比如，因地制宜地推广

"枫桥经验"、有针对性地设立综治委、矛盾调解中心等专门机构，建立涉法涉诉信访依法终结制度等。①三是服务导向的改革。构建人民满意的服务型政府，让政府职能回归公共服务，是有效化解社会矛盾和冲突以及维护社会和谐的根本途径。在理念上，从"以政府为中心"转向"以人民为中心"；从"权力主体"转向"责任主体"。在事务性领域，积极开展高效便民的服务，如地方政府开展的让群众"最多跑一次"的"一站式服务"改革。四是法治导向的改革。以法治政府、法治社会为目标，在法治框架内确保多元治理力量和治理方式的有效性，用法治引导公民理性、规范和有序生活，运用法治思维和法治方式解决社会问题。五是协同治理导向的改革。构建包含党委、政府、市场与社会等多元主体的协同治理机制，实现政府治理和社会自我调节、居民自治良性互动。

　　如前所述，在"双向运动"张力中公共冲突管理向公共冲突治理转型面临着双重挑战：既要建立起与市场经济相适应的公共冲突治理制度，又要在有效的公共冲突治理制度尚未完全建立起来的过程中维持基本的治理绩效。通过对中国治理场景的经验性分析可以发现，在成功突破"双重挑战"过程中，中国公共冲突管理在向公共冲突治理转型中实行了增量改革的逻辑，即"运动式治理加制度建设的组合拳模式"②。该策略既强调公共冲突管理创新与变革，又注意发挥"运动式治理"这一传统治理机制的优势，而不是简单地割裂传统。在缺乏有效冲突治理制度的前提下，通过运动式治理应对日益复杂的社会矛盾和冲突以维持基本的治理绩效，既能延缓"双重挑战"的巨大压力，又为政策实验和新制度成长创造有利的空间，从而最终实现向公共冲突治理的转型。

---

① 燕继荣：《中国社会治理的理论探索与实践创新》，《教学与研究》2017 年第 9 期。
② 任星欣：《运动式治理与制度建设：中国改革开放时期经济制度变革的组合拳模式》，《公共行政评论》2020 年第 1 期。

（三）治理共同体："新双向运动"合力中提升公共治理效能的均衡逻辑

党的十六大以来，随着科学发展观与和谐社会新理念的提出，社会建设和社会管理被提到构建社会主义和谐社会的国家战略高度，国家开始改变经济发展与社会发展结构性失衡的状况，逐渐形成了经济建设与社会建设、经济治理与社会治理、经济政策与社会政策均衡的政策格局。尤其是党的十八大以来，以习近平同志为核心的党中央践行以人民为中心的发展理念，统筹推进"五位一体"总体布局，协调推进"四个全面"战略布局，全面深化改革，坚持和完善中国特色社会主义制度，推进国家治理体系和治理能力现代化，推进中国特色社会主义制度更加成熟定型。党的十九届四中全会精神，对实现公共冲突治理体系和治理能力现代化提出了两项要求：一是加强系统治理、依法治理、综合治理、源头治理；二是将我国公共冲突治理制度优势更好地转化为冲突治理效能，为实现"两个一百年"奋斗目标和实现中华民族伟大复兴的中国梦提供有力保证。

随着均衡政策的持续发力和国家治理现代化的推进，中国经济与社会的关系开始突破"双向运动"的张力，进入以经济与社会相互构建、相互促进为特征的"新双向运动"时期。用波兰尼的话说，就是在保护性立法和政府干预下，被驯服的自由市场经济重新嵌入社会关系之中，人类进入到一个更具包容性的自由社会。

在当下中国经济社会发展的实践中，"新双向运动"强调工具理性与价值理性的统一，经济是手段，社会是目的。经济发展对社会发展和人的发展具有基础性作用，这是毋庸置疑的。但是，发展经济的目的是人民，成果由人民共享。说到底，发展市场经济还是人的问题。正如党的十九大报告所强调的，"为什么人的问题，是检验一个政党、一个政权性质的试金石。带领人民创造美好生活，是我们党始终不渝的奋斗目标。必须始终把人民利益摆在至高无上的地位，让改革发展成果更多更公平惠及全体人民，朝着实现全体人民共同富裕不断迈进"①。因此，"新双

---

① 习近平：《决胜全面建成小康社会 夺取新时代中国特色社会主义伟大胜利——在中国共产党第十九次全国代表大会上的报告》，北京：人民出版社 2017 年版，第 44-45 页。

向运动"是社会经济均衡发展的重要体现，是社会主义公平正义本质特征的直观反映，是落实共享发展理念和实现经济社会高质量发展的必然选择。

以"新双向运动"为特征的经济与社会关系，对当下我国地方政府公共冲突治理提出了新的要求。为此，党的十九届四中全会提出"建设人人有责、人人尽责、人人享有的社会治理共同体"，这是对党的十九大提出的"打造共建共治共享的社会治理格局"的进一步创新和丰富。共建共治共享的社会治理格局，强调的是多元主体共同参与、合作治理，是前述公共冲突管理向公共冲突治理转型的内在要求。因为在我国公共冲突治理语境下，社会冲突管理是政府单一主体对作为客体的社会进行管控，而公共冲突治理则意味着多元力量的合作共治。公共冲突治理的改革遭遇了诸多问题和挑战。一种影响较大的观点是，将这些问题和挑战归因于政府权力过大，阻碍了社会力量的生长，并呼吁政府给社会放权和赋能。这种观点失之偏颇。因为政府"收缩"权力易，但社会激发活力难。因此，必须从单纯的"党政主导负责"向"人人有责、人人尽责、人人享有"转变，这是"社会治理共同体"理念的价值所在。

从治理结构层面分析，共同体理念实质上反映了我国公共冲突治理的均衡逻辑。当前，中国社会治理结构性领域呈现出三种基本状态：政府对于社会的管理、政府与社会和公民合作共同治理以及社会自治，[①]由此形成了"三位一体"的公共冲突治理体系。同样，公共冲突治理体系也呈现出"三位一体"的结构状态。从静态意义上观察，公共冲突治理的三种基本状态（领域）彼此间是一种并列关系，具有不同的特点，承载不同的任务。但是，一旦从动态意义上思考公共冲突治理改革的运行逻辑，政府角色的特殊性就凸显出来。可以说，在"三位一体"的公共冲突治理体系中，政府角色具有二重性：既是公共冲突治理中的"一域"，也是公共冲突治理整体改革的发起者和推动者。前者主要指政府作为国家的代表，是包括公共冲突治理在内的整个社会治理多元治理主体之一，当然，也是核心治理主体。随着市场经济的发展和国家从市场和社会领

---

① 王浦劬：《国家治理、政府治理和社会治理的含义及其相互关系》，《国家行政学院学报》2014年第 3 期。

域的"退缩",市场、社会以及公民作为现代社会治理的多元行动者不断成长并开始参与到社会治理之中。社会矛盾和冲突治理作为社会治理的重要内容,当然要鼓励政府以外的多元主体的参与,形成公共冲突治理共同体。这是我国公共冲突治理均衡逻辑的前提,没有国家、市场与社会间的相互分离,就没有多元治理力量的成长,也就无法形成冲突治理共同体。换句话讲,如果还是传统意义上国家超强管控社会而几乎丧失自主性的"总体性社会",就根本谈不上所谓的均衡。在此意义上,公共冲突治理的均衡主要指多元主体之间关系的均衡。这种均衡意味着政府之外的主体作为改革开放以来市场经济发展的"产物",不仅在经济社会发展中发挥了积极的作用,而且作为社会治理的参与者获得了国家的认可,并给予理性引导和让渡更大的发展空间。从效果来看,均衡关系就表现为治理合力的最大化。

后者主要指政府肩负着构建公共冲突治理共同体和实现均衡逻辑的改革重任。就当前我国社会矛盾和冲突治理多元主体关系而言,依然呈现出"强国家-弱社会"的状态,地方政府过多地卷入到社会矛盾和冲突中,而社会和市场主体的参与并不充分,即使参与其中,也只能依附于政府发挥一定的治理功能。因此,在这种力量对比失衡的情况下,市场和社会的自主性和功能性难以得到有效发挥,也无法凝聚公共冲突治理的合力。随着社会矛盾和冲突的日益增多和复杂化,实现公共冲突治理均衡逻辑的改革诉求越来越强烈。党的十九届四中全会提出:"建设人人有责、人人尽责、人人享有的社会治理共同体",这为公共冲突治理改革指明了方向、明确了内容。党的十九届五中全会审议通过的《中共中央关于制定国民经济和社会发展第十四个五年规划和二〇三五年远景目标的建议》,将"建设人人有责、人人尽责、人人享有的社会治理共同体"确立为"十四五"时期社会建设的重要目标。2021 年 7 月 11 日,中共中央、国务院印发的《关于加强基层治理体系和治理能力现代化建设的意见》将"坚持共建共治共享,建设人人有责、人人尽责、人人享有的基层治理共同体"确立为基层治理现代化的工作原则。这就更加明确了当前我国公共冲突治理的改革任务和基本原则。

三、新时代地方政府公共冲突治理的有效性：
基于均衡逻辑的分析

经过四十多年的改革与变迁，我国公共冲突治理在不断进行制度化累进的同时，依然面临着诸多问题和严峻挑战，"上下""左右""前后"维度上结构性失衡的状况依然没有彻底得到扭转。从社会治理转型逻辑来看，要克服公共冲突治理面临的问题和挑战，必须在公共冲突治理的均衡上发力，换言之，要注意公共冲突治理均衡逻辑。

（一）影响公共冲突治理有效性的"关系梗阻"：三重维度的分析

与传统的冲突管理不同，冲突治理强调的是国家与社会、政府与社会、公民良性互动与合作共治的过程。随着市场经济的发展，市场和社会作为具有自主逻辑的主体和领域与国家分离，包括公共冲突治理在内的整个国家治理也开始重构改革进程。在此过程中，整个社会的分化逐渐呈现出三种状态，即国家、市场和社会三大领域。其中，社会领域包含公共和私人生活领域。每个领域都生长出独立的行为主体，他们有各自的利益目标和行动逻辑。三大领域既相互分离，又相互影响；既相互矛盾和冲突，又有着共同关切和利益趋同。政府作为国家领域的行为主体和整个社会利益的代表，其主要职责就是抑制国家、市场和社会之间的冲突，构建均衡的"国家—市场—社会"结构。因此，政府施政重心要在不同领域之间平移。这种均衡逻辑是公共冲突有效治理的基本结构支撑。具体而言，国家施政重心越靠近哪个领域，就越能反映哪个领域的利益。在改革开放前，国家的政策重心在国家领域，形成了"总体性社会"，国家的自主性最高。改革开放后，以经济建设为中心和建立社会主义市场经济体制，国家政策重心转向经济领域，适应"亲市场"的政策和改革。由于社会发展严重滞后经济发展和社会矛盾与冲突的剧增，国家开始转变政策取向，实施"惠社会"的民生政策，越来越关注和满足社会领域的利益诉求。进入新世纪，国家继续深化市场经济改革，同时加大社会建设和发展民生事业，推动经济社会高质量发展。由于经济领域和社会领域的利益诉求时常发生冲突，这就需要政府治理在利益冲突中维持必要的均衡。

对于地方政府公共冲突治理而言，所谓的均衡意味着政府逻辑、市场逻辑和社会逻辑的良性互动和党政、企业、社会组织、公民等多元主体的合作治理。这种均衡逻辑以及立于其上的治理共同体是公共冲突有效治理的基础。然而，当市场决策不理性、社会发育不健全和公民参与不理性时，公共冲突治理便呈现"强国家-弱社会"状态，那么所谓的均衡逻辑便无法实现。这不仅会在源头上滋生更多的社会矛盾和冲突，而且在冲突治理过程中无法形成合力，也不能有效化解社会矛盾和冲突。这种非均衡性是导致公共冲突治理有效性不高的主要"关系梗阻"，对此可以从以下三个维度进行观察。

1. "上下"维度："职责同构"导致冲突治理能力不足

就"上下"维度来看，地方政府尤其是基层①政府是公共冲突治理的核心主体，承担着公共冲突治理的实际职责。从政府纵向层级关系来看，应构建以基层为重心的政府治理体系，换句话讲，包括公共冲突治理在内的整个社会治理重心应下移至基层。对于公共冲突治理而言，推动治理重心下移具有内在合理性。一是有利于提高公共冲突治理体系的效能，基层最靠近社会民众，最了解民众需求，最便于发现社会问题，亦最可能采取迅速的行动，这种"短通路"的特点具有天然的效率优势。二是降低公共冲突治理体系的运行成本。从经济和成本的角度考虑，基层治理要保证大量社会矛盾和问题在基层化解、不上交，服务民众要及时、便捷和到位。如果基层的社会事务要上升到更高层级的政府才能解决，势必导致体制的"内卷化"，增加运行成本。三是增强公共冲突治理体制的韧性。推动重心下移，确保基层有权有人有物，强化反应迅速、执行有力的基层条块协同治理机制，才能分散化解各类风险，防止向上

---

① "基层"在我国国家治理语境中具有特定的含义。依据宪法规定，我国基层政权在农村指的是乡、民族乡、镇，在城市主要指的是区及其派出机构街道。城乡社区虽然不是基层政权的范畴，但是基层治理的重要基础力量，所以与基层政权的建设和运行有紧密关系。可见，基层主要是国家与社会的"接点"或互动部位，主要指乡镇、街道办事处及其所辖区域内的社区。（参见林尚立：《构建简约高效的基层管理体制》，《经济日报》2018 年 4 月 18 日。）

聚集。

　　然而，就目前实际情况来看，基层治理重心常常呈现出"悬置化"状态。社会治理重心向基层下移并非一个新问题。自 20 世纪 90 年代单位制逐渐解体以来，在我国城市"两级政府、三级管理、四级落实"的管理体制构建过程中，贯穿的一条主线就是权力下放、重心下移。①但是时至今日，这一长期持续的改革距预期目标仍有很大的进步空间。根据民政部近几年对全国乡镇基层政权和城市街道社区建设情况的调查，基层政权普遍面临着权责不统一、事权大于职权，经费不足、财政运转困难，人员有限，干部能力不足等困难。②社会治理重心"悬置化"在很大程度上是导致地方政府公共冲突治理效率不高的主要原因。一种流行的观点认为，我国政府纵向间关系是所谓的"职责同构"，即每一层级的政府都管理大体相同的事务；相应地，在机构设置上亦表现为"上下对口、左右对齐"③，在职责同构的层级体系中，承担具体治理职能的则是基层政府。"上面千条线，下面一根针"是对基层政府治理和社会治理重要性的形象写照。因此，基层是社会治理的重心，社区治理是社会治理的基础环节。然而，经过农业税改革，农村基层政权和单位制消解后的城市基层政权日益呈现出"悬浮型"状态④，体制内治理资源大多停留在市区层级，而无法下沉至基层，尤其是社区。在"基层资源短缺、基层政府乏力、结构空洞化、结构功能失衡"等因素的作用下，基层社会治理效能呈现出边际递减的趋势。⑤从根本上来讲，公共冲突治理能力不足是由基层治理重心的"悬置化"所致。在群体性事件治理中，所谓地方政府的"体制性迟钝""被动应对""摆平"策略以及民众的"闹大"逻辑等皆与之有关。换句话讲，在社会矛盾和冲突应对过程中，基层政府"责大权小"，没有能力去化解，以至于"小事拖大、大事拖炸"。

---

　　① 吴志华、翟桂萍、汪丹：《大都市社区治理研究：以上海为例》，上海：复旦大学出版社 2008 年版，第 2 页。

　　② 林尚立：《构建简约高效的基层管理体制》，《经济日报》2018 年 4 月 18 日。

　　③ 朱光磊、张志红：《"职责同构"批判》，《北京大学学报》2005 年第 1 期。

　　④ 周飞舟：《从汲取型政权到"悬浮型"政权——税费改革对国家与农民关系之影响》，《社会学研究》2006 年第 3 期。

　　⑤ 傅利平、孙兆辉：《重心下移如何提升治理效能？——基于城市基层治理结构调适的多案例研究》，《公共管理学报》2019 年第 4 期。

2."左右"维度:"强国家-弱社会"的关系格局导致冲突治理资源紧缺

如果说"上下"维度的均衡主要考虑的是政府体制内资源向基层下沉的话,那么将体制外的社会资源(主要指公益资源)、市场资源和群众资源吸纳到公共冲突治理场域中,则主要涉及政府—社会—市场横向间关系的"左右"维度的均衡。现代政府治理的基本组织形式是科层制。在科层体制下,政府管理主体与客体之间不能简单地发生作用,其间必须经过若干层级的传递。因此,必须将权力、职能、责任、人财物等治理资源在不同层级间进行划分或配置。治理资源是地方政府发挥效能的关键因素。由于层级之间缺少合理的分工,再加上科层体制本身具有的权力和资源向上集中的特性,意味着在基层社会治理中政府治理资源短缺是一种普遍性的现象。同样,地方政府公共冲突治理也面临着资源短缺的困扰。因此,在公共冲突治理中,除了通过治理重心下移将政府体制内的资源、管理和服务下沉至基层外,还要吸纳体制外的市场资源和社会资源。如此,才能有效整合公共冲突治理资源,才能形成多元主体协同共治的冲突治理结构。因此,"左右"维度的均衡主要指公共冲突的治理资源配置和治理结构,其背后反映的是国家与社会的关系问题。

然而,当前我国基层社会治理整体上呈现出"强国家-弱社会"的关系格局。一方面,基层治理"行政化"较为普遍,表现在公共冲突治理中过多地依赖强制性的行政化手段。由于对传统管控模式的路径依赖,基层政府在履行社会管理职能时常常将社区定位为下级执行机构。从权力行使过程来看,基层政府以资源控制为手段,成为社会治理的操盘手,①而社区不得不依附于政府,成为政府机构的延伸,其自身的自治资源和功能得不到应有的发掘。关键的问题是,许多社会问题和矛盾更适宜用社会自治机制来化解,动辄找政府和政府机制的过度涉入反而不利于问题的解决,并且在特定情况下,还可能适得其反。另一方面,基层自主性治理的缺失,市场资源、社会资源和群众资源在公共冲突治理中没有发挥应有的作用,原本属于公民日常生活的小事也要诉诸政府行政

---

① 吴晓林:《中国的城市社区更趋向治理了吗——一个结构-过程的分析框架》,《华中科技大学学报(社会科学版)》2015 年第 6 期。

机制予以解决。因此，"强国家－弱社会"的关系格局常常导致公共冲突治理资源短缺和治理结构不合理。这通常会引发两种后果：一是冲突治理资源未得到充分整合，不利于公共冲突治理有效性的提升；二是地方政府频繁地被卷入冲突之中，由冲突中公正的协调者或仲裁者降格为直接或间接的当事方。由于缺少缓冲的地带，地方政府往往直接面对公众，缺少缓冲空间，这也不利于公共冲突的有效治理。当务之急是有效整合公共冲突治理资源，针对不同类型的社会矛盾和冲突，采取适宜有效的治理资源和机制，分类处置、因事制宜。

3."前后"维度："条块分割"导致公共冲突治理合力有限

在我国，对包含社会矛盾和冲突的化解在内的整个基层社会的治理都是按照"条块划分"的体制机制进行的。其中，街道、乡镇作为属地组织，是本辖区内的综合管理的主体，通常称为"块"；上级政府职能部门的派出机构，如卫生、公安、工商、城管等，通常称为"条"。这二者之间就形成了"条块"关系。"条块"关系是我国基层政府治理的基本结构性关系。在实际的治理过程中，"条"和"块"在属性和功能上并不一致，"条"倾向于专职化，具有专业化优势，而"块"侧重于协调管理和综合执行。"条块"关系是我国基层治理体制中基本的结构性关系。

然而，在"条块体制"下，对于"条线"部门而言，基层属地处于相对弱势地位，无论是财权还是事权分配，"条线"部门都具有主导性，基层政府执行责任与其权力、资源不甚匹配。[①]因此，在"条块"结构下，拥有执法权和专业能力的"条线"部门实际上处于监督检查、评估问责的角色，而基层属地则承担社会管理、服务于民众和有效化解社会矛盾和冲突的属地责任。也就是说，基层属地位于社会治理的"前台"，"条件"部门位于社会治理的"后台"，这就是所谓的"前后"维度。

像"上下""左右"维度一样，观察地方政府尤其是基层政府公共冲突治理的"前后"维度也是一种比喻。当然，这个比喻不是那么严谨，但是，用"前后"来描述地方政府尤其是基层政府在公共冲突治理中的"站台位置"大致还是讲得通的。然而，在基层治理过程中，"条块"分

---

① 孙柏瑛、武俊伟：《"双向建构"中的城市政府基层社会治理转型——路径、困境与未来展望》，《公共管理与政策评论》2018 年第 1 期。

割、"条块"冲突、管理缝隙扩大等基层治理"碎片化"问题日益突出。比如，我们常讲的"'条线'因力量有限管不到底，街道因缺乏相应的职权而管不到边""腰来腿不来"等，就是"碎片化"问题的集中表现。"条块分割"和治理"碎片化"导致很多社会问题和矛盾没有得到及时有效的化解，社会矛盾化解和冲突治理合力不足，很多社会矛盾因被搁置和推诿而不断积累以至于冲突爆发。

（二）公共冲突治理有效性的"疏通路径"：基于均衡逻辑的分析

上述三重非均衡性的"关系梗阻"，在很大程度上阻碍了我国地方政府公共冲突治理有效性的进一步提升。因此，必须在公共冲突治理的均衡逻辑上发力，疏通冲突治理有效性提升的"关系梗阻"。

1. 推动公共冲突治理重心下移，构建简约高效的基层冲突治理体制

冲突治理重心向基层下移是推进冲突治理现代化的必然要求。绝大多数社会矛盾和冲突应该在基层得到有效化解而不上交，确保基层治理及时有效。如果基层的社会事务要上升到更高层级的政府才能解决，势必导致社会矛盾的增多和治理的无效，增加行政运行的成本。

基于上述分析，构建以基层为重心的公共冲突治理体制面临三重结构性关系的制约，即乡镇（街道）作为基层政府与市县（区）两级政府之间的纵向层级关系、作为属地管理主体与县（区）职能部门派驻机构之间的"条块"关系、作为行政体系的末梢与社区自组织之间的国家与社会的关系。理顺这三重结构性关系是推进公共冲突治理重心在基层落地生效的必然要求，也是提升公共冲突治理有效性的前提条件。当前，由于治理重心"悬置化"而导致公共冲突治理有效性存在三重非均衡性的"关系梗阻"，即"上下"维度的"职责同构"导致冲突治理能力不足、"左右"维度的"强国家-弱社会"的关系格局导致冲突治理资源紧缺、"前后"维度的"条块分割"导致公共冲突治理合力有限。这三重"关系梗阻"在很大程度上影响了地方政府公共冲突的有效治理。

因此，公共冲突治理的当务之急是疏通三重非均衡性的"关系梗阻"，推动公共冲突治理重心下移，构建简约高效的基层冲突治理体制。第一，明确政府层级间的职责关系，向基层增权赋能，"使基层有人有权有物，

保证基层事情基层办、基层权力给基层、基层事情有人办"。使基层既承担属地责任，又拥有相应的必不可少的权力和能力，那么，大量的社会矛盾和冲突在基层就能得到有效化解。第二，构建"强国家-强社会"的关系格局，使地方政府在社会矛盾和冲突治理中能够有效整合体制外的市场和社会资源，提高矛盾化解和冲突治理效能。近年来，党中央明确提出，"完善党全面领导基层治理的制度，以提升组织力为重点，加强乡镇（街道）、村（社区）党组织对基层各类组织和各项工作的统一领导，建立党组织统一领导、政府依法履责、各类组织积极协同、群众广泛参与的基层治理体系"，这就是为有效整合治理资源而采取的重要举措。第三，创新"条块"协同治理机制，形成社会矛盾和冲突治理的合力。在这方面具有改革创新意义和示范效应的应是北京的"街乡吹哨、部门报到"机制：在法律框架内，以"权责清单"的方式，在梳理基层属地组织与"条线"部门现有权责关系的基础上，以社会问题为指导，充分授权属地组织调集执法资源的权力，将"条线"部门牵引到执法过程，形成了高效的"条块"协同治理机制。这为有效弥合"条块"分割和提升社会矛盾与冲突治理的有效性，提供了有益的经验借鉴。

2. 坚持"四个治理"，优化公共冲突治理方式

党的十九届四中全会——我们党执掌政权以来，首次以研究坚持和完善我国国家制度和国家治理体系为主题的中央全会——明确提出在实现国家治理现代化上要坚持"系统治理、依法治理、综合治理、源头治理"，并将坚持系统治理等"四个治理"列入推进国家治理体系和治理能力现代化的总体要求，这为优化地方政府公共冲突治理方式，提升公共冲突治理能力指明了方向。对于公共冲突治理而言，坚持系统治理强调的是完善党政主导，市场、社会、公民等多方参与的公共冲突协同治理格局，建设人人有责、人人尽责、人人享有的公共冲突治理共同体，确保社会稳定有序和人民安居乐业。坚持系统治理，必须坚持党对基层社会治理的领导，加强基层党组织建设，发挥基层党组织对基层政权组织、经济组织、自治组织、群团组织、社会组织的指导、引领和统筹作用，形成简约高效的基层治理体制，不断夯实基层公共冲突治理体系和治理能力的基础。

　　坚持依法治理，强调的是用法治思维和法治方式化解社会矛盾和冲突。人类社会发展经验表明，法治是最可靠、最有效、最稳定的治理方式，公共冲突治理的根本之策绝不是抑制甚至消灭社会矛盾和冲突，而是实现公共冲突治理的法治化和制度化。坚持依法治理，就要努力完善社会主义法治体系，推进法治国家、法治政府、法治社会一体化建设，切实做到科学立法、严格执法、公正司法，从而可以充分运用法律和制度资源化解社会矛盾和冲突，建立健全公共冲突治理体制机制。真正做到"早识别、早预警、早发现、早处置"，使得社会矛盾和冲突在法定程序、规范和策略中得到化解。

　　坚持综合治理，强调的是在社会治理主体多元化和社会矛盾与冲突多发的新形势下，综合治理是一种有效的治理方式。综合治理不仅要求调动多方积极性参与社会矛盾和冲突治理，而且要求通过多种手段、多种方式进行社会矛盾和冲突治理。一是强化道德约束和引导，道德作为非强制性的社会规范，是社会矛盾和冲突治理的"软手段"。很多社会矛盾和冲突是由违背道德但还没有违法的越轨行为演化而来的。比如"大闹大解决、小闹小解决、不闹不解决"的非理性心理和行为。因此，在依法治理的基础上，切实发挥德治教化在化解社会矛盾和冲突中的作用。二是治理手段应从单一向多种手段综合作用上转变，既要注重警力震慑、行政等刚性手段在冲突处置中的必要作用，又要注重对话、协商、沟通在社会矛盾和冲突化解中的作用，同时还要加强心理疏导、说服教育在调节社会关系和化解社会矛盾中的作用。

　　坚持源头治理，意味着在公共冲突治理过程中要将社会矛盾和冲突治理的环节从事后处置向源头前移。实践表明，源头治理是社会矛盾和公共冲突治理有效性的基础和前提，是一种有效的社会治理方式。一是注重民生建设，实现基本公共服务均等化，维护社会公平正义。很多社会矛盾和冲突源于利益和分配不公，本质上是民生问题。因此，多谋民生之利，多解民生之忧，解决好人民群众最关心最直接最现实的利益问题，就是从源头上化解社会矛盾和冲突，此即源头治理的第一层含义。二是将治理关口前移，从注重社会矛盾和冲突爆发后的应急处置和事后救急转向防控和常规治理。冲突治理是由日常治理、预防、冲突处置、化解、转化等环节构成，有效的治理关口是在日常化解和预防中，而不是冲突爆发了才仓促应对，这是源头治理的第二层含义。源头治理强调标本兼治、重在治本。

3. 坚持党建引领，构建人人"有责、尽责、享有"的公共冲突治理共同体

党的十九届四中全会提出，"完善党委领导、政府负责、民主协商、社会协同、公众参与、法治保障、科技支撑的社会治理体系，建设人人有责、人人尽责、人人享有的社会治理共同体"。治理共同体为新时代我国地方政府公共冲突治理创新指明了方向，是实现公共冲突均衡逻辑的主要依托，是提升公共冲突治理有效性的基本路径。

当前我国正处于社会转型期，社会矛盾多发，冲突增多，使得基层社会矛盾和冲突治理面临巨大压力和挑战。从治理角度来看，这种压力和挑战在很大程度上是由过于依赖单一的"行政化"治理及其所引起的治理碎片化、治理结构封闭化、单一化和等级化带来的。当前我国公共冲突治理最大的问题是，"强国家-弱社会"关系状态。单一"行政化"治理的路径依赖对公共冲突治理产生了较大影响，我国公共冲突治理存在的"过于依赖政府、社会力量参与不充分"的困境，就与这一治理模式有着很大的关系。在"强国家-弱社会"的关系结构下，公共冲突治理共同体的建构缺乏有效的动力。因此，构建公共冲突治理共同体要有新的思路，要从突破单一"行政化"治理的局限着手，改变"强国家-弱社会"的关系结构，为公共冲突治理共同体的形成注入有效的动力。

党建引领社会治理是一种"超行政"治理模式，依托基层党组织的整合功能和政治优势，能够有效激发社会、市场和公民等参与社会矛盾和冲突治理的动力。在我国，作为执政党的中国共产党不仅是国家，而且也是社会的领导核心，自上而下地形成了覆盖整个社会的组织网络体系，这种独特的领导地位和组织体系，使得基层党组织在特定区域内具有组织整合的独特优势，能够为社会矛盾和公共冲突治理构建多方参与的共治平台。在基层社会治理场域中，有基层政权组织、群团组织、自治组织、经济组织、社会组织等诸多治理主体，这些主体对社会矛盾和

冲突的治理具有各自的功能，是形成治理共同体的重要成员和参与者。关键问题是，如何在社会矛盾和冲突治理过程中，将这些行为主体凝聚成一个有机整体，发挥高效的协同治理功能。对此，习近平总书记指出，"我们要有一个坚强的基层政权"，必须把握基层政权组织、经济组织、自治组织、群团组织、社会组织发展变化的特点，加强指导和管理，使各类基层组织按需要设置、按职履责、有人办事、有章理事，既种好自留地、管好责任田，又唱好群英会、打好合力牌，这就需要加强党对基层政权和基层社会的全面领导。同时，党建引领具有价值整合作用，通过思想政治教育和社会主义核心价值观的引导，能够减少社会偏激心理和个别激进的观点，引导人们通过体制内的法律途径解决问题，而不是诉诸体制外的非理性的抗争。如此，有利于增加集体行为的可预期性，防止群体矛盾向社会冲突转化。此外，党建引领能够发挥党员模范和示范效应，引导民众通过沟通、协商来化解社会矛盾和冲突，能够有效防止矛盾升级过程中的从众心理和趋同效应。简言之，构建党建引领下冲突治理共同体的基本逻辑是以"政治"激活"治理"，以权威塑造均衡，通过强化政党与社会的互动，突破单一"行政化"治理的局限，激发多方力量参与社会矛盾和冲突治理的动力，有力推动建设人人"有责、尽责、共享"的公共冲突治理共同体。

第 八 章

新时代社会矛盾和冲突治理：演变趋势、
重要举措与话语建构

当前中国社会正处于深刻变革的时代，在"经济体制深刻变革，社会结构深刻变动，利益格局深刻调整，思想观念深刻变化"的进程中，产生了诸多社会矛盾和纠纷，这些矛盾纠纷如果得不到及时化解，则可能会演变为激烈的冲突。群体性事件就是当前我国社会矛盾和冲突较为典型的表现形式。一般而言，一定人数参与的、通过集体行为的方式向政府或其他市场、社会组织公开地表达诉求并对社会秩序造成一定的影响，那么就具有了群体性事件的含义。从本质上讲，我国群体性事件是民众利益诉求表达较为极端的方式。作为较为激烈的社会矛盾和冲突的表现形式，群体性事件直接影响经济发展和社会稳定，攸关人民生命财产安全和政府公信力等。在我国政治生活和社会生活中，群体性事件一度引发人们广泛的关注，"维稳""社会矛盾纠纷化解""群体性事件治理"等成为社会治理的重要内容，对社会矛盾和冲突的治理是我国政府特别是地方政府的一项重要的工作。

一、从"高发"到"衰变"：21 世纪以来我国社会
矛盾和冲突的演变趋势

从长时间维度看，对社会矛盾和冲突的治理过程就是民众利益表达与政府回应之间的博弈互动的过程。一方面是社会矛盾和冲突的产生、积累和爆发；另一方面是政府的应对、化解和治理，两者之间的互动和

博弈推动着社会矛盾和冲突的演变，或愈演愈烈，或衰变消弭。这也构成了分析当前我国社会矛盾和冲突治理的一条主要线索。

按照马克思主义的基本观点，社会矛盾产生于一定的社会关系和社会结构之中。21 世纪以来，随着改革开放和经济社会的不断发展，我国经济社会结构和利益关系不断变化，社会矛盾和冲突也呈现出一些新特点、新变化、新趋势。准确地分析和把握新世纪以来我国社会矛盾和冲突的特点和趋势，是一项重要的研究课题。

（一）21 世纪以来至 2012 年前我国社会矛盾和冲突的"高发"态势

为了对当前我国群体性事件进行分析，我们以国内外知名媒体的报道、网络媒体报道、访谈报道、时评、学术专著、有影响力的期刊论文、官方报道、工作报告、统计数据和统计年鉴、法院的判决书等作为获取案例信息的来源，在对新世纪以来我国群体性事件搜集、整理和分析的基础上，我们发现以 2012 年党的十八大为节点，我国群体性事件呈现出两个不同的演变阶段，在 21 世纪第一个十年，即党的十八大之前，我国群体性事件处于相对高发阶段，在发生起数、参与规模上呈现出"双重"增加态势。党的十八大以来，我国群体性事件在发生起数和规模上逐渐递减，呈现出衰变的趋势。

从 20 世纪 90 年代到 21 世纪初，随着我国经济的快速发展和社会的急剧转型，各种社会矛盾不断积聚，我国进入了矛盾和冲突的高发期。"市场经济在中国的发展，同样也伴随着巨大的社会代价。从 20 世纪 90 年代中期开始，市场经济发展的负面影响开始浮现，并逐渐演化成广大民众深切关注的社会热点问题。与此同时，各种各样的社会自我保护运动也开始出现，并在数量和程度上呈现出上升的趋势，对国家治理构成巨大的压力。"①这些社会自我保护运动就是指 20 世纪 90 年代以来在地方政府"土地财政"驱动下由房屋拆迁、土地征用等原因而引发的各种群体性事件。从 1993 年至 2003 年这十年，我国群体性事件数量急剧上升，年均增长 17%，由 1994 年的 1 万起增加到 2003 年的 6 万起，增长

① 马骏：《经济、社会变迁与国家重建：改革以来的中国》，《公共行政评论》2010 年第 1 期。

5 倍。规模不断扩大，参与人数年均增长 12%，由 73 万人增加到 307 万人。其中，百人以上的由 1400 起增加到 7000 起，增长 4 倍。[1]2005 年我国群体性事件曾一度下降，但从 2006 年起又开始上升，2006 年全国各类群体性事件 6 万余起，2007 年上升到 8 万余起，2008 年的形势仍不容乐观[2]。2009 年上访和群体性事件依然呈现出数量增多的态势。[3]2011 年全国群体性事件上升至 13.9 万起。[4]其间爆发了贵州瓮安事件（2008 年）、云南孟连事件（2008 年）、甘肃陇南事件（2008 年）、湖北石首事件（2009 年）、广州乌坎事件（2011 年）、四川什邡事件（2012 年）、江苏启东事件（2012 年）等一些规模较大的群体性事件。从主要领域看，这些群体性事件主要分布在土地征用、拆迁补偿、资源纠纷、劳资纠纷、医患纠纷、环境污染、情绪宣泄、行政执法、维权等方面。

　　2012 年党的十八大报告作出了"社会矛盾明显增多"的论断。频发的社会矛盾和冲突引起党和政府的高度重视。如何有效地应对和化解社会矛盾和冲突成为地方政府治理的重要内容，亦是衡量政府治理能力的一项重要指标。

（二）2012 年以来我国社会矛盾和冲突的逐渐"衰变"

　　基于现有的公开资料以及可以获取的信息和实地调研，通过对 2012 年以来我国群体性事件的现状和趋势进行客观的评估和研判，我国社会矛盾和冲突呈现出如下趋势和特征。

　　1. 性质：非权力指向的利益诉求

　　我国发生的群体性事件是各种社会矛盾冲突集中爆发的表现。就其性质而言，属于人民内部矛盾，"其根本指向并不在于政治权力，而是通

---

[1] 汝信、陆学艺主编：《2005 年中国社会形势分析与预测》，北京：社会科学文献出版社 2004 年版，第 235 页。

[2] 汝信、陆学艺、李培林主编：《2009 年中国社会形式分析与预测》，北京：社科文献出版社 2008 年版，第 10 页。

[3] 汝信、陆学艺、李培林主编：《2010 年中国社会形式分析与预测》，北京：社科文献出版社 2009 年版，第 8 页。

[4] 张明军、陈朋：《2011 年中国社会典型群体性事件分析报告》，《中国社会公共安全研究报告》2012 年第 1 期。

过与政府的'接触'试图引起相关方面的重视"①。可以说，群体性事件是民众表达利益诉求的极端方式，其发起人、利益相关方或参与者主要动机在于为了维护和实现自己的利益诉求，不以反党反政府为目标，不存在政治或意识形态的因素。因此，虽然在一些群体性事件中冲突程度比较激烈，但就其本质而言，仍属于人民内部矛盾，具有非对抗性、非政治性；主要表现为经济快速发展中的利益关系不协调、不公平和部分群众基本民生得不到明显改善。绝大部分的群体性事件都是围绕着这些具体的利益诉求，只要这些核心利益诉求得到有效回应，事态很快就会平息下去，而不会出现长时间的对抗。

2. 数量：由居高不下到逐渐递减

自 20 世纪 90 年代中期到 21 世纪初的第一个十年，我国群体性事件的数量整体上呈现出逐渐递增的趋势。作为国家权威研究机构，中国社科院从 1993 年开始每年都会发布关于中国社会形势分析与预测（社会蓝皮书）的年度报告，通过对这一系列报告的比较分析可以发现，虽然在个别年份（如 2005 年）群体性事件发生起数有所下降，但是从整体上看则呈现出迅速增长的态势。②另外，从新闻媒体报道来看，能够明显地感觉到这一时期社会舆论对群体性事件的特别关注，其往往成为热议的话题，特别是 2008 年前后发生的多起重大群体性事件，引起了中央的高度重视。各级党委和政府都加大了对社会矛盾和冲突的治理力度。"2009 年下半年至 2010 年大规模群体性事件呈现增长趋缓的态势。"③"2014 年群体性事件虽然总数依然很大，但是相比较往年的群体性事件而言，其增幅在趋缓。"④可见，2009 年以来，无论是规模较大的群体性事件，还是一般群体性事件皆出现增长趋缓的态势。

---

① 张明军、陈朋：《2012 年上半年群体性事件分析报告》，《中国社会公共安全研究报告》2013 年第 1 期。

② 汝信、陆学艺、李培林主编：《2009 年中国社会形式分析与预测》，北京：社科文献出版社 2008 年版，第 10 页。

③ 于建嵘：《诱发群体性事件的最大陷阱》，《人民论坛》2012 年第 19 期。

④ 张明军、陈朋：《2014 年度中国社会典型群体性事件分析报告》，《中国社会公共安全研究报告》2015 年第 1 期。

3. 程度：由激烈到温和

依据群体性事件中参与者行为策略的类型，可以对其激烈程度进行划分。一般而言，群体性事件的初期阶段，参与者基本上都采取了体制内策略以表达利益诉求，主要包括上访与信访、请愿、投诉与举报、行政复议，以及向主流媒体、人大代表、政协委员反映和司法途径等。这些策略是在法律制度的框架内进行的，往往表现为个体或集体的理性抗争。随着事态的升级，如果利益诉求在体制内得不到有效的回应，民众会转而寻求体制外的抗争策略。这种策略模式往往突破法律的底线并引发暴力冲突。依据激烈程度，可以将体制外的抗争行为主要划分为两种类型：一是零暴力或低暴力的抗争，如"集体散步"、公开集会、游行示威、围堵党政机关、阻碍交通等；二是高暴力的抗争，如打砸抢烧、冲击党政机关、破坏机器厂房等。回顾党的十八大以前的群体性事件，尤其是较大规模的群体性事件一般都伴有激烈的暴力冲突。但近些年来，我国群体性事件渐趋温和，逐渐向体制内行为策略回归，几乎很少有过激或极端化的群体性事件发生。一方面，与民众法治素养和理性行为能力不断提高有关；另一方面，与政府更加注重依法治理、源头治理和采取民主协商的化解策略有关。

4. 领域：由多领域到局部

改革开放以来，我国经济在维系持续快速增长的同时，一些深层次的社会矛盾也在不断积累、发酵。20 世纪 90 年代中期以来，各种各样的社会矛盾问题不断浮现出来。因此，在一段时期内，社会矛盾和冲突在我国经济生活、社会生活、生态环境、政府管理等领域呈现出集中爆发态势。通过对近年来我国群体性事件的搜索、整理和分析，我们发现这些群体性事件可以划分为征地、拆迁、资源边界矛盾、劳资矛盾、医患纠纷、环境污染、情绪宣泄、行政执法、维权等类型。近年来，党和政府高度关注群体性事件并从不同角度加大治理力度，比如，强调源头治理、持续改善民生、增进人民福祉；关注弱势群体、缩小贫富差距；加强依法治理、规范行政执法、提高政府依法依规化解社会矛盾的能力；等等。这些标本兼治的举措有力地遏制了群体性事件多领域爆发的势头，大大降低了群体性事件发生的概率，推动社会矛盾由多领域向局部的转变。当前，群体性事件主要散见于生态环境保护等个别领域。

　　总之，社会矛盾是社会关系和社会结构存在冲突的普遍性反映，是社会问题的现实性存在。随着改革开放和经济社会的深入发展，我国社会关系和社会结构处于不断变化和调整之中，社会矛盾和冲突亦呈现出新特点、新变化、新趋势。"总体而言，相对于此前群体性事件频发高发的情形，当前中国的群体性事件正在经历逐渐衰变的过程，群体性事件的数量越来越少，发生的领域越来越窄，参与的规模越来越小，表现形式更加温和等。"①可以说，随着社会建设和民生事业的不断推进、社会结构和社会关系的优化调整、地方政府社会矛盾和冲突治理能力的持续提升，在特定时期备受关注的群体性事件尤其是大规模群体性事件得到有效治理，呈现出"衰减"的变化趋势。

　　在不同的经济社会发展阶段，我国社会主要矛盾也不相同。在进入新时代的今天，我国社会主要矛盾已经从改革开放初期的人民日益增长的物质文化需要同落后的社会生产之间的矛盾，转化为人民日益增长的美好生活需要和不平衡不充分的发展之间的矛盾，人民不仅对物质文化生活提出了更高的要求，而且在民主、法治、公平、正义、安全、环境等方面的要求日益增长。我国社会主要矛盾的变化为我们理解新时代我国社会矛盾和冲突治理提供了科学指引，不平衡和不充分发展问题以及民生需求与社会发展、公平正义、民主法治、公共安全、生态环境之间的供需不匹配，是引发当前社会问题和矛盾冲突的主要根源，也是需要重点关注和下大力气治理的领域。

二、党的十八大以来社会矛盾和冲突治理的重要举措

　　党的十八大以来，在以习近平同志为核心的党中央坚强领导下，在全面深化改革的有力推动下，我国社会矛盾和冲突治理的理念思路、体制机制、方法手段不断发展创新，社会矛盾和冲突治理体制机制不断拓展完善，社会和谐稳定形势持续向好，最显著的表现就是群体性事件从

---

① 韩志明：《从"粗糙的摆平"到"精致的治理"——群体性事件的衰变及其治理转型》，《政治学研究》2020 年第 5 期。

"多发"到"衰减"的转变。这一时期党和国家在社会矛盾和冲突治理上采取了一系列有效举措，也积累了丰富的经验。

（一）坚持以人民为中心，加快推进社会矛盾和冲突治理理念的现代化

坚持以人民为中心，保障人民合法权益，是社会矛盾和冲突治理理念现代化的根本体现。党的十九大报告明确提出，"坚持以人民为中心"，"把人民对美好生活向往作为奋斗目标"。①在纪念毛泽东同志诞辰一百二十周年座谈会上，习近平指出，"党的一切工作，必须以最广大人民根本利益为最高标准。检验我们一切工作的成效，最终都要看人民是否真正得到了实惠，人民生活是否真正得到了改善，人民权益是否真正得到了保障"②。这是衡量党的执政水平与成效的重要标志，也是衡量国家治理体系和治理能力现代化的重要指标。以人民为中心的发展思想和施政理念的提出及在国家治理各领域各层面各环节的落实，推动我国社会矛盾和冲突治理理念开始从传统向现代转型，具体表现在以下方面。

1. 传统的"静态稳定"转向现代的"动态稳定"

传统的稳定观是一种静态的稳定，"其主要特点是把稳定理解为现状的静止不动，并通过抑制手段维持现存的秩序"③。这是与小农经济占主导地位的传统社会相适应的一种稳定观念。长期以来，受这种传统稳定观念的影响，"封堵"策略成为地方政府惯常的维稳策略，其实质是用简单粗暴的压制取代了民众正当合法的利益表达诉求。动态稳定观将稳定理解为过程中的动态平衡，以"疏导"策略为主，用民主、法治、协商的办法在持续的调整与有效治理中用"新的平衡代替旧的平衡"④，动态稳定观尊重和保护民众表达利益诉求的权利，是与市场经济和民主政治

---

① 中共中央党史和文献研究院编：《十九大以来重要文献选编》（上），北京：中央文献出版社2019年版，第15页。

② 中共中央党史和文献研究院编：《十八大以来重要文献选编》（上），北京：中央文献出版社2014年版，第698页。

③ 俞可平：《动态稳定与和谐社会——访中共中央编译局副局长俞可平教授》，《中国特色社会主义研究》2006年第3期。

④ 俞可平：《动态稳定与和谐社会——访中共中央编译局副局长俞可平教授》，《中国特色社会主义研究》2006年第3期。

相适应的现代稳定观念。积极化解社会矛盾和冲突，"不能简单依靠打压管控、硬性维稳，还要重视疏导化解、柔性维稳"①。近年来，我国政府在社会矛盾和冲突的治理理念上，呈现出从"静态稳定观"向"动态稳定观"转变的显著特征。

2. 从"简单管控"转向"寓管理于服务"

长期以来，在化解社会矛盾和处置群体性事件中，某些地方政府不管事情性质、不问事由原委、不论事态大小，在民众诉求未得到有效回应、根本问题未得到解决的情况下，动辄滥用武力、警械、强制措施等刚性手段进行压制。这种典型的、简单粗暴的管控策略事实上不仅不利于社会矛盾和冲突的化解，反而更容易激化矛盾。近年来，随着政府治理现代化的提升，我国政府在社会治理理念上呈现出从"简单管控"向"寓管理于服务"的重大转变。党的十八大提出，"在改善民生和创新管理中加强社会建设"，"必须从维护最广大人民根本利益的高度，加快健全基本公共服务体系，加强和创新社会管理，推动社会主义和谐社会建设"。②党的十八届三中全会提出，"创新社会治理，必须着眼于维护最广大人民根本利益"③。党的十九大指出，"提高保障和改善民生水平，加强和创新社会治理"④。对于社会矛盾和冲突治理而言，这意味着不再强调简单的管控，而是从优先公共服务供给、加强民生建设、改善民众生活水平和促进社会公平正义等方面着手，调解社会关系，化解社会矛盾和冲突。

3. 从"政府单一主体"转向"多元主体共治"

在很长一段时期内，我国社会矛盾和冲突治理在主体结构上相对单一，呈现出政府单一化角色。当社会矛盾和冲突发生时，地方政府一般会在第一时间进入现场，从劝说、沟通、调节到心理安抚、人群疏通、

---

① 中共中央文献研究室编：《习近平关于社会主义社会建设论述摘编》，北京：中央文献出版社2017年版，第126页。

② 中共中央党史和文献研究院编：《十八大以来重要文献选编》（上），北京：中央文献出版社2014年版，第27页。

③ 中共中央党史和文献研究院编：《十八大以来重要文献选编》（上），北京：中央文献出版社2014年版，第539页。

④ 中共中央党史和文献研究院编：《十九大以来重要文献选编》（上），北京：中央文献出版社2019年版，第31页。

秩序维护等几乎都是由政府"包揽"。事实上，政府单一结构和"包揽"式的角色，并不利于矛盾和冲突的有效治理。近年来，随着市场经济的发展和社会主体的发育，多元主体合作治理逐渐为政府重视，呈现出"从单纯的政府监管向更加注重社会协同治理转变"①。自党的十六届四中全会提出"建立健全党委领导、政府负责、社会协同、公众参与的社会管理格局"②开始，我国社会矛盾和冲突治理就沿着党政主导、社会协同、公众参与的思路不断拓展和完善。

4. 从"事后被动管理"转向"事前主动治理"

经验研究表明，长期以来，地方政府被动、消极地采取"封堵"维稳策略，往往错过了在矛盾滋生的初始阶段进行化解的最佳时机，以致"小事拖大，大事拖炸"，等到最后发生了暴力冲突，才开始积极介入。这种偏重事后的管理模式，实际上是"消极、被动地履行社会管理职能；根据对特定社会抗争事件是否超出可控范围可能性的估计，选择性地应对"③。党的十八届三中全会明确提出，社会治理要"坚持源头治理"④，社会矛盾和冲突治理要从偏向事后处置向源头前移，从注重冲突爆发后的应急处置和事后救急转向事前预防和常规治理，从源头上预防和化解社会矛盾和冲突，建立排查化解社会矛盾和纠纷的长效机制。

5. 从"粗糙摆平"转向"精细治理"

有学者指出，党的十八大之前群体性事件治理的基本情形可以用"粗糙摆平"来形容，即通过简单粗暴的打压、封锁消息来掩盖问题，立足于表面的平静或暂时的稳定。党的十八大以来，社会矛盾和冲突治理呈现出"精细治理"的特征，"精细治理"是依托数据治理和网格化治理来排查矛盾、及时发现和解决问题，提高解决社会矛盾和冲突的精准化能力，做到精准化处置，实现源头治理，立足社会深层次的和谐与稳定。

---

① 中共中央文献研究室编：《习近平关于社会主义社会建设论述摘编》，北京：中央文献出版社2017年版，第134页。

② 中共中央党校教务部编：《十一届三中全会以来党和国家重要文献选编》，北京：中共中央党校出版社2008年版，第558页。

③ 郁建兴、黄飚：《地方政府在社会抗争事件中的"摆平"策略》，《政治学研究》2016年第2期。

④ 中共中央党史和文献研究院编：《十八大以来重要文献选编》（上），北京：中央文献出版社2014年版，第539页。

（二）坚持多元共治，创新有效化解社会矛盾和冲突治理的体制机制

党的十九届四中全会在完善共建共治共享的社会治理制度上明确提出，"完善党委领导、政府负责、民主协商、社会协同、公众参与、法治保障、科技支撑的社会治理体系，建设人人有责、人人尽责、人人享有的社会治理共同体"①。这种多元共治的治理理念，为有效化解社会矛盾和冲突指明了方向。从根本上讲，完善的制度、体制和机制是有效治理的基础。

1. 完善有效化解社会矛盾和冲突的纵横向体制

党的十九届四中全会提出，"加快推进市域社会治理现代化"②，"市域层面具有较为完备的社会治理体系，具有解决社会治理中重大矛盾问题的资源和能力，是将风险隐患化解在萌芽、解决在基层的最直接、最有效力的治理层级"③。因此，要强化市域在国家治理体系中承上启下的枢纽作用，构建市—县—乡（街）—村（社）多层级的、上下联动的、高效协同的纵向治理体制。在社会矛盾和冲突治理中，市级层面重在统筹功能，县级层面重在组织实施，乡镇（街道）层面重在执行效率，乡村（社区）层面重在"前哨"作用。同时，完善社会矛盾纠纷多元化的横向治理体制，拓展多元主体参与社会矛盾和冲突治理的渠道，把分散的力量和资源凝聚起来，形成治理合力。

2. 建立重大决策社会风险评估机制

经验研究表明，重大工程立项、重大改革举措、重大项目审批往往是引发社会矛盾和冲突的主要原因。基于此，党的十八大提出，"建立健全重大决策社会稳定风险评估机制"④，凡是直接关系人民群众切身利益且涉及面广、容易引发社会稳定的重大决策事项，包括征地拆迁、生态环境、农民负担、社会保障、公益事业等方面的重大工程建设项目、重

---

① 中共中央党史和文献研究院编：《十九大以来重要文献选编》（中），北京：中央文献出版社2021年版，第287页。

② 中共中央党史和文献研究院编：《十九大以来重要文献选编》（中），北京：中央文献出版社2021年版，第288页。

③ 陈一新：《推进新时代市域社会治理现代化》，《人民日报》2018年7月17日。

④ 中共中央党史和文献研究院编：《十八大以来重要文献选编》（上），北京：中央文献出版社2014年版，第30页。

大政策制定等，党政机关在进行决策时要把社会稳定风险评估作为前置程序、刚性门槛，充分考虑可能出现的社会风险、环境影响、矛盾和冲突等社会问题。党的十八大以来，地方都建立了社会稳定风险评估制度，并出台了具体的实施细则。社会稳定风险评估制度对规范权力运行、预防风险、维护社会稳定起到了积极的作用。

3. 建立畅通有效的民众利益诉求表达机制

"近年来社会矛盾冲突事件呈现的上升趋势，其根源并不在于利益矛盾数量的突然增多以至于无法应对，而是因为缺乏有效的利益均衡机制，无法及时调整不同群体之间的利益关系。"[1]党的十八届三中全会在论述创新有效预防和化解社会矛盾体制时，强调"建立健全有序的诉求表达、心理干预、矛盾调处、权益保障机制，使群众问题能反映、矛盾能化解、权益有保障"[2]。首先，充分发挥人大、政协、人民团体、行业协会以及大众媒体的社会利益表达和代言功能。其次，完善公共决策的社会公示、听证、专家咨询等制度，引导民众理性合法地表达利益诉求。最后，建立和完善社会心理服务体系，开展社会心理疏导工作。2013年，党的十八届三中全会将心理干预作为预防和化解社会矛盾的重要手段。2017年，党的十九大报告正式提出要"加强社会心理服务体系建设，培育自尊自信、理性平和、积极向上的社会心态"[3]。2020年，党的十九届五中全会提出，在维护社会稳定和安全方面要"健全社会心理服务体系和危机干预机制"[4]。近年来，社会心理疏导和服务在化解矛盾纠纷中发挥着越来越重要的作用。

4. 完善调处化解社会矛盾纠纷的综合机制

近年来，为了应对社会矛盾纠纷复杂化、多元化的发展趋势，党和国家加快构建和完善多元化的纠纷解决机制，整合人民调解、行政调解、

---

① 清华大学社会学系社会发展研究课题组：《利益表达制度化，实现长治久安——维稳新思路》，《理论参考》2011年第3期。

② 中共中央党史和文献研究院编：《十八大以来重要文献选编》（上），北京：中央文献出版社2014年版，第540页。

③ 中共中央党史和文献研究院编：《十九大以来重要文献选编》（上），北京：中央文献出版社2019年版，第35页。

④ 中共中央党史和文献研究院编：《十九大以来重要文献选编》（中），北京：中央文献出版社2021年版，第813页。

司法调解等多种资源，综合运用调解、仲裁、诉讼等多种方式，形成功能互补、程序衔接、协同联动的多元化矛盾纠纷有效化解体系。首先，在基层治理中，"坚持和发展新时代'枫桥经验'"①，完善正确处理新形势下人民内部矛盾机制，充分挖掘民间资源，充分利用村规民约，积极整合各种社会力量参与化解调处矛盾纠纷，有效发挥人民调解维护社会和谐稳定的"第一道防线"作用。其次，深化行政复议体制改革，健全行政复议案件审理机制，充分发挥行政复议化解行政争议主渠道作用，健全行政复议与调节的对接联动机制。最后，完善司法调解制度，坚持调解优先原则，把调解贯穿于司法工作全过程。总之，党的十八大以来，通过构建人民调解、司法调解、行政调解"三调联动"格局，不断完善调处化解矛盾纠纷的综合机制，形成依托基层、多方参与的"大调解"网络，使矛盾纠纷化解在基层。

5. 加强和改进人民信访工作制度

党的十八届三中全会指出，"改革信访工作制度，实行网上受理信访制度，健全及时就地解决群众合理诉求制度。把涉法涉诉信访纳入法治轨道解决，建立涉法涉诉信访依法终结制度"②。这为我国新时代信访制度改革指明了新的方向，确立了信访工作的新模式。首先，信访工作要践行以人民为中心的发展思想，合理合法地解决好民众的利益诉求，不断提高信访工作的满意度。其次，拓宽信访渠道，实行网上受理信访制度，利用大数据和人工智能为群众表达诉求、维护权益提供更加便捷、高效的途径，把党的群众工作优势和现代科技优势结合起来。再次，把信访工作纳入法治化轨道，落实依法分类处理信访诉求工作，建立诉讼与信访分离、涉法涉诉信访事项导入司法程序的工作机制，完善涉法涉诉信访事项终结制度。最后，提高司法公信力，树立社会尤其是权力部门对司法权威的信任与尊重，防止社会矛盾和纠纷在司法渠道与信访渠道并存或循环往复。

---

① 中共中央党史和文献研究院编：《十九大以来重要文献选编》（中），北京：中央文献出版社2021年版，第287页。

② 中共中央党史和文献研究院编：《十八大以来重要文献选编》（上），北京：中央文献出版社2014年版，第540页。

（三）坚持标本兼治，创新社会矛盾和冲突治理方式

习近平总书记深刻指出："治理和管理一字之差，体现的是系统治理、依法治理、源头治理、综合施策。"①党的十八届三中全会在论述"改进社会治理方式"时，明确提出：坚持系统治理、坚持依法治理、坚持综合治理、坚持源头治理。社会矛盾和冲突的有效治理有赖于社会治理方式的创新。

1. 坚持系统治理，从政府包揽向政府主导、社会协同治理转变

党的十八届三中全会指出，"坚持系统治理，加强党委领导，发挥政府主导，鼓励和支持社会各方面参与，实现政府治理和社会自我调节、居民自治良性互动"②。对于社会矛盾和冲突治理而言，这实际上就确立了"党政主导、多方参与、有效协同"的治理格局。随着经济社会发展以及国家与社会关系的调整，以社会组织为代表的社会力量在社会矛盾和冲突治理中的作用越来越重要，受到党和政府的高度重视。所谓系统治理，就是指在社会矛盾和冲突治理中要加强党委领导，发挥政府主导作用，积极鼓励和支持社会各方参与，凝聚治理合力，形成人人有责、尽责、享有的治理共同体。

2. 坚持依法治理，从管控规制向法治保障转变

很长时期以来，我国社会治理中的法治理念和行为比较缺失。从民众到政府习惯于用行政手段来解决矛盾和冲突，政府管控色彩十分浓厚。党的十八大以来，依法治理越来越受到政府的重视。党的十八大报告强调，更加注重发挥法治在国家治理和社会治理中的重要作用，"提高领导干部运用法治思维和法治方式深化改革、推动发展、化解矛盾、维护稳定能力"③。党的十八届三中全会指出，"坚持依法治理，加强法治保障，

---

① 中共中央文献研究室编：《习近平关于社会主义社会建设论述摘编》，北京：中央文献出版社2017年版，第127页。

② 中共中央党史和文献研究院编：《十八大以来重要文献选编》（上），北京：中央文献出版社2014年版，第539页。

③ 中共中央党史和文献研究院编：《十八大以来重要文献选编》（上），北京：中央文献出版社2014年版，第22页。

运用法治思维和法治方式化解社会矛盾"①。党的十八届四中全会进一步强调,"健全依法维权和化解纠纷机制。强化法律在维护群众权益、化解社会矛盾中的权威地位,引导和支持人们理性表达诉求、依法维护权益,解决好群众最关心最直接最现实的利益问题"②。

3. 坚持综合治理,从单一行政向多种手段综合并用转变

近年来,党和政府逐步重视综合运用政治、经济、法治、德治、科技和行政等多种手段,化解社会矛盾纠纷。党的十八届三中全会指出,"坚持综合治理,强化道德约束,规范社会行为,调节利益关系,协调社会关系,解决社会问题"③。一是强化道德约束,发挥道德在维护社会秩序中的基础性作用,将德治与法治结合起来。二是构建源头防控、排查梳理、纠纷化解、应急处置的社会矛盾综合治理机制,从事前、事中、事后的整体性视角进行防范,从源头、传导、转化的关键性环节进行化解。倡导运用教育、对话、协商、沟通、谈判等方式化解社会矛盾和冲突,以协调利益关系、社会关系。党的十八大以来,不断深化社会矛盾纠纷多元预防调处化解综合机制,在将矛盾化解在源头、化解在诉前、化解在基层等方面取得了明显的成效。

4. 坚持源头治理,从以治标为主向标本兼治转变

首先,从根本上讲,有效化解社会矛盾和促进社会和谐有赖于经济社会发展成果真正地惠及全体人民。党的十八大以来,在以习近平同志为核心的党中央坚强领导下,我们在国家经济实力迈上新台阶的基础上,着力解决广大人民群众最关心最直接最现实的利益问题,积极推动解决人民群众的基本民生问题,不断打牢和巩固社会和谐稳定的物质基础,从源头上预防和减少社会矛盾的滋生。十年来,我国民生事业取得了历史性成就。中国经济总量从 53.9 万亿元提升到 114.4 万亿元,占世界经

---

① 中共中央党史和文献研究院编:《十八大以来重要文献选编》(上),北京:中央文献出版社 2014 年版,第 539 页。

② 中共中央党史和文献研究院编:《十八大以来重要文献选编》(中),北京:中央文献出版社 2016 年版,第 173-174 页。

③ 中共中央党史和文献研究院编:《十八大以来重要文献选编》(上),北京:中央文献出版社 2014 年版,第 539 页。

济的比重从 11.4%提升到 18%以上。全国累计实现城镇新增就业 1.3 亿人，基本医疗保险覆盖超过 13 亿人，基本养老保险覆盖超 10 亿人，建成了世界上规模最大的社会保障体系。全国 1936 万建档立卡贫困人口如期实现兜底脱贫，"两不愁三保障"全面实现。民生事业的巨大进步和不断发展为从源头上预防和减少社会矛盾和冲突、促进社会深层次稳定与和谐提供了根本保障。其次，在治理环节上，从事后处置向源头治理前移，以网格化管理为依托，整合网格内资源，健全网格化管理和服务平台，强化网格在了解社情民意、采集信息、排查和化解矛盾纠纷、服务民众、协调利益诉求等方面的功能。

（四）推动社会治理重心向基层下移，筑牢有效治理社会矛盾和冲突的根基

2006 年，习近平从构建社会主义和谐社会的战略高度指出，"基层是产生利益冲突和社会矛盾的'源头'，也是协调利益关系和疏导社会矛盾的'茬口'"[①]。只有扎实做好基层基础工作，经济社会发展中的矛盾和不稳定因素才能得到及时化解，社会和谐才有稳固的基础。因此，推动社会治理重心向基层下移，是有效化解和治理社会矛盾和冲突的重要保障，也是构建社会主义和谐社会的牢固基础。

"在政府纵向治理结构中，将权力、职责等主要资源配置在某一层级，并且此层级治理效能的发挥对于维系整个科层体制的运转具有关键性的作用；那么，该层级就是所谓的治理重心。"[②]"基层"在我国国家治理语境中具有特定的含义。依据宪法规定，我国基层政权在农村指的是乡、民族乡、镇，在城市主要指的是区及其派出机构街道。城乡社区虽然不是基层政权的范畴，却是基层治理的重要基础力量，所以与基层政权的建设和运行有紧密关系。[③]可见在我国，基层位于国家与社会的"接点"或互动部位，主要指乡镇、街道办事处及其所辖区域内的社区。"社会治

---

① 习近平：《加强基层基础工作 夯实社会和谐之基》，《求是》2006 年第 21 期。
② 李忠汉：《治理重心下移的"关系梗阻"及"疏通路径"》，《政治学研究》2021 年第 6 期。
③ 林尚立：《构建简约高效的基层管理体制》，《经济日报》2018 年 4 月 18 日。

理重心向基层下移"意味着为了有效解决社会问题、提供公共服务和规范社会秩序，将职责、权力、技术、资金等治理资源下沉至科层组织的"底部"（基层），赋予基层更多的资源、服务和管理，使基层既能进行有效的社会治理，又能提供精准的公共服务。正如党的十九届三中全会所讲的："使基层有人有权有物，保证基层事情基层办、基层权力给基层、基层事情有人办"。①

　　党的十八大以来，贯穿我国基层治理改革的一条主线就是推动社会治理重心向基层下移。2014 年习近平总书记首次强调："社会治理的核心是人，重心在基层，关键是体制机制。社会治理的重心必须落实到城乡社区，社区服务和管理能力强了，社会治理的基础就实了。"②2017 年党的十九大报告明确提出："加强社区治理体系建设，推动社会治理重心向基层下移。"③紧接着党的十九届三中全会指出："推动治理重心下移，尽可能把资源、服务、管理放到基层。"④党的十九届四中全会又进一步强调："推动社会治理和服务重心向基层下移，把更多资源下沉到基层，更好地提供精准化、精细化服务。"⑤党的十九届五中全会指出："推动社会治理重心向基层下移，向基层放权赋能，加强城乡社区治理和服务体系建设"。⑥2021 年 4 月，《中共中央 国务院关于加强基层治理体系和治理能力现代化建设的意见》再次聚焦基层治理，强调治理重心向基层下移是实现国家治理体系和治理能力现代化的基础性工程。⑦

---

① 中共中央党史和文献研究院编：《十九大以来重要文献选编》（上），北京：中央文献出版社 2019 年版，第 266 页。

② 习近平：《推进中国上海自由贸易试验区建设 加强和创新特大城市社会治理》，《人民日报》2014 年 3 月 6 日。

③ 中共中央党史和文献研究院编：《十九大以来重要文献选编》（上），北京：中央文献出版社 2019 年版，第 35 页。

④ 中共中央党史和文献研究院编：《十九大以来重要文献选编》（上），北京：中央文献出版社 2019 年版，第 266 页。

⑤ 中共中央党史和文献研究院编：《十九大以来重要文献选编》（中），北京：中央文献出版社 2021 年版，第 288 页。

⑥《中共中央关于制定国民经济和社会发展第十四个五年规划和二〇三五年远景目标的建议》，《人民日报》2020 年 11 月 4 日。

⑦《中共中央 国务院关于加强基层治理体系和治理能力现代化建设的意见》，《人民日报》2021 年 7 月 12 日。

中央积极的政策倡导有力地推动了地方政府改革实践。当前社会治理重心下移改革在各地有序推进并取得了良好的效果。社会治理重心向基层下移或构建以基层为重心的社会治理体制，有利于提升地方政府尤其是基层政府化解社会矛盾和冲突的能力。大量社会矛盾和问题往往滋生并聚集在基层，如果大量的社会矛盾和问题在基层得不到有效的化解，而是要上交至更高层级的政府才能化解，势必导致体制的"内卷化"，并且也会因为延误处置和化解社会矛盾和问题的最佳时机而演变为意想不到的社会冲突。"小事不出村、大事不出镇、矛盾不上交，妥善处理人民内部矛盾，防止个别问题群体化、内部问题社会化、局部问题扩大化，使社会管理不疏漏、不缺失，社会稳定有基础、有保障。"①

三、社会矛盾和冲突治理的话语建构：找回国家视角

改革开放以来，国家一直在基层治理中发挥着主导作用。"从经济改革到最近的治理转型，中国的国家重建主要是在市场化运动这个单向运动推动下进行。然而进入 21 世纪后，国家重建不得不在市场化运动和社会自我保护运动这两个方向相反的双向运动的张力中展开。"②国家重建或主导作用在很大程度上主要体现并最终落实在基层。近年来，这种主导作用呈现出不断强化的趋势。尤其是党的十八大以来，我国倡导"社会治理重心向基层下移"和"基层治理现代化""在基层社会坚持和发展新时代'枫桥经验'，完善正确处理新形势下人民内部矛盾机制，加强和改进人民信访工作，畅通和规范群众诉求表达、利益协调、权益保障通道，完善网格化管理、精细化服务、信息化支撑的基层治理平台，健全城乡社区治理体系，及时把矛盾纠纷化解在基层、化解在萌芽状态"③。因此，对基层社会矛盾和冲突治理的研究不应简单照搬或固守"底层社会与抗争政治"的分析模式，而应从当前国家主导下基层治理体系和治

---

① 习近平：《加强基层基础工作 夯实社会和谐之基》，《求是》2006 年第 21 期。
② 马骏：《经济、社会变迁与国家重建：改革以来的中国》，《公共行政评论》2010 年第 1 期。
③ 习近平：《高举中国特色社会主义伟大旗帜 为全面建设社会主义现代化国家而团结奋斗》，《人民日报》2022 年 10 月 26 日。

理能力现代化的改革背景出发，找回国家视角，构建一种新的分析模式和话语体系。文章合为时而作，诗歌合为事而作，对社会矛盾和冲突治理研究而言，当下的最大的"时"和"事"就是突破"底层社会和抗争性政治"这一传统的理论模式，将"基层带入国家"，①构建与之相适应的"基层社会和基层治理现代化"的理论范式，不断提升社会矛盾和冲突的治理能力。

---

① 徐勇：《将基层带入国家：单一制、基层社会与国家建设》，《国家现代化建设研究》2022 年第 2 期。

附件

地方政府公共冲突治理有效性专家咨询意见表

表 1　地方政府公共冲突治理有效性评价指标专家意见咨询表

尊敬的专家：

　　您好！

　　感谢您百忙之中填写调查问卷，此问卷旨在确定地方政府公共冲突治理有效性指标体系中各影响因素之间的相对权重。调查问卷根据层次分析法进行设计，这种方法是在同一个层次对影响因素重要性进行两两比较，衡量尺度划分为以下五级，请您按照自己的理解和认知，根据衡量尺度对各指标的重要程度进行打分。

　　衷心感谢您的支持！

重要性	绝对重要	十分重要	比较重要	稍微重要	同样重要
分数	9	7	5	3	1

表 2　专家判断矩阵

矩阵 1　地方政府公共冲突治理有效性指标体系

有效性	价值维度	机制维度	结构维度	策略维度	回应维度	效果维度
价值维度	1	0.8326	1.3434	1.4229	0.6598	0.7924
机制维度	1.2011	1	1.7826	1.8882	1.2167	1.6438
结构维度	0.7444	0.561	1	1.3195	0.9221	1.0456
策略维度	0.7028	0.5296	0.7579	1	0.5899	0.6444
回应维度	1.5157	0.8219	1.0845	1.6952	1	1.5157
效果维度	1.2619	0.6084	0.9564	1.5518	0.6598	1

矩阵 2 价值维度指标

价值维度	满意度	认同度	信任度
满意度	1	0.6598	0.561
认同度	1.5157	1	1.1487
信任度	1.7826	0.8706	1

矩阵 3 机制维度指标

机制维度	常规化解机制	预警机制	应急处置机制	协商机制	评估机制	问责机制	后续治理机制
常规化解机制	1	0.4122	0.6598	1.431	1.2619	1.8384	1.5518
预警机制	2.4258	1	2.2679	1.6055	1.9473	2.5119	2.2679
应急处置机制	1.5157	0.4409	1	2.2082	1.5306	2.2369	2.1118
协商机制	0.6988	0.6229	0.4529	1	1.4496	1.8882	1.5157
评估机制	0.7924	0.5135	0.6533	0.6899	1	1.9284	1.7188
问责机制	0.5439	0.3981	0.4471	0.5296	0.5186	1	1.0592
后续治理机制	0.6444	0.4409	0.4735	0.6598	0.5818	0.9441	1

矩阵 4 结构维度指标

结构维度	单一/多元治理结构	消极被动/积极主动的治理态度
单一/多元治理结构	1	0.7155
消极被动/积极主动的治理态度	1.3977	1

矩阵 5 策略维度指标

策略维度	策略类型	灵活性	合理性	合法性
策略类型	1	1.3195	0.6598	0.2586
灵活性	0.7579	1	0.6683	0.2805
合理性	1.5157	1.4963	1	0.3081
合法性	3.8664	3.5652	3.2453	1

矩阵 6　回应维度指标

回应维度	民众的利益表达渠道	政府回应方式	政府回应时效	政府回应力度
民众的利益表达渠道	1	1.3608	1.3933	1.2847
政府回应方式	0.7348	1	1.0696	1
政府回应时效	0.7177	0.9349	1	1.1761
政府回应力度	0.7784	1	0.8503	1

矩阵 7　效果维度指标

效果维度	冲突治理与维稳的成本与收益	抑制冲突的负面效应	发挥冲突的正向功能	社会深层次稳定/表面平静
冲突治理与维稳的成本与收益	1	1.1076	0.6988	0.4611
抑制冲突的负面效应	0.9029	1	1.1487	0.5818
发挥冲突的正向功能	1.431	0.8706	1	0.6776
社会深层次稳定/表面平静	2.1689	1.7188	1.4758	1

表 3　地方政府公共冲突治理有效性评估专家意见咨询表

尊敬的专家：

您好！

感谢您百忙之中填写此问卷。此问卷旨在对地方政府公共冲突治理有效性进行评估，请您根据自己的感知和理解对各项指标进行打分。

衷心感谢您的支持！

分数区间	0—25	26—50	51—75	76—100
评级	完全无效	不太有效	比较有效	非常有效

参考文献

中文著作

[1] 中共中央文献研究室，2014，《十八大以来重要文献选编》（上），中央文献出版社。

[2] 中共中央党史和文献研究院，2021，《十九大以来重要文献选编》（中），中央文献出版社。

[3] 岳经纶、郭巍青，2007，《中国公共政策评论》（第一卷），上海人民出版社。

[4] 汝信、陆学艺、李培林，2008，《2009 年中国社会形势分析与预测》，社会科学文献出版社。

[5] 李培林、陈光金、张翼，2018，《2018 年中国社会形势分析与预测》，社会科学文献出版社。

[6] 中共中央文献研究室，1998，《邓小平思想年谱》，中央文献出版社。

[7] 赵鼎新，2012，《社会与政治运动讲义》，社会科学文献出版社。

[8] 刘建芝、徐兆麟，2005，《庶民研究》，林德山译，中央编译出版社。

[9] 常健，2012，《公共冲突管理》，中国人民大学出版社。

[10] 于建嵘，2010，《抗争性政治：中国政治社会学基本问题》，人民出版社。

[11] 中国行政管理学会课题组，2009，《中国群体性突发事件成因及对策》，国家行政学院出版社。

[12] 孙立平，2003，《断裂：20 世纪 90 年代以来的中国社会》，社会科学文献出版社。

[13] 孙立平，2004，《失衡：断裂社会的运作逻辑》，社会科学文献出版社。

[14] 吴国光，1997，《九七效应》，太平洋世纪研究所。

[15] 肖滨，2012，《中国政治学年度评论（2012）》，上海人民出版社。

[16] 应星，《大河移民上访的故事》，北京：生活·读书·新知三联书店。

[17] 应星，2016，《"气"与抗争政治——当代中国乡村社会稳定问题研究》，社会科学文献出版社。

[18] 谢岳，2008，《社会抗争与民主转型——20 世纪 70 年代以来的威权主义政治》，上海人民出版社。

[19] 郭正林，2005，《中国农村权力结构》，中国社会科学出版社。

[20] 李培林、张翼、赵延东、梁栋，2005，《社会冲突与阶级意识：当代中国社会矛盾问题研究》，社会科学文献出版社。

[21] 宋林飞，1997，《西方社会学理论》，南京大学出版社。

[22] 王彩元、马敏艾、李颖，2003，《群体性事件紧急处置要领》，中国人民公安大学出版社。

[23] 许尧，2013，《中国公共冲突的起因、升级与治理——当代中国群体性事件发展过程研究》，南开大学出版社。

[24] 周柏松等，2016，《抗争与秩序：基层政府面对群体性事件的因应之道》，社会科学文献出版社。

[25] 常健等，2013，《中国公共冲突化解的机制、策略和方法》，中国社会科学出版社。

[26] 黄卫平、汪永成，2013，《当代中国政治研究报告》，社会科学文献出版社。

[27] 赵伯艳，2012，《社会组织在公共冲突治理中的作用研究》，人民出版社。

[28] 任剑涛，2013，《社会的兴起：社会管理创新的核心问题》，新华出版社。

[29] 中国社会科学院社会学研究所，2004，《中国社会学年鉴（1999—2002）》，社会科学文献出版社。

[30] 董海军，2008，《塘镇：乡镇社会的利益博弈与协调》，社会科学文献出版社。

[31] 张康之，2008，《行政伦理的观念与视野》，中国人民大学出版社。

[32] 汝信、陆学艺、李培林，2004，《2005 年中国社会形势分析与预测》，社会科学文献出版社。

[33] 汝信、陆学艺、李培林，2009，《2010 年中国社会形势分析与预测》，社会科学文献出版社。

[34] 中共中央党校教务部，2008，《十一届三中全会以来党和国家重要文献选编》，中共中央党校出版社。

[35] 张静，2019，《社会治理：组织、观念与方法》，商务印书馆。

[36] 上官酒瑞，2012，《现代社会的政治信任逻辑》，上海人民出版社。

[37] 中央文献研究室，2004，《邓小平年谱（1957—1997）》（下），中央文献出版社。

[38] 毛泽东，1977，《毛泽东选集》第五卷，人民出版社。

[39] 范愉，2011，《多元化纠纷解决机制与和谐社会的构建》，经济科学出版社。

[40] 王赐江，2013，《冲突与治理：中国群体性事件考察分析》，人民出版社。

[41] 白钢、史卫民，2010，《中国公共政策分析·2010 年卷》，中国社会科学出版社。

[42] 岳经纶、郭巍青，2007，《中国公共政策评论》（第 1 卷），上海人民出版社。

[43] 荣敬本等，2008，《从压力型体制向民主合作体制的转变》，中央编译出版社。

[44] 习近平，2017，《决胜全面建成小康社会 夺取新时代中国特色社会主义伟大胜利——在中国共产党第十九次全国代表大会上的报告》，人民出版社。

[45] 吴志华、翟桂萍、汪丹，2008，《大都市社区治理研究：以上海为例》，复旦大学出版社。

外文译著

[1] 卡尔·波兰尼，2007，《大转型：我们时代的政治与经济起源》，冯钢、刘阳译，浙江人民出版社。

[2] 乔纳森·H. 特纳，1987，《社会学理论的结构》，浙江人民出版社。

[3] 杰弗里·亚历山大，2000，《社会学二十讲：二战以来的理论发展》，华夏出版社。

[4] 英拉尔·达仁道夫，2000，《现代社会冲突——自由政治随感》，林永远译，中国社会科学出版社。

[5] L.科塞，1989，《社会冲突的功能》，孙立平译，华夏出版社。

[6] 兰德尔·柯林斯，2009，《互动仪式链》，林聚任等译，商务印书馆。

[7] 乔纳森·特纳，2001，《社会学理论的结构》，邱泽奇译，华夏出版社。

[8] 吉斯塔夫·勒庞，2004，《乌合之众：大众心理研究》，冯克利译，中央编译出版社。

[9] 查尔斯·蒂利，2006，《集体暴力的政治》，谢岳译，上海人民出版社。

[10] 查尔斯·蒂利，2008，《身份、边界与社会联系》，谢岳译，上海人民出版社。

[11] 曼瑟尔·奥尔森，2005，《集体行动的逻辑》，陈郁等译，上海三联出版社、上海人民出版社。

[12] 查尔斯·蒂利，2009，《抗争政治》，李义中译，译林出版社。

[13] 查尔斯·蒂利，2008，《欧洲的抗争与民主（1650—2000）》，陈周旺等译，格致出版社、上海人民出版社。

[14] 詹姆斯·斯科特，2001，《农民的道义经济学：东南亚的反叛与生存》，程立显译，译林出版社。

[15] 詹姆斯·斯科特，2006，《弱者的武器：农民反抗的日常形式》，何江穗、张敏、郑广怀译，译林出版社。

[16] 大卫·巴拉什、查尔斯·韦伯，2007，《积极和平——和平与冲突研究》，刘成等译，南京出版社。

[17] 弗雷德·简特，2006，《利害冲突》，马黎、李唐山译，中国人民大学出版社。

[18] 马克斯·韦伯，2010，《经济与社会》（第一卷），闫克文译，上海人民出版社。

[19] 皮埃尔·布迪厄、华康德，1998，《实践与反思——反思社会学导引》，李猛、李康译，中央编译出版社。

[20] 安东尼·吉登斯，1998，《社会的构成——结构化理论大纲》，李康、李猛译，生活·读书·新知三联书店。

[21] 托克维尔，2013，《旧制度与大革命》，冯棠译，商务印书馆。

[22] 塞缪尔·P. 亨廷顿，2008，《变化社会中的政治秩序》，王冠华等译，上海人民出版社。

[23] 戴维·赫尔德，2008，《民主的模式》，燕继荣译，中央编译出版社。

[24] 卡尔·波兰尼，2007，《大转型：我们时代的政治与经济起源》，冯钢等译，浙江人民出版社。

[25] 罗伯特·A. 尔，2006，《民主及其批评者》，曹海军译，吉林人民出版社。

[26] 塞缪尔·P. 亨廷顿，1989，《变化社会中的政治秩序》，曹海军译，生活·读书·新知三联书店。

[27] 杰克·奈特，2009，《制度与社会冲突》，周伟林译，上海人民出版社。

[28] 道格拉斯·C. 诺斯，1994，《制度、制度变迁与经济绩效》，刘守英译，生活·读书·新知三联书店。

期刊论文

[1] 马骏，2010，《经济、社会变迁与国家重建：改革以来的中国》，《公共行政评论》第 1 期。

[2] 王东进等，2004，《积极化解人民内部矛盾，妥善处理群体性事件》，《中国社会发展战略》第 3 期。

[3] 张明军、陈朋，2015，《2014 年中国社会典型群体性事件分析报告》，《中国社会公共安全研究报告》第 1 期。

[4] 张明军、刘晓亮，2016，《中国社会群体性事件分析报告》（2015），《中国社会公共安全研究报告》第 1 期。

[5] 张明军、刘晓亮，2017，《中国社会群体性事件分析报告》（2016），《中国社会公共安全研究报告》第 1 期。

[6] 刘伟、王灿、赵晓军、张辉，2018，《中国收入分配差距：现状、原因和对策研究》，《中国人民大学学报》第 5 期。

[7] 程文、张建华，2018，《收入水平、收入差距与自主创新——兼论"中

等收入陷阱"的形成与跨越》,《经济研究》第 4 期。

[8] 清华大学课题组,2010,《以利益表达制度化实现长治久安》,《学习月刊》第 23 期。

[9] 房宁,2013,《正确认识和处理新时期人民内部矛盾》,《政治学研究》第 6 期。

[10] 汪庆华,2010,《现代国家建设及中国政治-经济转型的逻辑》,《公共行政评论》第 1 期。

[11] 查特吉,2001,《关注底层》,《读书》第 1 期。

[12] 王浦劬,1991,《西方当代政治冲突理论述评》,《学术界》第 6 期。

[13] 常健、李志行,2016,《韩国政府委员会在公共冲突治理中的作用及其启示》,《国家行政学院学报》第 1 期。

[14] 常健、李志行,2016,《韩国环境冲突的历史发展与冲突管理体制研究》,《南开学报(哲学社会科学版)》第 1 期。

[15] 常健、原珂,2014,《西方冲突化解研究的三种范式及其发展趋势》,《中国行政管理》第 11 期。

[16] 刘能,2009,《当代中国转型社会中的集体行动:对过去三十年间三次集体行动浪潮的一个回顾》,《学海》第 4 期。

[17] 应星,2007,《"气"与中国乡村集体行动的再生产》,《开放时代》第 6 期。

[18] 董海军,2010,《依势博弈基层社会维权行为的新解释框架》,《社会》第 5 期。

[19] 朱健刚,2011,《以理抗争:都市集体行动的策略——以广州南园的业主维权为例》,《社会》第 3 期。

[20] 罗亚娟,2013,《依情理抗争:农民抗争行为的乡土性——基于苏北若干村庄农民环境抗争的经验研究》,《南京农业大学学报(社会科学版)》第 2 期。

[21] 应星,2007,《草根动员与农民群体利益的表达机制——四个个案的比较研究》,《社会学研究》第 2 期。

[22] 谢岳,2008,《社会抗争:国家性变迁的民间反应》,《当代中国研究》第 2 期。

[23] 周雪光，2015，《无组织的利益与集体行动》，《社会发展研究》第1期。

[24] 冯仕政，2006，《单位分割与集体抗争》，《社会学研究》第3期。

[25] 刘能，2008，《当代中国群体性集体行动的几点理论思考——建立在经验案例之上的观察》，《开放时代》第3期。

[26] 郁建兴、黄飚，2016，《地方政府在社会抗争事件中的"摆平"策略》，《政治学研究》第2期。

[27] 肖唐镖，2013，《抗争政治时代到来及其治理转型》，《领导者》第5期。

[28] 黄冬娅，2011，《国家如何塑造抗争政治——关于社会抗争中国家角色的研究述评》，《社会学研究》第2期。

[29] 谢岳，2008，《社会抗争：国家性变迁的民间反应》，《当代中国研究》第2期。

[30] 于建嵘，2008，《当代中国农民的"以法抗争"——关于农民维权活动的一个解释框架》，《文史博览》第12期。

[31] 冯仕政，2006，《单位分割与集体抗争》，《社会学研究》第3期。

[32] 董海军，2010，《依势博弈：基层社会维权行为的新解释框架》，《社会》第5期。

[33] 王洪伟，2010，《当代中国底层社会"以身抗争"的效度和限度分析——一个"艾滋村民"抗争维权的启示》，《社会》第2期。

[34] 覃琮，2013，《农民维权活动的理法抗争及其理论解释 两起征地案例的启示》，《社会》第6期。

[35] 王瑜、仝志辉，2012，《转型抗争：从社会转型的视角理解近阶段中国农民抗争》，《中国农业大学学报（社会科学版）》第4期。

[36] 郭正林，2001，《当代中国农民的集体维权行动》，《香港社会科学学报》第19期。

[37] 于建嵘，2006，《集体行动的原动力机制研究——基于H县农民维权抗争的考察》，《学海》第2期。

[38] 于建嵘，2004，《当代农民维权抗争活动的一个解释框架》，《社会学研究》第2期。

[39] 于建嵘，2005，《当代中国工人的"以理维权"》，《中国与世界观察》第 1 期。

[40] 张紧跟，2011，《从维权抗争到协商对话：当代中国民主建设新思路》，《华中师范大学学报（人文社会科学版）》第 2 期。

[41] 尹利民，2010，《策略性均衡:维权抗争中的国家与民众关系——一个解释框架及政治基础》，《华中科技大学学报》第 5 期。

[42] 蔡方华，2005，《民间维权的软肋》，《社区》第 7 期。

[43] 张磊，2005，《业主维权运动：产生原因及动员机制》，《社会学研究》第 6 期。

[44] 王国勤，2007，《"集体行动"研究中的概念谱系》，《华中师范大学学报（人文社会科学版）》第 5 期。

[45] 刘能，2004，《怨恨解释、动员结构和理性选择——有关中国都市地区集体行动发生可能性的分析》，《开放时代》第 4 期。

[46] 邱泽奇，2004，《群体性事件与法治发展的社会基础》，《云南大学学报（社会科学版）》第 5 期。

[47] 于建嵘，2009，《社会泄愤事件中群体心理研究——对"瓮安事件"发生机制的一种解释》，《北京行政学院学报》第 1 期。

[48] 陈映芳，2006，《行动力与制度限制：都市运动中的中产阶层》，《社会学研究》第 4 期。

[49] 郭小安、龚莉，2018，《共意性社会运动：概念、内涵及本土化阐释》，《中州学刊》第 7 期。

[50] 张康之，2002，《在政府的道德化中防止社会冲突》，《中国人民大学学报》第 1 期。

[51] 刘彦成，2003，《论群体性暴力事件的概念和特征》，《湖北警官学院学报》第 2 期。

[52] 常健、韦长伟，2011，《当代中国社会二阶冲突的特点、原因及应对策略》，《河北学刊》第 3 期。

[53] 应星，2009，《"气场"与群体性事件的发生机制——两个个案的比较》，《社会学研究》第 6 期。

[54] 吴长青，2010，《从"策略"到"伦理"：对"依法抗争"的批评性

讨论》，《社会》第 2 期。

[55] 王战军，2006，《群体性事件的界定及其多维分析》，《政法学刊》第 5 期。

[56] 李忠汉，2015，《论公共行政的公共性与管理性："平行"与"交融"》，《理论月刊》第 12 期。

[57] 于建嵘，2008，《中国的社会泄愤事件与管治困境》，《当代世界与社会主义》第 1 期。

[58] 石勇，2011，《14 年：城管走到十字路口》，《南风窗》第 12 期。

[59] 吴晓林，2016，《中国城市社区的业主维权冲突及其治理：基于全国 9 大城市的调查研究》，《中国行政管理》第 10 期。

[60] 吴晓林，2017，《结构依然有效：迈向政治社会研究的"结构-过程"分析范式》，《政治学研究》第 2 期。

[61] 刘凤、傅利平、孙兆辉，2019，《重心下移如何提升治理效能？——基于城市基层治理结构调适的多案例研究》，《公共管理学报》第 4 期。

[62] 敬义嘉，2014，《从购买服务到合作治理——政社合作的形态与发展》，《中国行政管理》第 7 期。

[63] 曹胜，2017，《社会中心论的范式特质与多重进路——以国家中心论为比较对象》，《学海》第 5 期。

[64] 童志锋、郁建兴，2011，《从政府本位到社会本位：社会管理体制变革的新分析框架》，《中共浙江省委党校学报》第 1 期。

[65] 郑杭生、杨敏，2010，《社会与国家关系在当代中国的互构——社会建设的一种新视野》，《南京社会科学》第 1 期。

[66] 樊鹏，2019，《互嵌与合作：改革开放以来的"国家-社会"关系》，《云南社会科学》第 1 期。

[67] 黄豁、朱立毅、肖文峰、林艳兴，2007，《"体制性迟钝"的风险》，《瞭望》第 24 期。

[68] 汪大海、柳亦博，2014，《社会冲突的消解与释放：基于冲突治理结构的分析》，《华东经济管理》第 10 期。

[69] 赵伯艳，2011，《社会组织参与冲突管理的功能与可行性分析——基于与公共行政组织的比较视角》，《云南行政学院学报》第 3 期。

[70] 梁德友、刘志奇，2016，《社会组织参与群体性事件治理研究：功能、困境与政策调适》，《河北大学学报（哲学社会科学版）》第 3 期。

[71] 钱真，2008，《一起刑事案件如何演变为群体性事件？探寻暴力之源》，《中国新闻周刊》第 25 期。

[72] 郑廷鑫，2008，《丽江花园 老人维权路》，《南方人物周刊》第 3 期。

[73] 黄岩、刘剑，2016，《激活"稻草人"：东莞裕元罢工中的工会转型》，《西北师大学报（社会科学版）》第 1 期。

[74] 杨琳，2009，《通钢事件是我国劳资关系发展的标志性事件》，《瞭望》第 32 期。

[75] 张勇杰，2018，《邻避冲突中环保 NGO 参与作用的效果及其限度——基于国内十个典型案例的考察》，《中国行政管理》第 1 期。

[76] 赵伯艳，2012，《我国公共冲突治理结构的困境、问题和对策——引入社会组织的视角》，《社团管理研究》第 11 期。

[77] 张凤阳，2014，《科学认识国家治理现代化问题的几点方法论思考》，《政治学研究》第 2 期。

[78] 赵伯艳，2013，《社会组织在公共冲突治理中的角色定位》，《理论探索》第 1 期。

[79] 魏治勋、白利寅，2014，《从"维稳政治"到"法治中国"》，《新视野》第 4 期。

[80] 孙立平，2010，《"不稳定幻像"与维稳怪圈》，《人民论坛》第 19 期。

[81] 俞可平，2006，《动态稳定与和谐社会——访中共中央编译局副局长俞可平教授》，《中国特色社会主义研究》第 3 期。

[82] 张庆东，2001，《公共管理的两种效率及其实现机制》，《中国行政管理》第 4 期。

[83] 李忠汉、刘普，2017，《环境群体性事件中相关行动者的策略偏好》，《社会治理》第 8 期。

[84] 庞玉珍，1999，《中国社会结构变迁与新型整合机制的建构》，《社会科学战线》第 3 期。

[85] 石发勇，2005，《关系网络与当代中国基层社会运动——以一个街区环保运动个案为例》，《学海》第 3 期。

[86] 于建嵘，2005，《转型中国的社会冲突——对当代工农维权抗争活动的观察》，《凤凰周刊》第 7 期。

[87] 王洪伟，2010，《"以身抗争"与"以法抗争"：当代中国底层社会抗争的两种社会学逻辑》，《2010 年中国社会学年会——"社会稳定与危机预警预控管理系统研究"论坛论文集》

[88] 应星，2012，《超越"维稳的政治学"——分析和缓解社会稳定问题的新思路》，《人民论坛·学术前沿》第 7 期。

[89] 韩志明，2020，《从"粗糙的摆平"到"精致的治理"——群体性事件的衰变及其治理转型》，《政治学研究》第 5 期。

[90] 谢金林，2012，《情感与网络抗争动员——基于湖北"石首事件"的个案分析》，《公共管理学报》第 1 期。

[91] 孟建柱，2008，《深入学习实践科学发展观 做党的忠诚卫士和人民群众的贴心人》，《求是》第 21 期。

[92] 肖唐镖，2003，《二十年来大陆农村的政治稳定状况》，《二十一世纪》第 2 期。

[93] 张静，2016，《中国基层社会治理为何失效？》，《文化纵横》第 5 期。

[94] 支振锋、臧劢，2009，《"中国模式"与"中国学派"——"人民共和国 60 年与中国模式"学术研讨会综述》，《开放时代》第 4 期。

[95] 刘建平、周云，2017，《政府信任的概念、影响因素、变化机制与作用》，《广东社会科学》第 6 期。

[96] 张书维、宋逸雯、钟爽，2020，《行为公共管理学视角下政府信任修复的双过程机制》，《上海大学学报（社会科学版）》第 6 期。

[97] 曹光四、张启良，2015，《我国城乡居民收入差距变化的新视角》，《调研世界》第 5 期。

[98] 沈杰，2010，《"仇富心理"何以可能——对北京市和杭州市问卷调查资料的分析》，《北京青年政治学院学报》第 1 期。

[99] 韩江舟，2004，《"清廉指数排行榜"上的中国反腐轨迹》，《党政干部文摘》第 6 期。

[100] 刘能，2009，《当代中国转型社会中的集体行动：对过去三十年间三次集体行动浪潮的一个回顾》，《学海》第 4 期。

[101] 许尧，2017，《维权与维稳的内在逻辑及相互促进机制》，《甘肃行政学院学报》第 3 期。

[102] 于建嵘，2012，《当前压力维稳的困境与出路——再论中国社会的刚性稳定》，《探索与争鸣》第 9 期。

[103] 常健、郑玉昕，2012，《冲突管理目标的两个层次：表层平静与深层稳定》，《学习论坛》第 12 期。

[104] 崔玉开，2011，《加强和创新社会管理 变被动"维稳"为主动"创稳"——访中国社会科学院教授于建嵘》，《行政管理改革》第 1 期。

[105] 张春颜、许尧，2013，《公共领域冲突控制与冲突化解耦合模式研究》，《上海行政学院学报》第 4 期。

[106] 燕继荣，2015，《推进国家治理现代化须落实分权原则》，《中国党政干部论坛》第 3 期。

[107] 肖唐镖，2015，《当代中国的"维稳政治"：沿革与特点——以抗争政治中的政府回应为视角》，《学海》第 1 期。

[108] 清华大学社会学系社会发展研究课题组，2011，《利益表达制度化，实现长治久安——维稳新思路》，《理论参考》第 3 期。

[109] 张康之，2005，《在历史的坐标中看信任——论信任的三种历史类型》，《社会科学研究》第 1 期。

[110] 程倩，2005，《契约型政府信任关系的形成与意义》，《东南学术》第 2 期。

[111] 唐文玉，2016，《社会组织公共性的生长困境及其超越》，《上海行政学院学报》第 1 期。

[112] 任剑涛，2015，《现代化国家治理体系的建构：基于近期顶层设计的评述》，《中国人民大学学报》第 2 期。

[113] 陈发桂，2011，《基层维稳的行动逻辑：从体制化运行到社会化运行》，《理论与改革》第 6 期。

[114] 樊鹏，2009，《中国社会结构与社会意识对国家稳定的影响》，《政治学研究》第 2 期。

[115] 王赐江，2015，《中国公共冲突演变的新趋势及应对思路——基于典型群体性事件的分析》，《中国行政管理》第 1 期。

[116] 常健、田岚洁，2013，《公共领域冲突管理的制度建设》，《国家行政学院学报》第 5 期。

[117] 张振华，2015，《中国的社会冲突缘何未能制度化：基于冲突管理的视角》，《社会科学》第 7 期。

[118] 彭小兵、喻嘉，2017，《环境群体性事件的政策网络分析——以江苏启东事件为例》，《国家行政学院学报》第 3 期。

[119] 常健，2015，《简论社会治理视角下公共冲突治理制度的建设》，《天津社会科学》第 2 期。

[120] 许晓芸，2013，《法律确立与制度回应：城市社区管理的法律规制》，《新疆社会科学》第 1 期。

[121] 田文利，2005，《信访制度改革的理论分析和模式选择》，《社会科学前沿》第 2 期。

[122] 应星，2004，《作为特殊行政救济的信访救济》，《法学研究》第 3 期。

[123] 常健、张春颜，2012，《社会冲突管理中的冲突控制与冲突化解》，《南开学报（哲学社会科学版）》第 6 期。

[124] 张春颜、许尧，2013，《公共领域冲突控制与冲突化解耦合模式研究》，《上海行政学院学报》第 4 期。

[125] 岳经纶，2008，《社会政策学视野下的中国社会保障制度建设——从社会身份本位到人类需要本位》，《公共行政评论》第 4 期。

[126] 李实、朱梦冰，2018，《中国经济转型 40 年中居民收入差距的变动》，《管理世界》第 12 期。

[127] 燕继荣，2017，《中国社会治理的理论探索与实践创新》，《教学与研究》第 9 期。

[128] 任星欣，2020，《运动式治理与制度建设：中国改革开放时期经济制度变革的组合拳模式》，《公共行政评论》第 1 期。

[129] 王浦劬，2014，《国家治理、政府治理和社会治理的含义及其相互关系》，《国家行政学院学报》第 3 期。

[130] 朱光磊、张志红，2005，《"职责同构"批判》，《北京大学学报》第 1 期。

[131] 周飞舟，2006，《从汲取型政权到"悬浮型"政权——税费改革应

对国家与农民关系之影响》，《社会学研究》第 3 期。

[132] 傅利平、孙兆辉，2019，《重心下移如何提升治理效能？——基于城市基层治理结构调适的多案例研究》，《公共管理学报》第 4 期。

[133] 吴晓林，2015，《中国的城市社区更趋向治理了吗——一个结构–过程的分析框架》，《华中科技大学学报（社会科学版）》第 6 期。

[134] 孙柏瑛、武俊伟，2018，《"双向建构"中的城市政府基层社会治理转型——路径、困境与未来展望》，《公共管理与政策评论》第 1 期。

外文著作和论文

[1] Ralf Dahrendorf. 1959. Class and Class Conflict in Industrial Society. Stanford University Press.

[2] Blumer H. 1946. "Elementary Collective Behavior." in Alfred McCung Lee(ed) New outline of the Principles of Sociology. New York: Barnes & Noble, Inc. 170-177.

[3] Smelser N. 1962. Theory of Collective Behaviour. New York; Free Press.

[4] Gurr.1970. Why Men Rebel. Princeton: Princeton University Press.

[5] McAdam D., Tarrow S., Tilly C.2001. Dynamics of Contention. Cambridge University Press.

[6] Allan Edward Barsky, 2000. Conflict Resolution for the Helping Profession, Brooks/Cole, Thomson Learning.

[7] Hedy Leonie Isaacs. 2001. Influence, Enforcement and Collaboration: Legitimating A Conflict Resolution Approach to Public Administration, The State University of New Jersey, for the Degree of Doctor of Philosophy.

[8] Louis R. Pondy. 1967. Organizational Conflict: Conception and Models, Administrative Science Quarterly, 12(2), pp.296-441

[9] Dean G. Pruitt & Sung Hee Kim. 2004. Social Conflict: Escalation, Stalemate, and Settlement. New York: McGrraw-Hill Companies.

[10] Zhao, Dingxin. 1998. "Ecologies Social Movements: Student Mobilization During the 1989 Prodemocracy Movement in Beijing." The

American Journal of Sociology 103(6).

[11] Cai, Yongshun. 2005. "China's Moderate Middle Class: The Case of Homeowners' Resistance." British Journal of Political Science 38.

[12] Cai, Yongshun. 2008. "Local Governments and the Suppression of Popular Resistance in China." The China Quarterly, 193: 24-42.

[13] Deng Yanhua and Kevin J. O'Brien. 2013. "Relational Repression in China: Using Social Ties to Demobilize Protesters," The China Quarterly, 215: 533-552.

[14] Cai, Yongshun. 2010. Collective Resistance in China: Why Popular Protest succeed or Fail. New York: Standford University Press.

[15] Li. Lianjiang and Kevin J. O'Brien.1996." Villagers and popular Resistance in Contemporary China". Modern China 22(1).

[16] O'Brien, Kevin J.1996." Rightful Resistance", World Politics 49(1).

[17] O'Brien. Kevin J. and Li LianJiang. 2006. Rightful Resistance in Rural China. New York and Cambridge: Cambridge University Press.

[18] McAdam, Doug, Sidney Tarrow, and Charles Tilly. 2001. Dynamics of Contention. Cambridge: Cambridge University Press.

[19] Tilly, Charles; Tallow, Sidney. 2007.Contentious Politics. London University Press.

[20] Olson, Mancur. 1965. The Logic of Collective Action. Cambridge, Mass: Cambridge University Press.

[21] Sidney Tarrow. 1998. Power in Movement: Social Movements and Contentious Politics.

[22] McCarthy, J. & M. Zald. 1973. The Trends of Social Movement in America: Professionalization and Resource Mobilization. Morristion, PA: General Press.

[23] Coser, Lewis A. 1956. The Functions of Social conflict. London: Free Press.

[24] Mann, Michael. 1986. The Sources of Power, vol.1; A History of Power from the Beginning to A. D. 1760. Cambridge University Press.

[25] Deng Yanhua and Kevin J. O'Brien. 2013. "Relational Repression in China: Using Social Ties to Demobilize Protesters," The China Quarterly, 215: 533-552.

[26] Cai, Yongshun. 2010. Collective Resistance in China: Why Popular Protest succeed or Fail. New York: Standford University Press.

报纸及网页新闻

[1] 杜海岚，2002，《遏制医疗纠纷上升势头，326 所医院问卷调查综述》，《法制日报》2 月 21 日。

[2] 刘墨非，2005，《卫生部发布医院调查结果 七成医务人员曾受威胁》，《北京晨报》9 月 30 日。

[3] 王淑军，2009，《中国医师协会调查：三年来"医闹"愈演愈烈》，《人民日报》1 月 10 日。

[4] 《医患冲突能否有终极的解决方案？》，http://politics.people.com.cn/n/2013/1109/c70731-23486428.html，最后访问日期：2013 年 11 月 9 日。

[5] 国家卫生健康委员会：《我国医疗纠纷数量连续五年下降》，https://www.sohu.com/a/253048700_464384，最后访问日期：2018 年 9 月 10 日。

[6] 冯洁、王韬，2012，《"开窗"：求解环境群体性事件》，《南方周末》11 月 29 日。

[7] 杨朝飞，《我国环境法律制度和环境保护若干问题》，转引至中国人大网，http://www.npc.gov.cn/npc/xinwen/2012-11-23/content_1743819.htm，最后访问日期：2016 年 11 月 20 日。

[8] 王才亮，2014，《"嘉禾事件"十年反思》，《东方早报》5 月 13 日。

[9] 郭宏鹏，2010，《揭秘南平打破医患纠纷"大闹大赔"怪圈》，《法制日报》11 月 12 日。

[10] 习近平，2019，《中共中央关于坚持和完善中国特色社会主义制度、推进国家治理体系和治理能力现代化若干重大问题的决定》，《人民日报》11 月 6 日。

[11] 《2020 年中国公共安全行业发展趋势分析：财政支出增长，在地方行政中的地位越来越重要》，https://www.chyxx.com/industry/202012/

913951.html，最后访问日期：2020 年 12 月 2 日。

[12] 习近平，2017，《决胜全面建成小康社会 夺取新时代中国特色社会主义伟大胜利——在中国共产党第十九次全国代表大会上的报告》，《人民日报》10 月 28 日。

[13] 贾云勇，2007，《四川大竹县"1·17 事件"的政府教训》，《南方都市报》2 月 4 日。

[14] 李慧，2009，《湖南浏阳镉污染事件的启示》，《光明日报》8 月 4 日。

[15] 王俊秀，2010，《天津宁河：不配合拆迁，教师被强制停课》，《中国青年报》2 月 20 日。

[16] 《信用小康指数 官员信用度最差》，https://www.chinanews.com/gj/kong/news/2007/09-26/1036601.shtml，最后访问日期：2021 年 4 月 13 日。

[17] 习近平，2019，《中共中央关于坚持和完善中国特色社会主义制度 推进国家治理体系和治理能力现代化若干重大问题的决定》，《人民日报》11 月 6 日。

[18] 万群，2008，《省委召开瓮安"6·28"事件阶段性处置情况报告会》，《贵州日报》7 月 4 日。

[19] 罗昌平，2004，《广西法院不受理 13 类案件 涉嫌规避风险转嫁危机》，《人民日报》8 月 12 日。

[20] 四川省高级人民法院，《四川高院：多措并举，打造矛盾纠纷多元化解四川样板》，http://news.sina.com.cn/sf/news/2017-03-02/doc-ifycaafp 1442252.shtml，最后访问日期：2021 年 8 月 9 日。

[21] 林尚立，2018，《构建简约高效的基层管理体制》，《经济日报》4 月 18 日。